Stautner
Kundenorientierte Lagerfertigung im Automobilvertrieb

D1697045

Ulrich Stautner

Kundenorientierte Lagerfertigung im Automobilvertrieb

Ergänzende Ansätze zum Supply Chain Management

Mit einem Geleitwort
von Prof. Dr. Dr. h.c. Jürgen Bloech

Deutscher Universitäts-Verlag

Die Deutsche Bibliothek - CIP-Einheitsaufnahme

Stautner, Ulrich:
Kundenorientierte Lagerfertigung im Automobilvertrieb : ergänzende Ansätze zum Supply Chain Management / Ulrich Stautner. Mit einem Geleitw. von Jürgen Bloech.
- 1. Aufl.. - Wiesbaden : Dt. Univ.-Verl., 2001
(Gabler Edition Wissenschaft)
Zugl.: Göttingen, Univ., Diss., 2001
ISBN 3-8244-7515-4

1. Auflage Oktober 2001

Alle Rechte vorbehalten
© Deutscher Universitäts-Verlag GmbH, Wiesbaden, 2001

Lektorat: Ute Wrasmann / Gereon Roeseling

Der Deutsche Universitäts-Verlag ist ein Unternehmen der Fachverlagsgruppe BertelsmannSpringer.

www.duv.de

Gedruckt auf säurefreiem und chlorfrei gebleichtem Papier.

Druck und Buchbinder: Rosch-Buch, Scheßlitz
Printed in Germany

ISBN 3-8244-7515-4

Geleitwort

Seit mehreren Jahrzehnten prägt das Automobil wesentliche Bereiche des täglichen Lebens der Menschen, und die Automobilwirtschaft umfasst einen beachtlichen Teil einer vielstufigen vernetzten Güterproduktion. Die von Herrn Stautner mit diesem Buch vorgelegte Darstellung führt an spezifische Fragen der Planung einer modernen Automobilproduktion heran. Untersucht werden Fragestellungen, wie ein Autoproduzent die Ausstattung für diejenigen Fahrzeuge gestalten sollte, für die zur Zeit der Entscheidung noch keine Kundenaufträge vorliegen und die dennoch auf Kundenwünsche ausgerichtet werden sollten.

Die Ausführungen beschreiben in sehr verständlicher Weise die Prozesskette der Automobilproduktion (Supply Chain) und führen zu der Problematik der gleichzeitigen Beachtung einiger Kundenwünsche und betrieblicher Bereichsziele der Lagerreduktion hin. Es wird ein interessantes Konzept vorgestellt, das Fahrzeugkonfigurationen, Merkmalsvarianten und Sonderausstattungen unterscheidet. Erwartungsgemäß müsste sich nach einer gezielten Zusammensetzung des Fahrzeugprogramms eine Reduktion der Bestände und damit der Lagerkosten ergeben. Auch für diesen Effekt wird eine Wirtschaftlichkeitsrechnung dargestellt.

Sowohl für Studenten der Industriebetriebslehre als auch für Praktiker bietet die Schrift sehr interessante Einblicke in diese Fragen der Planung.

Prof. Dr. Dr. h. c. Jürgen Bloech

Vorwort

Diese Arbeit entstand im Rahmen meiner Berufstätigkeit bei der BMW AG im Bereich der Prozessentwicklung und Beratung im Vertrieb. Dort werden unter anderem weitreichende Reengineerings- und Optimierungsaktivitäten im Order-to-Delivery-Prozess für Neufahrzeuge in enger Zusammenarbeit mit dem Produktionsbereich unternommen. Innerhalb eines solchen Projektprogramms konnte ich ein Projekt initiieren, dessen theoretische Grundlagen in dieser Untersuchung mitentwickelt wurden und das sowohl von Seiten der Geschäftsprozesse als auch der Systementwicklungen Neuland darstellt.

Ich danke meinem Doktorvater Prof. Dr. Dr. h. c. Jürgen Bloech sehr herzlich, dass er mein Ansinnen für diese Arbeit wohlwollend aufnahm und mir über seine vorbildliche Institution der offenen Tür unkompliziert zu wertvollen Anregungen, Ratschlägen und Verbesserungsansätzen verhalf. Besonders geschätzt hatte ich dabei auch die vernetzenden Hinweise über die fachlichen und organisatorischen Bereichsgrenzen hinaus.
Auch Prof. Dr. Stefan Betz möchte ich danken, der mir ebenfalls wertvolle Zeit für die Begutachtung der Arbeit und die Abnahme der Rigorosumsprüfung zur Verfügung stellte. Prof. Dr. Walter Zucchini gebührt für seine freundliche Bereitschaft Dank, statistische Themeninhalte im Rigorosum abzuprüfen.

Im Kollegenkreis spielte Dr. Rainer Feurer eine wichtige Rolle für die Ideen meines Vorhabens und stand mir immer mit kompetentem Rat und motivierenden Anregungen zur Seite. Dafür möchte ich ihm ausdrücklich danken.
Ebenso Hr. Hubert Kühner, der mir in der Verantwortung für meine Kapazitäten das Vertrauen schenkte, einen Teil davon für wissenschaftliche Zwecke zu verwenden. Für das gründliche Lektorat und die stets heitere Vermittlung von Verbesserungspotenzialen danke ich meiner Kollegin Dr. Kirsten Bönisch.

Mein ganz besonderer Dank gilt meiner Familie und meinen Freunden.

Ulrich Stautner

Inhaltsverzeichnis

Abbildungsverzeichnis

Abkürzungsverzeichnis

Abb.	Abbildung
APS	Advanced Planning Systems
AG	Aktiengesellschaft
AT	Arbeitstage
Aufl.	Auflage
Bd.	Band
BMW	Bayerische Motorenwerke
bspw.	beispielsweise
bzgl.	bezüglich
B2B, B to B	Business to Business
B2C, B to C	Business to Customer (Consumer)
BTO	Build to Order
BTS	Build to Stock
ca.	circa
d.h.	das heißt
DM	Data Mining
E-Commerce	Electronic Commerce
EDI	Electronic Data Interchange
EDV	Elektronische Datenverarbeitung
et al.	et alii
etc.	et cetera
€	Euro
ff.	fortfolgende
GmbH	Gesellschaft mit beschränkter Haftung
GVO	Gruppenfreistellungsverordnung
H.	Heft
Hrsg.	Herausgeber
HP	Hewlett Packard
i. Allg.	im Allgemeinen
i.S.v.	im Sinne von
IT	Informationstechnologie
IV	Informationsverarbeitung
ICDP	International Car Distribution Programme (Ltd.)

Jg.	Jahrgang
KDD	Knowledge Discovery in Databases
MCC	Micro Compact Car
Mrd.	Milliarden
Mio.	Millionen
Nr.	Nummer
o.V.	ohne Verfasser
OLAP	Online Analytical Processing
OTD	Order to Delivery
PKW	Personenkraftwagen
POS	Point of Sale
S.	Seite
s.	siehe
Sp.	Spalte
SC	Supply Chain
SCM	Supply Chain Management
TH	Technische Hochschule
USA	United States of America
u.a.	unter anderem
US-$	US-Dollar
vgl.	vergleiche
VW	Volkswagen
WED	Wissensentdeckung in Datenbanken
z. B.	zum Beispiel

1 Einleitung

„Kundenorientierte Lagerfertigung" erscheint auf den ersten Blick paradox, beschreibt jedoch in geeignet knapper Form die Ideallösung einer der grundsätzlichen Aufgabenstellungen für Herstellung und Vertrieb von Automobilen: Fahrzeuge, deren Fertigung nicht auf Bestellung eines Kunden hin ausgelöst wurde, werden so kundenorientiert wie möglich produziert. In der vorliegenden Arbeit soll ein Beitrag zur Annäherung an dieses Ideal geleistet werden. Die von der Fragestellung betroffenen Aufträge werden im Folgenden als „nicht kundenbelegt" bezeichnet, zur Berücksichtigung der zu erwartenden Kundenwünsche sollen Kundenanfragen und –kaufverhalten miteinbezogen werden. Es scheint sich also um gängige Aufgabenstellungen im Rahmen der operativen Produktionsprogrammplanung[1] und der Bedarfsermittlung[2] zu handeln, die in diesem speziellen Fall durch stochastische und heuristische Methoden unterstützt werden sollten. Tatsächlich spielen Methoden und Instrumente der Statistik eine Rolle für die Planung und Gestaltung von „nicht kundenbelegten" Aufträgen.

Doch bevor Ansätze zur Steigerung von Effizienz und Effektivität der kundenorientierten Auftragsabwicklung „nicht kundenbelegter" Aufträge entwickelt werden, sind die Ursachen für die Entscheidung, variantenreiche Produkte auf Lager zu fertigen, ausführlich zu untersuchen und zu bewerten. Denn idealerweise sind alle Aufträge einer ausgelasteten Produktion von Beginn an kundenbelegt und die Lieferung kann unter Einhaltung der vom Kunden gewünschten Qualität und Fristen erfolgen. Allein zahlreiche Beanstandungen von Kunden weisen darauf hin, dass dies in der Automobilbranche nicht absolut erfüllt zu sein scheint.[3] Zur näheren Untersuchung dieses Themenfelds ist deshalb eine Bestandsaufnahme darüber zu machen, wie die heute zahlreichen Vorschläge für – und die weniger zahlreichen Umsetzungen von – Optimierungs- und Reengineerings-Maßnahmen für Herstellung und Vertrieb von

---

[1] Vgl. Bloech, J. et al.: (Einführung in die Produktion), S. 123-125
[2] Vgl. ebenda, S. 167 ff., Wildemann, H.: (Bestände), S. 104
[3] Vgl. dazu beispielsweise Melfi, T.: (Der Kunde ist wenig), S. 16-21, o. V.: (Die Liefertreue bei VW ist katastrophal), S. 25, o. V.: (Das lange Warten aufs neue Auto), S. 40-41

Automobilen in theoretischen Abhandlungen erfasst sind. Beiträge dieser Art sind oft im Zusammenhang mit dem Begriff Supply Chain Management (SCM) zu finden. Deshalb wird, ausgehend vom gegenwärtig anzutreffenden Verständnis von Supply Chain Management, eine einheitlich beschreibende Systematik entwickelt, in welche vorliegende Ausführungen zu Supply Chain Management im Allgemeinen und für Herstellung und Vertrieb von Automobilen im Besonderen eingeordnet werden. Hinzu kommen Erfahrungen aus der Praxis. Über ein dazu ergänzend entwickeltes Zielsystem wird ersichtlich, wie weit der aktuelle Umsetzungsgrad und –erfolg der Automobilhersteller bezüglich der empfohlenen Maßnahmen gediehen ist. Die konsequente Umsetzung von Supply Chain Management für Herstellung und Vertrieb von Automobilen" scheint noch nicht abgeschlossen.

1.1 Genutzte und ungenutzte Potenziale im Supply Chain Management für Herstellung und Vertrieb von Automobilen – Aufgabenstellungen und Lösungsansätze

Der vielzitierte und -strapazierte Ausspruch Henry Fords „Any customer can have a car painted any color that he wants so long as it is black"[4] weist in der Automobilgeschichte erstmals auf die Herausforderung der gleichzeitigen Beherrschung von Prozessen der Massenproduktion in der Auftragsabwicklung und der Kundenorientierung hin. Selbst Jahrzehnte später ist dieses Problem noch immer vorhanden, wie die Bemerkung des derzeitigen Vorstandsvorsitzenden der Volkswagen AG, Dr. Ferdinand Piëch belegt: „...eine Milliarde Mark. Soviel könnte Volkswagen an Verkaufshilfen für falsch spezifizierte Autos sparen."[5] Der derzeitige Vorstandsvorsitzende der BMW Group, Prof. Dr. Joachim Milberg, reagiert dementsprechend, indem er die Verfolgung des „übergeordnete[n] Ziel[s], jedes individuelle Fahrzeug zum Wunschtermin des Kunden zu liefern und die Prozessdurchlaufzeit von der Bestellung bis zur

---

[4]   O. V.: (the Model ‚T' Is Still a Model of Innovation), S. 1. Unabhängig vom Streit um die Urheberschaft Henry Fords an diesem Zitat, ist die Einordnung von Fords Aktivitäten in die Automobilgeschichte zu betrachten, die den Hintergrund dieser Aussage erklärt. Vgl. Womack, J. P.; Jones, D. T.; Roos, D.: (Die zweite Revolution in der Autoindustrie), S. 30-43 und S. 179
[5]   Büschemann, K.-H.; Thiede, M.: (Lieber zu Muttern als zum Zahnarzt), S. 26

Auslieferung an den Kunden ... zu verkürzen"[6] als eine der acht größten Herausforderungen der Zukunft ausweist.

Tatsächlich ist schon seit längerem zu beobachten, dass die Anstrengungen der Automobilhersteller, Kosten zu senken und Wettbewerbsvorteile zu erreichen, ihren Fokus verändern. Waren vormals einzelne Bereiche wie Einkauf und Produktion oder andere funktionelle Einheiten Objekte der Reengineering- und Optimierungsansätze, so wird immer mehr die prozessskettenorientierte, bereichsübergreifende Betrachtung der Auftragsdurchläufe forciert. Diese Sichtweise ist nicht neu, doch in der jüngeren Zeit können nun verstärkt aufbau- und ablauforganisatorische Umsetzungen beobachtet werden, deren Ursprünge Jahre zurück liegen.

Neben qualitativen Verbesserungspotenzialen im Hinblick auf die Kundenzufriedenheit sind über die prozessorientierte Einbindung des Vertriebs in Optimierungsmaßnahmen zur Kundenauftragsabwicklung auch erhebliche monetäre Effekte zu erreichen. Für die Anteile des Vertriebs an den Gesamtkosten eines Fahrzeugs werden Größenordnungen von ca. 30 %[7] bis zu 42 %[8] (inkl. Marketing und Verkaufsinfrastruktur) genannt. So unscharf wie die in der Literatur genannten Aufwandsanteile des Vertriebs am Neuwagengeschäft[9] sind aber leider auch die Erkenntnisse darüber, welche der geplanten und getroffenen Maßnahmen zu welchen Ergebnissen führen. Hierzu tragen erschwerend die zahlreichen Wechselwirkungen von Zielen und Maßnahmen in den Prozessen der Auftragsabwicklung bei. Beispielsweise führen Bestandsreduktionen im Handel zu Kosteneinsparungen, doch unabgestimmt mit anderen Prozessen führen sie auch zu einer mangelnden Verfügbarkeit, deren negative monetäre Auswirkungen weniger leicht erfassbar sind.

---

[6] Aus einer Rede anlässlich der Betriebsversammlung im Werk München am 17.07.2000, dokumentiert in internen Unterlagen der BMW Group

[7] Vgl. Karsten, H. et. al.: (New Paradigms for the Auto Industry Beyond 2000), S. 76, Harbour, M.; Brown, J.; Wade, P.: (Future Directions), S. 7, o. V. : (Konzentrationsprozeß im Autohandel), S. 25

[8] Vgl. Becker, C.: (Online-Anbieter), S. 1, Rother, F.W.: (Unkonventionelle Vertriebsformen), S. 68

[9] Entscheidend in diesen Betrachtungen sind die Ansichten, was die Vertriebskosten ausmacht. Vernachlässigt man z. B. Preisnachlässe, so wird der Anteil des Vertriebs an den Kosten auf ca. 20-25 % beziffert, weiter um die Verkaufskosten des Handels reduziert, auf 11-14 %, vgl. Diez, W.: (Vertrieb: Wie hoch die Kosten der Automobilhersteller wirklich sind), S. 28-29

Zur Berücksichtigung dieses komplexen Umfelds werden daher in dieser Arbeit zwei Schwerpunkte gesetzt. Der erste handelt von Erfassung und Strukturierung der komplexen Zusammenhänge in der kundenorientierten Auftragsabwicklung für Herstellung und Vertrieb von Automobilen sowie der Standortbestimmung der Automobilhersteller in diesem Themengebiet (vornehmlich Kapitel 2 und 3). Der zweite beschäftigt sich mit der Suche nach zusätzlichen Potenzialen hinsichtlich Kundenorientierung und Wirtschaftlichkeit (vornehmlich Kapitel 4 und 5), die in der spezifischen Prozess- und Systemgestaltung in der Auftragsabwicklung „nicht kundenbelegter" Aufträge vermutet werden.

Zur Aufnahme von Vorgehensweisen und Intentionen heute umgesetzter Optimierungs- und Reengineering-Ansätze in der Kundenauftragsabwicklung[10] für Neufahrzeuge sollten einige der dazu erstellten Veröffentlichungen Hilfestellung geben können.

1.1.1 Aufgabenstellung 1: Strukturierte Bestandsaufnahme in Theorie und Praxis

In diesen Publikationen hat sich unter anderem der Begriff „Order-to-Delivery-Process" (OTD-Process) etabliert, teilweise auch „Prozess von Kunde zu Kunde" genannt, in dieser Arbeit für Herstellung und Vertrieb von Automobilen als „Fahrzeugprozess" bezeichnet. Hier sind alle Aktivitäten von der Fahrzeugbestellung eines Kunden bis hin zur Übergabe jenes bestellten Fahrzeugs an den Kunden eingeschlossen. Parallel zur prozessorientierten Vorgehensweise rückte die ebenfalls lange vorher diskutierte Kundenorientierung immer weiter in Realisierungsphasen vor. Die Wünsche des Kunden bzgl. Fahrzeugauswahl, Liefertermintreue, Lieferzeiten und Kauferlebnis wurden immer mehr als Handlungsbedarfe in der Prozessgestaltung erkannt.[11]

Diese konzeptionelle Verbindung von Prozess- und Kundenorientierung ist oft im Zusammenhang mit dem Begriff Supply Chain Management (SCM) zu finden, das derzeitige Verständnis zu seiner Bedeutung wird später noch erörtert. Ebenfalls im Zusammenhang mit Supply Chain Management in der Automobilbranche fallen häufig auch Bezeichnungen wie „Build-to-Stock"- und „Build-

---

[10] Vgl. Wildemann, H.: (Prozeß-Benchmarking), S. 78
[11] Vgl. Hadamitzky, M. C.: (Restrukturierung, organisatorisches Lernen und Unternehmenserfolg), S. 134

to-Order"-Strategien. Diese Begrifflichkeiten sowie Betrachtungen zu weiteren Optimierungen und Reengineering-Ansätzen in Vertrieb und Produktion sind in zahlreichen – hauptsächlich von Beratungsunternehmen herausgegebenen – Publikationen nachzuverfolgen.[12] Jene Studien behandeln den *Fahrzeugprozess* oft unter dem Stichwort Distribution und vermengen auch Aspekte aus der Kundenbetreuung und dem Marketing in ihre Betrachtungen. Außerdem sind verschiedene Sichtweisen und Vorgehen zu beobachten, wie zum Beispiel Schwerpunktsetzungen auf den Vertrieb,[13] die Produktion,[14] die Fokussierung auf Durchlaufzeitenreduzierung[15] oder die erwähnten Build-to-Order-Strategien.[16] Gerade die Schnittstelle zwischen Vertrieb und Produktion wird vornehmlich über IT-Lösungen[17] abgehandelt.

1.1.2 Lösungsansatz 1: Aufbau einer Systematik zur Einordnung und Beschreibung von Zielen, Anforderungen und Maßnahmen zur Zielerreichung im Rahmen von SCM

Nachdem in Kapitel 2 kurz die aktuelle Lehrmeinung zum SCM untersucht wird, werden in Kapitel 3 die Konsequenzen für Herstellung und Vertrieb von Automobilen aufgezeigt, die sich im Rahmen dieses Konzeptes ableiten lassen. Dafür wird – basierend auf dem entwickelten Modell für den *Fahrzeugprozess* – eine strukturierte, an Prozessen ausgerichtete Beschreibung der Zusammenhänge von Zielen, Anforderungen und Maßnahmen zur Zielerreichung erstellt. Die Erkenntnisse zahlreicher Studien zu diesem Thema sowie

---

[12] U.a.: Boston Consulting Group: (Searching for Fulfillment), Ernst & Young: (Zeitwettbewerb in der Automobilindustrie), A.T. Kearney: (Lean Distribution), Booz Allen & Hamilton: (Changing the Channels, Arthur D. Little: (Die Zukunft der Automobilindustrie), J. D. Power: (The Revolution in Automotive Retailing), ICDP: (Progress Towards Customer Pull Distribution, European New Car Supply and Stocking Systems), Goldmann Sachs: (Build-to-order could reinvent the auto industry)

[13] Vgl. den Aufbau der Studie von Stalk, G. Jr.; Stephenson, S.; King, T.: (Searching for Fulfillment)

[14] Vgl. den Aufbau der Studie von Ernst & Young: (Zeitwettbewerb in der Automobilindustrie)

[15] Ebenda, S. 9-19

[16] Vgl. Hayes, K.; Warburton, M.: (Build-to-order could reinvent the auto industry)

[17] IT ist die Abkürzung für Informationstechnologie (englisch: Information Technology) und wird in dieser Arbeit im weitesten Sinne zur Zusammenfassung der Einsatzmöglichkeiten von Hardware und Software im Unternehmen benutzt.

Erfahrungen aus der Praxis eines deutschen Automobilkonzerns werden in diese Systematik eingeordnet.

Unter anderem wird dort auch ein Zielsystem entwickelt, welches zeigt, dass dem Grad der Kundenbelegung, also dem Verhältnis zwischen Aufträgen, die durch die Bestellung eines Kunden ausgelöst und solchen, die vom Vertrieb platziert wurden, eine zentrale Bedeutung zukommt. Dieser Kundenbelegungsgrad wird als Indikator für die Erfolge im gesamten *Fahrzeugprozess* bestimmt. Denn üblicherweise versucht ein Hersteller im Rahmen seiner Marktposition und Auftragslage, möglichst frühzeitig über möglichst viele Kundenbestellungen für seine Produktion zu verfügen. Dies trägt neben der Sicherung seines Absatzes zur Erhöhung der Planungssicherheit seiner Prozesse und damit zur Steigerung von Effektivität und Effizienz bei.

In der vorliegenden Arbeit wird deshalb die Ansicht vertreten, dass die Anzahl „nicht kundenbelegter" Aufträge zum Zeitpunkt der Produktion sowohl von der vom Hersteller verfolgten Prozess- und Systemgestaltung in der gesamten Auftragsabwicklung für Neufahrzeuge, als auch vom Erfolg ihrer Umsetzung abhängig ist. Selbst bei einem kundenauftragsorientierten Spezialisten unter den Automobilherstellern wird es wohl auch in ferner Zukunft sinnvoll sein, einen bestimmten Anteil der Produktionskapazität auf Lager zu produzieren. Damit sind nicht Aufträge für Fahrzeuge gemeint, die zu Vorführzwecken und zur Deckung des Spontanbedarfes dienen. Es handelt sich um jene „nicht kundenbelegten" Aufträge, die als Ausgleich von Nachfrageschwankungen für eine Auslastung der Produktion dienen und hochgesteckte Volumenziele im Markt unterstützen sollen.

1.1.3 Aufgabenstellung 2: Zusätzliche Potenziale in der Auftragsabwicklung „nicht kundenbelegter" Aufträge

Aufbauend auf den Ergebnissen des ersten Teils, stellt sich die Frage, ob die über das entwickelte Zielsystem in den Vordergrund gestellte Trennung der Auftragsarten „kundenbelegt"/„nicht kundenbelegt" auf zusätzliche Potenziale hinführen könnte.

Gemessen am obenstehend beschriebenen Kundenbelegungsgrad, befinden sich die Automobilhersteller in der Migration zu ideal umgesetztem Supply Chain Management. Diese Migration kann zum einen über weitere Erfolge in der Umsetzung von SCM-Konzepten gefördert werden, zum anderen über speziell für „nicht kundenbelegte" Aufträge gestaltete Prozesse und Systeme, wie anhand folgender Abbildung verdeutlicht wird.

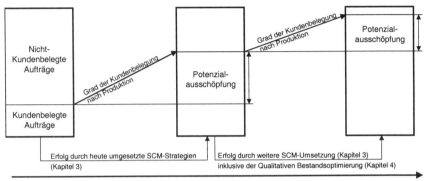

Abb. 1-1: *Die Ergänzung heute bekannter Strategien zur Erhöhung des Kundenbelegungsgrads*

1.1.4 Lösungsansatz 2: Entwicklung von Prozess- und Systembausteinen für die Auftragsabwicklung „nicht kundenbelegter" Aufträge

Im zweiten Teil dieser Arbeit findet deshalb eine intensive Auseinandersetzung mit der Gestaltung von Prozessen und Systemen zur Auftragsabwicklung dieser „nicht kundenbelegten" Aufträge statt und wird in Kapitel 4 weiter ausgeführt. In der Abwicklung dieser Aufträge verbergen sich nämlich weitere Potenziale, die durch eine frühzeitige, kundenorientierte Vorgehensweise genutzt werden können. Hierzu wird der Begriff der antizipativen Kundenbelegungsgraderhöhung zur qualitativen Bestandsoptimierung eingeführt. Die Idee ist eine frühzeitige Anwendung von spezifischen Maßnahmen für „nicht kundenbelegte" Aufträge zusätzlich zu den bisher aufgeführten Optimierungs- und Reengineering-Ansätzen im SCM. Damit soll primär eine höhere Übereinstimmung von Angebot an Lagerfahrzeugen mit der Erwartung des Kunden erreicht werden. Diese Lagerfahrzeuge werden aus der Vertriebsorganisation heraus beauftragt und bringen für die Verantwortlichen die Herausforderung mit sich, die Konfiguration jener Fahrzeuge (Bestimmung von Farbe, Polster und Sonderausstattungen) auf der Basis des eigenen Erfahrungsschatzes und mit Hilfe einfacher Statistiken durchzuführen.[18]

Zur Optimierung dieses *Konfigurationsprozesses* als Teil der Auftragsabwicklung für „nicht kundenbelegte" Aufträge werden Prozess- und Systembausteine entwickelt und – angepasst auf die jeweilige Situation eines Herstellers – vorgeschlagen. Dabei sind aber weitere Sachverhalte zu beachten. Zum einen sind die speziellen Eigenschaften der Bestandhaltung von Automobilen einzubeziehen (z. B. Wertverfall, Lagerkostenentwicklung, Eigentumsübergangsbestimmungen etc.). Zum anderen gilt, dass Anzahl und Art der Spezifizierung „nicht kundenbelegter" Aufträge für die Produktion stark variieren.

1.1.4.1 Berücksichtigung verschiedener Kunde-Markt-Hersteller-Systeme

Für die unterschiedlichen Anforderungen an die Spezifizierung „nicht kundenbelegter" Aufträge gibt es eine Vielzahl von Gründen; an dieser Stelle sind die Abhängigkeiten von der Vertriebs- und Produktionsstrategie eines Herstellers zu nennen, der verschiedene Marken in unterschiedlichen Märkten an heterogene Kundengruppen vertreibt. Um die Besonderheiten unterschiedlicher Marken, Kunden und Märkte sowie die dort umgesetzten Strategien der Hersteller besser zu erfassen, wurde – neben der Auswertung von Studien – eine Befragung innerhalb eines weltweit agierenden Konzerns mit mehreren Marken durchgeführt. Die Erkenntnisse daraus werden in der Gestaltung der Prozess- und Systembausteine differenziert berücksichtigt.

1.1.4.2 Einsatz von Data-Mining-Prozessen und Internet-Technologie

Zu einer ersten Prüfung der praktischen Anwendbarkeit werden in Kapitel 5 wichtige Teile der vorgeschlagenen Prozess- und Systembausteine in einer empirischen Studie umgesetzt und belegt. Dabei ist als Besonderheit herauszuheben, dass einige der entwickelten Prozessabläufe unter anderem die Nutzung von „Wissensentdeckung in Datenbanken" (WED)[19] vorschlagen,[20] eine

---

[18] Vgl. zur Vertriebsorganisation Abb. 3-6: Beispiele für mögliche Vertriebsstufen eines Automobilherstellers
[19] Englisch: Knowledge Discovery in Databases (KDD)
[20] Vgl. Nakhaeizadeh, G.; Reinartz, T.; Wirth, R.: (Wissensentdeckung in Datenbanken und Data Mining), S. 1-3

Vorgehensweise, die in Veröffentlichungen oft auch unter der Überschrift „Data Mining" geführt wird. Zum Beleg dieser bisher kaum etablierten Methodik und deren Instrumente werden Simulationen aus Datenbeständen des Automobilvertriebs erstellt. Die Anwendungen für die zukünftigen Benutzer der Unterstützungsfunktionen im obenstehend beschriebenen Konfigurationsprozess werden, entsprechend der derzeitigen Standards, unter Einsatz von Internet-Technologien erstellt.

1.1.4.3 Controlling-Systematik und Nutzenbetrachtung

Abschließend zu Kapitel 4 wird ein Konzept entwickelt, das den Nutzen eingeführter Prozess- und Systembausteine aufzeigt und verfolgbar macht. Zum Beleg des wirtschaftlichen Nutzens der beschriebenen Ansätze in der Praxis wird in Kapitel 5 die monetäre Bewertung, wie z. B. der zu erwartenden Reduzierung der Verweildauer von Neufahrzeugen im Lager (Reduzierung von Standtagen) herangezogen, weitere quantitative und qualitative Potenziale werden aufgezeigt.

In folgender Abbildung zum Aufbau der Arbeit sind die beschriebenen Randbedingungen, Aufgabenstellungen und entwickelten Lösungsvorschläge in der Abfolge ihrer Bearbeitung wiederzufinden.

Abb. 1-2: *Aufbau der Arbeit (ohne Einleitung und Zusammenfassung)*

1.2 Schnittstellen und Abgrenzungen

Die dargestellte Theorie zu den Grundlagen des Supply Chain Managements zeigt, dass dieser Begriff auch heute noch teilweise unterschiedlich definiert und kontrovers diskutiert wird. In einer einfach gehaltenen Sicht auf die vorliegenden Untersuchungen wird versucht, die übereinstimmenden Kerngedanken aufzuzeigen, die eine spätere Ableitung zum Supply Chain Management für Herstellung und Vertrieb von Automobilen sinnvoll ermöglichen.

Für diese Ableitung wird als erster großer Rahmen für eine prozessorientierte Sichtweise auf den Automobilvertrieb das von *Diez* vorgestellte Modell gewählt. In diesem sind die drei Prozessmodule *Marketing-, Kunden-* und *Auftragsbearbeitungsprozess* (Auftragsabwicklungsprozess*)* abgebildet. Der in dieser Arbeit betrachtete *Fahrzeugprozess* lässt sich dort, wie in Abb. 1-3 skizziert, einordnen und damit für die vorliegenden Untersuchungen an den entsprechenden Schnittstellen von *Marketing-* und *Kundenprozess* abgrenzen.

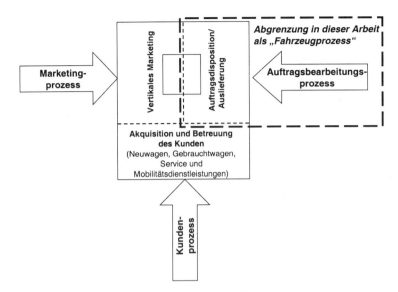

Abb. 1-3: Die Hauptprozesse des Automobilvertriebs[21]

Eine geeignete, detaillierte Abbildung der Auftragsabwicklung für das Neuwagengeschäft ist bei *Wolff* in seiner Arbeit zum Zeitmanagement in der Automobilindustrie zu finden.[22] Das von ihm entwickelte Prozessmodell wird der Modellierung des *Fahrzeugprozesses* in dieser Arbeit zugrunde gelegt.

Unterscheidungen zwischen Kunden, Märkten und Herstellern erfolgen in vielen Veröffentlichungen nach verschiedensten Kriterien wie z. B. nach der unterschiedlichen Wartebereitschaft der Kunden, nach den Unterschieden bezüglich Lager- oder Auftragsfertigung in den Märkten oder nach Herstellertypisierungen wie z. B. Kundenauftrags- oder Volumenhersteller. Diese Kriterien sind nicht falsch, die Herausforderung besteht allerdings darin, eine stimmige Struktur zu bilden, die es erlaubt, Ziele im *Fahrzeugprozess* von diesen Bedingungen abhängig zu formulieren und die Maßnahmen, die zur Verfolgung dieser Ziele dienen, zu bestimmen und prozessorientiert einordnen zu können.

---

[21] Vgl. Diez, W.: (Prozeßoptimierung im Automobilvertrieb), S. 40
[22] Vgl. Wolff, S.: (Zeitoptimierung), S. 82

Die meist nur erwähnte Unterscheidung zwischen Kunden-, Märkten und Herstellertypen wird etwas vertiefter von der Boston Consulting Group innerhalb einer Studie gezeigt,[23] weitere Differenzierungen sind in den Studien des International Car Distribution Programmes (ICDP) zu finden. Diese Differenzierung wird in der vorliegenden Arbeit durch eine empirische Befragung am Beispiel eines weltweit agierenden Konzerns mit mehreren Marken ausgestaltet und in das vorliegende Konzept integriert.

In der Beschreibung von Optimierungsansätzen für die Auftragsabwicklung im Automobilvertrieb bei *Diez* wird die besondere Rolle „nicht kundenbelegter" Aufträge zwar erwähnt, spezifische Maßnahmen aber nicht weiter detailliert aufgeführt.[24]

Hayler entwickelte in seiner Dissertation „Ein regelbasiertes System zur Generierung von Orders für Lagerfahrzeuge"[25] eine Anwendung auf Basis bedingter Wahrscheinlichkeiten, grenzt das von ihm betrachtete Feld aber auf den deutschen Markt einer Marke ein und stellt den Zusammenhang zum SCM nur in Verbindung mit der Entstehung von Lagerfahrzeugen dar.

Im Rahmen der Entwicklung von Prozessen und Systemen für die antizipative Kundenbelegungsgraderhöhung gibt es – eingeschränkt auf die damit verbundenen statistischen Fragestellungen – Machbarkeitsstudien innerhalb von Diplomarbeiten der Universität Karlsruhe (TH) und der Technischen Fachhochschule Berlin.[26] Die Ergebnisse zeigen eine nur begrenzte Zielerreichung in der Fragestellung der Vorhersage von Kundenwünschen für Fahrzeugausstattungen. Innerhalb der vorliegenden Arbeit ist es gelungen, Data-Mining-Prozesse zu entwickeln und anzuwenden, die eine Ausführung in der Praxis empfehlenswert machen.

---

[23] Vgl. Stalk, G. Jr.; Stephenson, S.; King, T.: (Searching for Fulfillment), S. 2-12
[24] Vgl. Diez, W.: (Prozeßoptimierung im Automobilvertrieb), S. 118-120
[25] Vgl. Hayler, C.: (Generierung von Orders für Lagerfahrzeuge)
[26] Vgl. Ludwig, R.: (Clusteranalytische Untersuchungen im Automobilbau), Friedrich, L.: (Analyse und Prognose von Kundenauftragsdaten), Schütz, F.: (Strukturanalyse von Kundenauftragsdaten für PKW)

2 Supply Chain Management – Grundlagen

In diesem Kapitel wird auf Supply Chain Management (SCM) im Allgemeinen hingeführt. Beginnend mit einer Darstellung von Definitionen, Herausforderungen und Zielen im SCM, folgen die Grundlagen des dem SCM zugrundeliegenden Prozesskettenmanagements. Abschließend werden branchenübergreifend gültige Ansätze zur Verfolgung der beschriebenen Ziele im SCM aufgezeigt. Eingrenzung und Vertiefung des SCM-Konzepts hinsichtlich kundenorientierter Auftragsabwicklung in der Automobilindustrie erfolgen im anschließenden Kapitel analog strukturiert.

2.1 Definitionen, Anforderungen und Ziele

Der Begriff Supply Chain (SC) kann beschrieben werden als ein Netzwerk von Produktions- und Vertriebsstandorten, welche Rohstoffe beschaffen, sie in Zwischen- und anschließend in Fertigprodukte umwandeln und die Produkte an Kunden ausliefern.[27] Die SC umfasst damit die Funktionen Einkauf, Produktion und Distribution.[28] Diese Funktionen bestimmen auch die herkömmlichen Modelle aus der Mikrologistik für Logistikketten,[29] hervorzuheben ist die unternehmensübergreifende, gesamtheitliche Betrach-

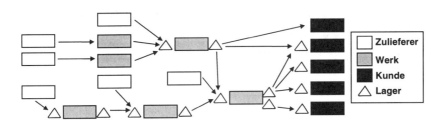

Abb. 2-1: *Eine typische Supply Chain[30]*

---

[27] Vgl. Lee, H. L.; Billington, C.: Material Management in (Decentralized Supply Chains), S. 835, dieselben, (Managing Supply Chain Inventory), S. 65

[28] Vgl. Lee, H. L.; Billington, C.: The Evolution of (Supply-Chain-Management Models), S. 43

[29] Vgl. Ihde, G. B.: (Mikro- und Makrologistik), S. 120

[30] Vgl. Davis, T.: (Effective Supply Chain Management), S. 37

Diesen grundsätzlichen Ansatz haben die meisten SC-Modelle gemeinsam,[31] das Management dieser SC wird allerdings noch kontrovers diskutiert. Obwohl der Begriff Supply Chain Management weltweit immer häufiger verwendet wird, herrscht noch kein einheitliches Verständnis über Definition und Ziele dieser Begriffsbezeichnung. *Kotzab* geht diesem Phänomen nach, indem er verschiedene Ursprünge und Modelle ausfindig macht und in die Welt gängiger Logistikkonzeptionen einordnet. Dabei trifft er auf Definitionen vornehmlich aus den nordamerikanischen und deutschsprachigen Logistiklehren, die sich aus unterschiedlichen Betrachtungsperspektiven ergeben und demnach uneinheitlich wirken. Beispielhaft führt er allein 13 verschiedene Definitionen auf:[32]

Autor	Definition
Bhattacharya u.a. 1996:	„Supply Chain Management,…is seen as a key to delivering higher customer satisfaction with reduced lead times and costs."
Bowersox und Closs 1996:	„The basic notion of Supply Chain Management is grounded on the belief that efficiency can be improved by sharing information and by joint planning…an overall supply chain focusing on integrated management of all logistical operations from original supplier procurement to final consumer acceptance."
Bowersox 1997:	„Supply Chain Management is a collaborative-based strategy to link cross-enterprise business operations to achieve a shared vision of market opportunity."
Cavinato 1991:	„Supply Chains…are popular interfirm linkages to attain joint cost savings, product enhancements, and competitive services."
Christopher 1994:	„Supply Chain Management covers the flow of goods from supplier through manufacturing and distribution chains to the end user."
Cooper, Lambert und Pagh 1997:	„The integration of all key business processes across the supply chain is what we are calling Supply Chain Management ."
Ellram und Cooper 1990:	„…an integrative philosophy to manage the total flow of a distribution channel from supplier to the ultimate user."
Ellram und Cooper 1993:	„Supply Chain Management has been characterized as across between traditional, open market relationships and full vertical integration. As such, supply chain management represents an innovative way to compete in today's ever changing global economy."
Houlihan 1987:	„Supply Chain Management covers the flow of goods from supplier through manufacturing and distribution chains to the end user…it views the supply chain as a single entity rather than relegating fragmented responsibility for various segments in the supply chain to functional areas…"
Jones and Riley 1985:	"Supply Chain Management deals with the total flow of materials from suppliers through end-users."
Metz 1997:	"Integrated Supply Chain Management is a process-oriented, integrated approach to procuring, producing and delivering products and services to customers."
Tan, Vijay und Handfield 1998:	"…encompasses materials/supply management from the supply of basic raw materials to final product (and possibly recycling or re-use)."
The Global Supply Chain Forum 1998:	"Supply Chain Management is the integration of business processes from end user through original suppliers that provides products, services, and information that add value for customers."

Abb. 2-2: *Ausgewählte Definitionen zum Supply Chain Management*

---

[31] Vgl. Kotzab, H.: (Zum Wesen von Supply Chain Management), S. 26-29
[32] Entnommen aus Kotzab, H.: (Zum Wesen von Supply Chain Management), S. 25

Die Definitionen sind geprägt von Denkweisen zum SCM, die verschiedenen Schulen zugeordnet werden:[33]

* (Functional) Chain Awareness School
  Betrachtungsweise der Verkettung funktionaler Teilbereiche in der SC, Fokus auf durchgängigen Materialfluss
* Linkage/Logistics School
  Umsetzung des Chain-Awareness-Gedankens in logistischen Lösungen durch Harmonisierung der Aktivitäten für einen durchgängigen Materialfluss zur Senkung der Bestände
* Information School
  Erweiterung um die Bidirektionalität des Informationsflusses als Regelungsinstrumentarium
* Integration/Process School
  Integration der Prozesse für Gesamtoptimum der SC, ohne die sequentielle Abfolge (wie in Linkage School) vorauszusetzen
* Future School
  Abkehr vom Begriff „Supply", da es sich um ein durch die Kundennachfrage gesteuertes Konzept handelt, Fokus in Richtung partnerschaftliches Beziehungsmanagement oder strategische Allianzen

Die Ausführungen in dieser Arbeit sind der SCM-Charakteristik der Integration/Process School zuzuordnen; eine sequentielle Abfolge ist im später vorgestellten SC-Modell *Fahrzeugprozess* zwar grundsätzlich zu erkennen, der übergreifende Integrationsgedanke ist aber Voraussetzung für die vorgestellten Optimierungsansätze.

Kotzab beschreibt, bewertet und stellt Zusammenhänge dar, einer klaren Empfehlung für eine Definition enthält er sich; als Einstieg für die folgenden Ausführungen wird deshalb zunächst – gleichermaßen als Kerngedanke der wichtigsten Aussagen zum SCM – die Definition von „The Global Supply Chain Forum 1998"[34] gewählt:

---

[33] Ebenda S. 25-27
[34] The Global Supply Chain Forum, (Supply Chain Management), S. 504

„Supply Chain Management is the integration of business processes from end user through original suppliers that provides products, services, and information that add value for customers."

Eine ähnliche Beschreibung stellt SCM als prozessorientierte Gestaltung, Lenkung und Entwicklung aller Aktivitäten von der Beschaffung der Rohmaterialien bis zum Verkauf an den Endverbraucher dar.[35] Hier ist der Integrationsgedanke über die funktionalen Bereiche und deren Teilprozesse in der SC weniger betont, man kann nur vermuten, dass „alle Aktivitäten" sowohl Material-, Geld-, wie auch Informationsflüsse beinhalten. Dieser Vergleich soll als Beispiel dienen, welche Arten von Aspekten den Begriff SCM kennzeichnen können. Bei *Kotzab* wird der Ursprung des SCM auf Lehrinhalte aus Beschaffung, Marketing und Logistik zurückgeführt. Die Abgrenzung zu den in diesen Bereichen bekannten Konzepten wird in den verschiedenen Literaturquellen nicht einheitlich gehandhabt. So erscheint in einem Aufsatz von *Zäpfel* zu Produktionskonzepten der Begriff SCM nicht ein einziges Mal, obwohl die dort behandelte Problemstellung und die vorgeschlagenen Lösungsansätze sich ohne weiteres in die vorliegenden SCM-Beschreibungen einordnen ließen.[36] Im Hinblick auf die Thematik der Auftragsabwicklung in der vorliegenden Arbeit soll deshalb auf einige Abgrenzungen von bisher bekannten Logistikkonzepten hingewiesen werden. *Wildemann* versteht SCM als Weiterentwicklung des Just-in-Time-Konzepts unter dem Einfluss der wachsenden Globalisierung auf die Bildung weltweiter, unternehmensübergreifender Logistiknetzwerke.[37] Weiterhin stellt der rasante Fortschritt der Informations- und Kommunikationssysteme eine Förderung hinsichtlich der integrierenden, regelungstechnischen Eigenschaften im SCM dar.[38] Allen Logistikkonzepten und dem SCM liegen

---

[35] Vgl. Pirron, J. et al.: (Werkzeuge der Zukunft), S. 60-61, Walther, J.: (Grundlagen des Supply Chain Managements), S. 12

[36] Vgl. Zäpfel, G.: (Auftragsgetriebene Produktion zur Bewältigung der Nachfrageungewißheit), S. 861-877

[37] Vgl. Wildemann, H.: (von Just-in-Time zu Supply Chain Management), S. 83-84

[38] Vgl. Prockl, G.: (Enterprise Resource Planning und Supply Chain Management), S. 62, o. V.: Overview, in: (The Supply Chain Forum – Background), S. 1

das Fluss-, System- und Querschnittsdenken zugrunde,[39] im SCM sind zusätzlich – neben der Prozessorientierung und der Integration der funktionalen Bereiche – vor allem die kundenbedarfsorientierte Steuerung der Auftragsabwicklung in der Supply Chain[40] hervorzuheben. Kurz gesagt: Im SCM werden Bestände und Kosten innerhalb der Supply Chain im Hinblick darauf kontrolliert,
dass die Anforderungen der Kunden an die Lieferleistung optimal erfüllt werden.[41]

Dafür müssen im SCM die Informations-, Material- und Geldflüsse innerhalb
der Supply Chain effektiv koordiniert werden.[42] Gleichzeitig werden auch Win-
Win-Beziehungen[43] mit langfristigen Kooperationspartnern[44] angestrebt, die
dadurch ermöglicht werden, dass Kosten reduziert werden, die bisher durch
mangelhafte Ausführung und Vernetzung von Prozessen entstanden und alle
Partner in der Supply Chain belasteten.[45] Wie in Abb. 2-1 zu erkennen ist, ist
dieser Ansatz über die gesamte SC, also sowohl mit unternehmensexternen,
als auch -internen Partnern anzustreben.

Von SCM profitieren also Unternehmen, die sich in komplexen Fertigungs- und
Distributionsnetzen durch niedrige Kosten und kurze Lieferzeiten ihre Wettbe-
werbsfähigkeit erhalten müssen, weil SCM die Entscheidungen entlang der
Wertschöpfungskette auch unternehmensübergreifend integriert, einem ge-
meinsamen Ziel entsprechend synchronisiert und damit effizient steuert.[46] Unternehmen mit einer komplexen Supply Chain müssen mit drei bedeutenden
Unsicherheitsfaktoren umgehen:[47]

---

[39] Vgl. Kotzab, H.: (Zum Wesen von Supply Chain Management), S. 35, Vahrenkamp, R.:
(Supply Chain Management), S. 313-314.

[40] Vgl. Straube, F.: (Supply Chain Management), S. 77, Vahrenkamp, R.: (Supply Chain
Management), S. 309

[41] Vgl. Lee, H. L.; Billington, C.: Material Management in (Decentralized Supply Chains), S.
835

[42] Vgl. o. V.: (The Supply Chain Forum), S. 1

[43] Gemeint sind Transaktionen zwischen Parteien, die Vorteile für beide erbringen

[44] Vgl. Ihde, G. B.: (Supply Chain Management), S. 1047, Vahrenkamp, R.: (Supply Chain
Management), S. 314-316

[45] Vgl. Pirron, J. et al.: (Werkzeuge der Zukunft), S. 60-61

[46] Vgl. Becker, J.: (Supply Chain Management), S. 415), Peiner, W.: (Supply-Chain-
Management), S. 3

[47] Vgl. Davis, T.: (Effective Supply Chain Management), S. 38

- Die Leistung der Zulieferer hinsichtlich Liefertreue variiert,
- im Produktionsprozess schwankt die Verfügbarkeit und
- die Kundennachfrage ändert sich ständig.

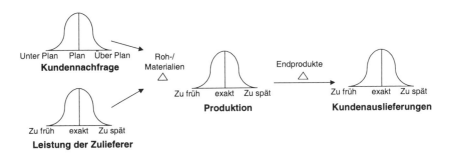

Abb. 2-3: *Unsicherheiten in der Supply Chain[48]*

Diese drei Quellen der Unsicherheit veranlassen Unternehmen, Bestände an Rohmaterialien, Zwischen- und Fertigprodukten aufzubauen. Die Situation wird weiter verschärft, weil sich die Unsicherheit in der Supply Chain fortpflanzt und sogar verstärkt.[49] Die ressourcenoptimale Gestaltung von Bestandshöhen hinsichtlich der Erfüllung der Kundenwünsche ist deshalb über die gesamte Supply Chain integriert auszurichten.

Die vorhergehenden Ausführungen sollen weniger eine feste, unumstößliche Definition für SCM liefern, als vielmehr die Intentionen erklären, die mit Konzepten unter diesem Namen verfolgt werden. Ergänzend seien noch folgende Aspekte aufgeführt:[50]

- SCM versteht sich als eine strategische, kooperationsorientierte und unternehmensübergreifende (= integrationsorientierte) Logistik-Management-

---

48   Ebenda, S. 38
49   Vgl. Lee, Hau L.; Padmanabhan, V.; Seungjin Whang: (The Bullwhip Effect in Supply
      Chains), S. 93-98
50   Vgl. Kotzab, H.: (Zum Wesen von Supply Chain Management), S. 27, 40-41

konzeption, die zu einer Verbesserung der Logistikleistung auf allen Stufen der Supply Chain führt

- Die Forderung nach Integration und Kooperation geht über die Logistikdimension hinaus
- Die Steuerung aller Aktivitäten erfolgt durch die Nachfrage (= durch den Endverbraucher)
- SCM versteht sich als eine alternative Bezeichnung des integrierten Logistikmanagements
- Viele Aspekte des SCM werden bereits in Fragestellungen unternehmensübergreifender Logistiklösungen unter anderem Namen erörtert

Im SCM stehen Ziele wie erhöhte Termintreue, kürzere Liefer- und Durchlaufzeiten, reduzierte Lager-, Transport- und Produktionskosten, Flexibilität und höhere Kundenzufriedenheit im Vordergrund.[51] *Buscher* führt verschiedene Ansichten zu Zielen im SCM zusammen;[52] dabei unterscheidet er zwischen effektiver und effizienter Durchführung der Aktivitäten. Die effektive Abwicklung zielt auf die Erfüllung der Kundenbedürfnisse ab, allgemein als Lieferservice bezeichnet. Gleichzeitig soll die Gewährleistung des umfassenden Lieferservice effizient, also zu minimierten Kosten ablaufen.

Zibell unterteilt den Lieferservice eines Industrie- und Handelsunternehmens in folgende sechs Elemente:[53]

1. Die *Lieferzeit* als die Zeitspanne zwischen Auftragsvergabe durch den Kunden bis zur Lieferung der Leistung
2. Die *Lieferfähigkeit* (oder Lieferbereitschaft) als Anteil der Aufträge, der zum Kundenwunschtermin bereitgestellt werden kann
3. Die *Termintreue* (oder Liefertreue) als Anteil der zum vereinbarten Termin erfolgten Lieferungen

---

[51] Vgl. Davis, T.: (Effective Supply Chain Management), S. 35, Straube, F.: (Supply Chain Management), S. 79, Gade,H.; Wegner, I.: (Prozesse, die nicht zur Wertschöpfung beitragen), S. 4
[52] Vgl. Buscher, U.: ZP-Stichwort: Supply Chain Management, S. 450
[53] Vgl. Zibell, R.M.: (Just-in-time), S. 25-26, Wolff, S.: (Zeitoptimierung), S. 12-13, Wildemann, H.: (Qualitätssicherung logistischer Leistungen als Erfolgsfaktor), S. 2

4. Die *Lieferflexibilität* als Maßgröße für die Fähigkeit des Anbieters, auf Änderungswünsche des Nachfragers einzugehen

5. Die *Informationsbereitschaft* als Kenngröße für die Fähigkeit, dem Kunden geplante Liefertermine, den jeweiligen Auftragsstatus und damit den Lieferfortschritt zu nennen

6. Die *Lieferqualität* als Maß für Beanstandungen durch den Kunden, abhängig von der Liefergenauigkeit in Art und Anzahl der georderten Ware und vom Zustand bzw. Beschädigungsgrad der Lieferung

Zur Methodik der Gestaltung einer SC werden kurz die Grundlagen des Prozesskettenmanagements und seine Anwendung in der Praxis vorgestellt.

2.2 Prozesskettenmanagement und Handlungsbedarfe

Wie bereits gezeigt, ist die Prozessorientierung eines der markanten Charakteristika von Supply Chain Management. Prozesse, Prozessketten und deren gesamtheitliche Betrachtung bilden die Grundlage für Aufbau und Durchführung von Supply Chain Management.

Auch die gesamte vorliegende Untersuchung baut auf der Prozesssicht der kundenorientierten Auftragsabwicklung auf. Deshalb wird kurz auf die Notwendigkeit der Gestaltung und Analyse von Prozessketten[54] eingegangen. Prozesskettenmanagement ist auch Bestandteil von Logistikkonzepten,[55] die – wie bereits angeführt – Überschneidungen mit den Theorien zum SCM aufweisen. Weil die Lehre der Prozesssicht in der Literatur hinreichend behandelt ist,[56] liegt das Hauptaugenmerk in diesem Abschnitt auf der erfolgten Umsetzung des Prozesskettenmanagements in den Unternehmen. Eine kurze Definition zur Prozessorientierung soll auf die Problematik ihrer Umsetzung hinführen.

---

[54] Prozesskette bezeichnet die Verknüpfung und Abfolge einzelner Prozesse

[55] Vgl. Wildemann, H.: (Prozeß-Benchmarking). S. 73-96

[56] Vgl. Bauer, F.: (Prozessorientierte Wirtschaftlichkeitsbetrachtung), S. 78-106, Hahn, D.: (Problemfelder des Supply Chain Management), S. 14-15, Wildemann, H.: (Geschäftsprozeßreorganisation), S. 18-19, Delfmann, W.: (Prozessmodellierung und Simulation), S. 82-94, Baumgarten, H.: (Prozeßkettenmanagement), S. 226-238

Davenport/Short definieren einen (Geschäfts-)prozess als „... a set of logically related tasks performed to achieve a defined business outcome".[57] *Wolff* beschreibt Prozesse mit den drei Merkmalen:[58]

• Prozesse haben Kunden

• Prozesse sind durch einen Fluss von Materialien und/oder Informationen über Bereichsgrenzen hinweg charakterisiert

• Prozesse besitzen einen repetitiven Ablauf

Die Vorteile einer solchen Sichtweise werden vor allem in der Möglichkeit gesehen, losgelöst von althergebrachten aufbauorganisatorischen Gegebenheiten bereichs- und funktionsübergreifend zu optimieren.[59]

In den letzten Jahren gehen Unternehmen immer mehr dazu über, alle ihre Aktivitäten des operativen Geschäfts und der Projekte prozessorientiert aufzubauen.[60] Dieser Gedanke ist in der Produktentwicklung[61] ebenso zu beobachten wie in Vertrieb und Produktion und erscheint nicht besonders neuartig; Prozesse im Sinne von Vorgängen, Abläufen, Leistungen und deren Verkettung sind seit jeher Bestandteil unternehmerischen Handelns. Entscheidend ist die konsequente Umsetzung des Prozessgedankens. Dazu ist eine grobe Darstellung der Entwicklungsstufen zum Prozesskettenmanagement[62] zu betrachten. Sie zeigt die relativ langsame Entfaltung der Umsetzung der Prozesssichtweise in Organisationen über die letzten Jahrzehnte auf.

Die erste der Entwicklungsstufen ist durch Arbeiten der Organisationslehre in den 30er Jahren des 20. Jahrhunderts belegt.[63] Hier wird erstmals auf die Abhängigkeit der Betriebsaufgaben von den innerbetrieblichen Leistungsketten des Betriebsprozesses verwiesen. Untersuchungen über die Prozessorganisa-

---

[57] Davenport, T.H.; Short, J.E.: (The New Industrial Engineering), S. 12
[58] Wolff, S.: (Zeitoptimierung), S. 59
[59] Vgl. Baumgarten, H.: (Prozeßkettenmanagement), S. 227
[60] Vgl. Feierabend, R.: (Reengineering und Benchmarking der Produktionslogistik), S. 192
[61] In der BMW Group ist seit den 90er Jahren der „Produktentstehungs- und -entwicklungsprozess" der Name eines der größten Reengineeringprojekte des Unternehmens.
[62] Vgl. Baumgarten, H.: (Prozeßkettenmanagement), S. 227
[63] Vgl. Nordsieck, F.: (Organisationslehre), S. 84

tionslehre[64] und das darauf aufbauende Prozesskostenmanagement gelten als weitere Meilensteine. Die Forderung nach aufbauorganisatorischen Anpassungen an den Prozessgedanken soll, neben vielen anderen Effekten, die Problematik der mangelnden Zurechenbarkeit administrativer Bereiche mildern. Das Prozesskettenmanagement selbst wird aus der Dringlichkeit des dramatisch wachsenden Zeitwettbewerbs[65] sowie der Business-Reengineering-Ansätze der letzten Jahre fokussiert.[66] Hier wird die komplette Neuausrichtung eines Unternehmens an Prozessen propagiert; diese Prozesse sind idealerweise das Produkt von Überlegungen, wie die Kernaufgaben des Unternehmens möglichst effektiv und effizient erledigt werden können. Sie sollten frei von negativen Einflüssen vormaliger, überholter Organisationsstrukturen, wie z. B. Kommunikationsbarrieren abgegrenzter Funktionsbereiche, sein. Obwohl die prozessorientierten Reengineering-Aktivitäten die Managementlehre der letzten Jahre mit dominierten und damit, verglichen mit den letzten Jahrzehnten, eine Beschleunigung des Prozesskettenmanagements vorgaben, sind die Resultate genau zu betrachten. In der Praxis zeigte sich nämlich, dass viele solcher umfassender Reengineering-Bemühungen scheiterten. *Wildemann* führt vier Gruppen von Hindernissen für die Geschäftsprozessorganisation auf:[67]

- Organisationsbezogene Hindernisse wie z. B.
  - die fehlende Unterstützung durch das Management,
  - fehlende Vorgaben oder unklare Aufgaben bzgl. der Neugestaltung des Prozesses,
  - konkurrierende, widersprüchliche Vorgaben oder Ziele für Teilprojekte.
- Prozessbezogene Hindernisse wie z. B.
  - die Komplexität, der Determinierungsgrad und die Dynamik des betrachteten Prozesses,

---

[64] Vgl. Gaitanides, M.: (Prozeßorganisation), S. 61 ff.
[65] Vgl. Mikus, B.: (Management und Zeit), S. 17, Ihde, G. B.: (Logistikmanagement als Zeitcontrolling), S. 207-214, Hamprecht, M.: (Grundlagen eines betrieblichen Zeitmanagements), S. 61-64, Wildemann, H.: (Durchlaufzeiten-Controlling), S. 401, Stalk, G. Jr.; Hout, T. M.: (Zeitwettbewerb), S. 54ff.
[66] Vgl. Hammer, M.; Champy, J.: (Business Reengineering)
[67] Vgl. Wildemann, H.: (Bestände), S. 145-148

- mangelnde Durchlässigkeit von Informationen und fehlende Zusammenarbeit zwischen den Fachbereichen,
- Bereichsegoismen der beteiligten Fachbereiche bezüglich der Defizite der konkreten Prozesse und hinsichtlich der Ausgestaltung der Soll-Prozesse.
• Mitarbeiterbezogene Hindernisse wie z. B.
- mangelhaftes Verständnis der mit der Modellierung beauftragten Personen über den Geschäftsprozess sowie die Interessen bzw. Ängste und Befürchtungen der Betroffenen,
- Desinteresse von Mitarbeitern, die keinen unmittelbaren Nutzen in der Analyse und Neugestaltung sehen,
- Negative Vorerfahrungen in Projekten mit ähnlicher oder gleicher Zielsetzung.
• Unternehmenskulturelle Hindernisse wie z. B.
- Widerstand der Führung insbesondere des mittleren Managements, z. B. aus Angst vor Macht- bzw. Einflussverlust oder der Ungewissheit der Aufgaben der neuen Struktur,
- Denken und Gestalten in Funktionen statt in Prozessen,
- Vorurteile gegenüber anderen Fachbereichen oder externen Beteiligten im Projekt.

Der Aspekt des Change Managements wurde hinsichtlich dieser Hindernisse oftmals unterschätzt. In den meisten Fällen sind diese Veränderungen nur schrittweise und relativ langsam zu erreichen, was dem Reengineering-Gedanken per se widerspricht. Dieses Risiko ist beispielsweise für die großen, teilweise schwerfälligen Konzerne der Automobilbranche, die mit fest verankerten Traditionen verhaftet sind, besonders hoch. Untersuchungen zeigen, dass Fortschritte in der Migration zur Kundenauftragsfertigung bei den Automobilunternehmen in den letzten Jahren nur langsam und schrittweise erreicht wurden.[68] Das später dargestellte Prozessmodell für die Auftragsabwicklung in einem Automobilunternehmen ist unter diesem Aspekt weniger als neues

---

[68] Vgl. Williams, G.: (Progress Towards Customer Pull Distribution), S. 3-8, Diez, W; Schwarz, M.: (Auslieferung: Kundengerechte Bereitstellung von Neuwagen ist nicht sichergestellt.), S. 30-31

Konzept, sondern vielmehr als Beispiel für eine erfolgreiche Umsetzung von Prozesskettendenken zu sehen. Erst die bereichs- und funktionsübergreifende Gestaltung von Abläufen und Organisationsstrukturen, ausgehend vom Kunden, erlaubt die Verfolgung der im SCM propagierten Ziele.

2.3 Ansätze zur Zielverfolgung

Erste Ansätze zur Verfolgung der Ziele im SCM liegen bereits in den beschriebenen Definitionen offen. Mit der erfolgreichen Umsetzung der unternehmensübergreifenden Prozessorientierung und der damit verbundenen bidirektionalen Informationsflüsse zur Steuerung der Prozesskette nach Kundenbedarf[69] ist ein großer Teil abgedeckt. Die dafür erforderlichen Methoden und Instrumente sind entsprechend umfassend. Beispiele für die Reduzierung der oben dargestellten Unsicherheit über Marktgegebenheiten und Stabilität der internen und externen Lieferbeziehungen sind Ansätze, die auch in anderen Logistikkonzeptionen zu finden sind. Da sich aber die Unsicherheitsfaktoren nie ganz beseitigen lassen, muss daran gearbeitet werden, dass die Supply Chain weniger anfällig für deren Einflüsse wird.

Dazu zählen beispielsweise die Bausteine des Just-in-Time-Konzepts nach *Wildemann*, nämlich die integrierte Informationsverarbeitung, die Fertigungssegmentierung und die produktionssynchrone Beschaffung.[70] Weiter sind beispielsweise Total Quality Management, bessere Prognosemethoden sowie zuverlässigere Transportwege- und Produktionsprozesse zu erwähnen.[71] Die Liste vereinzelter Schlagworte aus verschiedensten Artikeln ließe sich beliebig fortführen, dies liegt an der erwähnten Uneinigkeit bezüglich klarer Definitionen im SCM. Eine erste geeignete Zusammenstellung von Maßnahmen im Kontext von SCM, durch die die Unsicherheit reduziert werden kann um somit die Leistung in der Supply Chain zu verbessern, zeigt folgende Abbildung:

---

[69] Vgl. Vahrenkamp, R.: (Supply Chain Management), S. 311
[70] Vgl. Wildemann, H.: (Von Just-in-Time zu Supply Chain Management), S. 53-54
[71] Vgl. Davis, T.: (Effective Supply Chain Management), S. 36-39

Auf der Stufe der ...	das Produkt betreffend	den Prozess betreffend
Zuliefererleistung	• Verwendung von Gleichteilen • Einhalten von Industriestandards und Normen • Informationsaustausch mit strategischen Partnern	• Belohnung guter Lieferleistung • Messung der Transportleistung • Materialannahme durch Subunternehmer • Beschaffung vor Ort • häufigere Bestandskontrolle
Produktion	• Verringerung der Toleranzen • Bündelung von Produktionsänderungen • Verwendung von Standardprozessen • Anwendung von Design for Manufacturability/Assembly • generische Produkte	• Beseitigung von Engpässen • Angemessene Dimensionierung von Puffern • Reduzierung der Rüstvorgänge • Verkürzung der Durchlaufzeiten • selbstorganisierte Arbeitsgruppen • Vorhaltung von Kapazitätsreserven
Kundennachfrage	• Reduzierung des Produktprogramms und der Optionen • Design for Localization • Produktindividualisierung durch Software, nicht durch Hardware • Management der Liefererwartungen	• Anpassung der Fertigwarenbestände • Wechseln des Transportweges • Einführung besserer Datenverwaltung • Anwendung besserer Prognosemethoden • Vertrieb durch Subunternehmer • Standortwahl in Kundennähe

Abb. 2-4: *Maßnahmen zur Verbesserung der Leistung der Supply Chain*[72]

Als weitere Beispiele allgemein möglicher Maßnahmen für die SC werden ergänzend die folgenden Strategien von *Lee* und *Billington* vorgestellt; später wird dann über die Handlungsbedarfe und Ziele in der SC der Automobilhersteller auf einige dieser Maßnahmen in abgewandelter Form zurückgegriffen.

Lee und *Billington* schlagen allgemeine Strategien vor, mit denen die Leistung in der Supply Chain verbessert werden kann:[73]

• Design for Supply Chain Management: Produkt- und Prozessentwürfe sollten auch im Hinblick auf ihre Kosten und ihre Auswirkungen auf den Lieferservice der gesamten Supply Chain bewertet werden.

---

[72] Ebenda, S. 45
[73] Vgl. Lee, H. L.; Billington, C.: (Managing Supply Chain Inventory), S. 71-73, Heinzel, H.: (Supply Chain Operations Reference-Modell), S. 41

• Neue Anreizsysteme sollten die Kooperation fördern und nicht lokale Verbesserungen belohnen.

• Die Datenbanken entlang der ganzen Supply Chain sollten integriert werden. Um Kosten, Lieferzeiten und Bestände innerhalb der Supply Chain optimieren zu können, bedarf es des Zugriffs auf Volumenprognosen, Bestandshöhen, Produktionspläne und Liefertermine aller Beteiligten.

• Produktionsplanung und Bestandskontrolle sollten ebenfalls integriert werden, da Entscheidungen eines Teilnehmers an der Supply Chain Auswirkungen auf die gesamte Supply Chain haben können.

• Die Leistung der Supply Chain als Ganzes sollte gemessen werden und nicht nur die Leistungen einzelner Teilnehmer der Supply Chain. Dazu gehören z. B. die absolute Bestandshöhe und die Lieferzeit.

• In die Supply Chain sollten alle Beteiligten einbezogen werden, also nicht nur direkte Kunden und Zulieferer, sondern auch deren Kunden bzw. Zulieferer.[74]

SCM soll nicht nur Hilfestellung bei der Erhöhung der Effizienz des Einsatzes von Ressourcen sowie der Erhöhung der Effektivität des Lieferservices gegenüber dem Kunden bieten, sondern Objektivierung, Beschleunigung und Erleichterung der Entscheidungsfindung wiederum in Fragen der Gestaltung der Supply Chain selbst. SCM bietet eine Systemsicht auf die Supply Chain, so dass Auswirkungen von Veränderungen auf das Gesamtsystem bewertet werden können. Zusätzlich wird Transparenz durch die Datenintegration über alle beteiligten Bereiche geschaffen und somit auch die interdisziplinäre Zusammenarbeit gefördert.[75]

Realisierungsbeispiele für SCM gibt es in verschiedenen Branchen; diese sind aber wegen ihrer spezifischen Fragestellungen nur bedingt als Beleg für die

---

[74] Gerade die letzten vier Forderungen dieser Aufzählung werden in zunehmendem Maße durch den Einsatz von Advanced Planning Systems (APS) von Firmen wie beispielsweise i2 oder Manugistics ermöglicht. Der rasante technologische Fortschritt dieser Anwendungen fördert die Umsetzung von SCM in erheblichem Maße. Viele Ausführungen bauen deshalb auf Anwendungserfahrungen mit solchen Anwendungen auf. Trotz dieser Bedeutung wird in der vorliegenden Arbeit Untersuchung eine adäquate IT-Unterstützung lediglich als Mittel zum Zweck betrachtet und vorausgesetzt.

[75] Vgl. Wildemann, H.: (Logistik Prozessmanagement), S. 172-179, Pirron, J. et al.: (Werkzeuge der Zukunft), S. 61

Umsetzung genereller SCM-Konzepte zu sehen.[76] Es handelt sich unter anderem um empirische Studien aus der Konsumgüterbranche (Procter &
Gamble)[77] und der Computerbranche (Hewlett-Packard, Dell und Digital E-
quipment Corporation)[78]. Hewlett-Packard (HP) war an der Entwicklung eines
SCM-Konzeptes zusammen mit der Stanford University, Kalifornien, eng betei-
ligt.[79] Dort wurde am Beispiel für Desk Jet Printer ein Modell entwickelt, das es
erlaubt, die Unsicherheiten in der Supply Chain abzubilden und die Auswirkungen von Produktions- und Distributionsstrategien auf Bestände und Lieferzeiten zu beurteilen.[80] Maßnahmen die demnach bei HP angewendet werden,
wie Design for Supply Chain Management oder späte Produktdifferenzierung
(„Delayed Product Differentiation", „Postponement" oder auch „Design for Localization")[81] greifen – in abgewandelter Form – auch in der Automobilindustrie. Die Firma Dell Computers gilt als Pionier, was die direkte Einbeziehung
des Endkunden in die SC betrifft. Über das Internet können PCs konfiguriert
und bestellt werden, diese Bestellungen steuern idealerweise die Bedarfe und
Prozesse in Einkauf, Produktion und Vertrieb. Inzwischen greifen die Anstrengungen, bewusst SCM-Konzepte zu verfolgen und zu implementieren, immer
mehr auch auf die Produktionsgüterindustrie über, wie das Beispiel der Robert
Bosch GmbH zeigt.[82] In diesem von unterschiedlichen, weltweit angesiedelten
Geschäftsbereichen geprägtem Unternehmen, wurden in verschiedenen Bereichen die Ausrichtung über unternehmensübergreifende Lieferketten und die
Unterstützung durch entsprechende Informationstechnologie umgesetzt. Be-
fragungen in Deutschland und der Schweiz zeigen, dass sich der Trend, solche Maßnahmen im Rahmen von SCM-Projekten umzusetzen, in den nächsten Jahren verstärken wird.[83]

---

[76] Vgl. Kotzab, H.: (Zum Wesen von Supply Chain Management), S. 30
[77] Vgl. Camm, J. D. et al.: (Restructuring P&G's Supply Chain), S. 128 ff.
[78] Vgl. Arntzen, B. C. et al.: (Global Supply Chain Management), S. 69 ff.
[79] Vgl. Davis, T.: (Effective Supply Chain Management), S. 35-46, Lee, H. L.; Billington, C.;
      Carter, B.: (Design for Localization), S. 1-11
[80] Vgl. Lee, H. L.; Billington, C.: Material Management in (Decentralized Supply Chains), S.
      841
[81] Vgl. Lee, H. L.; Billington, C.: (Supply-Chain-Management Models), S. 53 ff., Lee, H. L.;
      Billington, C.; Carter, B.: (Design for Localization), S. 4 ff.
[82] Vgl. Bauer, M.: (Supply Chain Management bei der Robert Bosch GmbH), S. 185-188
[83] Vgl. Guß, H.; Walther, J.: (Supply Chain Management in Deutschland und der Schweiz),
      S. 163 und 165

Zusammenfassung

Vereinfacht lassen sich die Ansätze und die Ziele im Konzept von Supply Chain Management folgendermaßen erfassen:

Durch die effektive Koordinierung der Material-, Geld- und Informationsflüsse unterstützt SCM das Streben nach kürzeren Lieferzeiten und höherer Liefertreue, nach Bestands- und Kostensenkung, nach optimaler Kapazitätsauslastung sowie nach Steigerung der Kundenzufriedenheit, die erklärtes Oberziel des Ansatzes ist. Zusätzlich schafft SCM auch die Voraussetzungen für höhere Auftragsänderungsflexibilität, indem es hilft, die nötigen Vorlaufzeiten zu erkennen, und indem es den dafür notwendigen Informationsaustausch mit den Zulieferern beschleunigt.

Nach dieser kurzen Einführung zum SCM und zu den dafür branchenübergreifend geltenden Zielen und Ansätzen, folgt die Übertragung dieser Theorien auf die Automobilindustrie und ihren unternehmensinternen Verbund zur kundenorientierten Auftragsabwicklung für Neufahrzeuge.

3 Supply Chain Management für Herstellung und Vertrieb von Automobilen

Die kundenorientierte Auftragsabwicklung für Herstellung und Vertrieb von Neufahrzeugen ist ein Teilaspekt des SCM in der Automobilbranche. Dieser Ausschnitt wird im Folgenden – angelehnt an die Vorgehensweise bei Analyse und Prognose im Rahmen der strategischen Planung[84] – zweigeteilt zwischen Umwelt und Unternehmen dargestellt.

Zum einen wird gezeigt, wie externe Umweltbedingungen Ziele und Anforderungen an Herstellung und Vertrieb von Neufahrzeugen im Allgemeinen beeinflussen, zum anderen wird die unternehmensinterne Analyse von Prozessdefiziten zur Bewertung der aktuell gewählten Prozessgestaltung herangezogen. Dementsprechend beginnt dieses Kapitel mit Beispielen für schwer wiegende Änderungen der Umwelt für den Automobilvertrieb von heute und morgen.[85]

Zur Hinführung auf den zweiten Aspekt, der die unternehmensinternen Gegebenheiten beinhaltet, werden anschließend die im vorhergehenden Kapitel vorgestellten allgemeingültigen Ziele des SCM hinsichtlich der Anforderungen eines Automobilherstellers spezifiziert. Zur Einordnung von Zielen, Anforderungen und vorgeschlagenen Maßnahmen wird die vorgestellte Theorie des Prozesskettenmanagements zur Modellierung eines Prozessmodells angewandt, das dann Grundlage für alle weiteren Betrachtungen wird.

Außerdem ist das Modell zur internen und externen Kommunikation geeignet, wenn sich beispielsweise Ziele, Handlungsbedarfe und Maßnahmen einzelnen Prozessabschnitten zuordnen und strukturiert diskutieren lassen. Dieses Prozessmodell wird als *Fahrzeugprozess* bezeichnet, der Ablauf der darin enthaltenen Teilprozesse als (kundenorientierte) Auftragsabwicklung.

Beginnend mit einer detaillierten Beschreibung sowohl von theoretisch möglichen als auch gängigen Prozessgestaltungen und Abläufen im *Fahrzeugpro-*

---

[84] Vgl. Götze, U.; Rudolph, F.: (Instrumente der strategischen Planung), S. 4-14, Bloech, J.: (Berichte in der strategischen Planung), S. 199-201

[85] Als Beispiele sind vorwegnehmend Schlagworte wie die bevorstehende Änderung der „Gruppenfreistellungsverordnung für den Vertrieb und Kundendienst von Kraftfahrzeugen" (GVO), die stark wachsende Bedeutung des E-Commerce, der Wandel des Anspruchs von Automobilkunden etc. zu nennen.

zess, werden die heute erreichten Ergebnisse der einzelnen Teilprozesse, sowie die Wirkung ihrer Verkettung – der kundenorientierten Auftragsabwicklung im *Fahrzeugprozess* – aufgezeigt.

Dabei lassen sich starke Defizite in der Erreichung der Ziele eines Automobilherstellers erkennen. Es sind daher eine Vielzahl von Maßnahmen zu beobachten, die von den Automobilherstellern zur Behebung dieser Defizite verstärkt geplant und betrieben werden. Der noch folgenden, detaillierten Beschreibung vorwegnehmend seien beispielhaft sowohl Investitionen im Vertrieb zur direkteren Anbindung des Handels an die Zentrale genannt als auch Investitionen in die Werke zur Erhöhung der Produktionsflexibilität.

Trotz der Durchführung solcher und anderer Schritte, ist der aktuelle und kurzfristig zu erwartende Erfolg noch immer unbefriedigend. Die für SCM typische Herausforderung liegt in der funktionsübergreifenden Transparenz und Beherrschung der Wechselwirkung von Maßnahmen und deren Auswirkungen auf Zielerfüllungen. Deshalb wird aus den beschriebenen Zielen für den Fahrzeugprozess ein Zielsystem abgeleitet, das den spezifischen Anforderungen jener SC für Herstellung und Vertrieb von Neufahrzeugen gerecht werden soll. Wechselwirkungen der Ziele untereinander werden ebenso berücksichtigt wie Anforderungen an eine einfache Kommunikation der Ziele an die Prozessbeteiligten. Sehr vereinfacht betrachtet zeigt sich, dass sich das Bestreben, möglichst frühzeitig möglichst viele Kundenbestellungen für die geplante Produktion vorliegen zu haben, positiv auf die Erfüllung des gesamten Zielsystems auswirkt.

Der Fortschritt dieses Bestrebens lässt sich anhand der Entwicklung der Messgröße *„Kundenbelegungsgrad"* verfolgen. Je erfolgreicher also die beschriebenen Reengineering- und Optimierungsansätze sind, desto höher wird der Anteil von Kundenbestellungen des geplanten Produktionsvolumens in den verschiedenen Abschnitten des *Fahrzeugprozesses.* Oder, in der umgekehrten Sichtweise, desto geringer wird der Anteil an „nicht kundenbelegten" Aufträgen. Die Realität zeigt aber, dass trotz großer Erfolge der Ablauf für „nicht kundenbelegte" Aufträge auch in der kundenorientierten Auftragsfertigung wohl niemals vollständig obsolet sein wird. Diese Erkenntnis bildet die Grundlage für das nächste Kapitel mit der Bezeichnung *„Kundenorientierte Gestaltung von Prozessen und Systemen für „nicht kundenbelegte" Aufträge in verschiedenen Kunde-Markt-Hersteller-Systemen".*

3.1 Anforderungen und Ziele

Die allgemeinen Ausführungen zum SCM werden nun auf den speziellen Fall der kundenorientierten Auftragsabwicklung für Herstellung und Vertrieb von Automobilen eingegrenzt. Vergleicht man die Lieferserviceleistungen verschiedener Unternehmensbranchen aus Kundensicht, so scheint sich die Frage aufzudrängen, wieso gerade im Automobilsektor auch heute noch so zahlreich von unterdurchschnittlichen Leistungen z. B. hinsichtlich Lieferzeiten und Liefertermintreue berichtet wird.[86] Besonders deutlich wird dies beispielsweise beim Vergleich zu Herstellung und Vertrieb von Computern, wo individuelle Produktkonfiguration und hoher Lieferservice besser zu funktionieren scheinen. Da die Ähnlichkeit der Automobilbranche bezüglich Produktherstellung und -vertrieb zur Computerbranche größer ist als zu anderen Branchen, wie z. B. zum Handel und der Konsumgüterindustrie, werden im Folgenden die Hintergründe dieser Gegenüberstellung genauer betrachtet.

Vergleiche sind zwar aufgrund mancher Spezifika der beiden Branchen nur bedingt möglich. Dazu zählt beispielsweise die höhere Markenbindung der Kunden bzgl. des Produkts Automobil und seiner Komponenten, wohingegen ein Personal Computer fast ausschließlich über Leistungskriterien bewertet wird. Die Fertigungstiefe ist bei der Automobilherstellung aktuell noch höher, ebenso der Variantenreichtum. Die Kapitalbindung in den Beständen ist im Automobilbau immens, allerdings erfolgt der Wertverfall von Computern aufgrund der weiterhin rasanten technologischen Fortschritte schneller. Trenduntersuchungen zeigen aber, dass gerade in diesen vermeintlichen Unterschieden eine Annäherung des Automobilvertriebs an die Eigenheiten der Computerbranche stattfindet. Die Markenloyalitäten sinken, die Produktlebenszyklen verkürzen sich und steigern die Geschwindigkeit des Wertverlusts, B2B[87] im E-Commerce fördert die Markttransparenz über die Zulieferindustrie. Daher sind Vergleiche mit der Computerbranche als Benchmark geeignet und weisen den Weg für den Bedarf an einschneidenden Verbesserungen in der Service-

---

[86] Vgl. dazu beispielsweise Melfi, T.: (Der Kunde ist wenig), S. 16-21, O. V.: (Die Liefertreue bei VW ist katastrophal), S. 25

[87] Gebräuchliche Abkürzung für Business to Business (to ersetzt durch two=2), um Geschäftsbeziehungen zwischen Unternehmen im Rahmen des E-Commerce zu bezeichnen. Unterscheide davon B2C, Business to Customer, für die Beziehungen zwischen Unternehmen und Kunden.

leistung für den Kunden. Diese Herausforderung ist allerdings im Bewusstsein der zusätzlichen Anforderungen von Automobilproduktion und -vertrieb anzunehmen. Der Weg zum Benchmark „Vertriebsprozess Computerhersteller" ist für den Automobilvertrieb aber selbst unter Berücksichtigung der erschwerten Bedingungen noch weit. Hindernisse auf diesem Weg werden zunächst kurz als zu erwartende Änderungen der Umweltsituation für den Automobilvertrieb aufgezeigt. Darauf folgt eine Spezifizierung der Ziele im SCM auf die Belange der Automobilkunden und -hersteller.

3.1.1 Die kundenorientierte Auftragsabwicklung in der Automobilindustrie – externe Herausforderungen heute und morgen

Im folgenden werden Veränderungen der äußeren Bedingungen für den Automobilvertrieb aufgezeigt und in ihren möglichen Konsequenzen bewertet. Dabei zeichnen sich sowohl Trends ab, die die Optimierung der Auftragsabwicklung in den Vordergrund der Vertriebsstrategie stellen, als auch Veränderungen, die genau diese Optimierung erschweren.

3.1.1.1 Erhöhter Differenzierungsbedarf über die Auftragsabwicklung

Das beschriebene Prozessmodell Automobilvertrieb (vgl. Abschnitt 1.21.1) stellt den *Marketingprozess*, den *Kundenprozess* und den *Auftragsbearbeitungsprozess*, also die *Auftragsabwicklung*, als ineinandergreifende Bestandteile des Automobilvertriebs dar. Daraus leiten sich die Möglichkeiten zur Differenzierung gegenüber dem Wettbewerb ab. Diese ergeben sich im *Marketingprozess* aufbauend auf dem Produkt, im *Kundenprozess* in der Akquisitions- und Betreuungsleistung des Kunden, und die *Auftragsabwicklung* ist, wie gezeigt, an der Erfüllung der sechs Elemente des Lieferservices zu messen. Die Zuspitzung des Wettbewerbs als Grund für Handlungsbedarf in allen drei Prozessen zu nennen ist ebenso trivial wie abgenutzt. Deshalb ist neben der bekannten[88] Wettbewerbsverschärfung in der Automobilbranche eine interessan-

---

[88] Vgl. Karsten, H. et. al.: (New Paradigms for the Auto Industry Beyond 2000), S. 65-72, Rother, F.W.: (Soll und Haben), S. 51. Rother spricht in einem Ausblick bis ins Jahr 2001 von Überkapazitäten, die 1997 bereits rechnerisch 80 von 630 Automobilwerke überflüssig machten und belegt, dass dieser Trend weiter anhält. Tatsächlich ist im Jahr 2000

te Verschiebung innerhalb der Wettbewerbsfelder zu erwähnen. Der Wettbewerb der letzten Jahre erfolgte, neben der Preisgestaltung, über die Produkt- und Markeneigenschaften wie Image, Sicherheit, Zuverlässigkeit und Verarbeitungsqualität. Die Leistungen in den Produkteigenschaften sind zwischen den Herstellern aber heute weitaus schwieriger zu differenzieren als früher. In der Produktqualität erfolgte beispielsweise eine starke Annäherung der Marken. Die Markeneigenschaften werden zusätzlich durch teures Marketing gestützt,[89] unter anderem, um Wettbewerbsnachteile in den Produkteigenschaften zu kompensieren. In den eigentlichen Aufgaben eines Automobilherstellers gewinnen deshalb die produktunabhängigen Leistungen in *Kundenprozess* und *Auftragsabwicklung* immer mehr an Bedeutung.[90]

Die künftige Verschiebung der Gewichtung der Komponenten Preisgestaltung, Produktwertigkeit und Prozessleistung innerhalb der Vertriebsstrategie ist in der folgenden Abbildung symbolisiert.

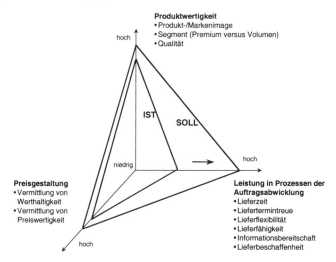

Abb. 3-1: *Ausrichtung der Vertriebsstrategie über Produkt-, Preis- und Prozessgestaltung*

---

und im ersten Halbjahr des Jahres 2001 ein massiver Abbau von Kapazitäten zu beobachten (z. B. Ford und Chrysler in USA, Ford, GM und Rover in Großbritannien, Daewoo und weitere).

[89] Vgl. Brown, J.: (Car Distribution System), S. 8
[90] Vgl. Wildemann, H.: (Die lernende Organisation: Anforderungen und Perspektiven für die Logistik), S. 21

Die Erfüllung der sechs Elemente des Lieferservices (siehe dazu Abschnitt 2.1) ist deshalb von vorneherein, unabhängig von der später dargestellten aktuellen Situation, in der Vertriebsstrategie grundsätzlich höher zu gewichten, zumal die Reaktion über den Preis bei relativ starren Fixkosten in der Automobilbranche schnell am Limit ist. Zwei Hauptvorteile sind in der Fokussierung der Reenginerings- und Optimierungsaktivitäten auf die Auftragsabwicklung zu erwarten:

Erhöhte Effizienz vermeidet die Verschwendung von Ressourcen, erhöhte Effektivität fördert die Kundenzufriedenheit.

Es wird also zunehmend wichtiger, die Auftragsabwicklung weiter zu verbessern, doch wird dies – aufgrund der sich stark ändernden externen Bedingungen – auch zunehmend schwieriger.

3.1.1.2 Hemmnisse für eine Differenzierung über die Auftragsabwicklung

Folgende Beispiele sollen die Hemmnisse der Differenzierung über die Auftragsabwicklung verdeutlichen:

Hemmnisse aus der steigenden Produktkomplexität

Der Wettbewerb über die Anzahl der Modelle und Ausstattungsvarianten, als weiterer Versuch, sich von der Konkurrenz zu differenzieren, erschwert die Aufgabe der Prozessoptimierung. Dabei sind, bedingt durch die in den letzten Jahren zahlreichen Fusionen und Übernahmen, die Anforderungen hinzugekommen, Produkte unterschiedlicher Marken innerhalb der Vertriebsprozesse zu konsolidieren.

Hemmnisse aus der steigenden Preistransparenz

Die Einführung des Euro innerhalb der Europäischen Union verdeutlicht die Preisunterschiede zwischen den Vertriebsregionen (sowohl herstellerintern wie auch in Beziehung zu den Konkurrenten). Zusätzlich schaffen die Möglichkeiten der Produktinformation über das Internet weitere Preistransparenz, die dem Preis als Gestaltungsmittel im Wettbewerb ebenfalls eine Rollenänderung zuweist.

Hemmnisse aus der bevorstehenden Änderung der GVO

Die Befreiung vom Verbot selektiver und exklusiver Vertriebssysteme in der Europäischen Union durch die „Gruppenfreistellungsverordnung für den Vertrieb und Kundendienst von Kraftfahrzeugen" (GVO)[91] ist bis zum 30.09.2002 befristet.[92]

Die Diskussion darüber, was nach dieser Befristung mit der GVO sein wird, ist noch nicht abgeschlossen,[93] jede Änderung bezüglich der Kriterien Exklusivität und Selektivität[94] beeinflusst massiv die Gestaltung der Vertriebsprozesse.

Sollte es Handelsbetrieben ermöglicht werden, die Marken voneinander unabhängiger Hersteller zu vertreiben, so werden Differenzierungen bezüglich Verkaufserlebnis und Markenexklusivität noch schwieriger. Die Wichtigkeit der Reduzierung der Lieferzeit bei kundenindividueller Fertigung wächst deswegen weiter an. Ebenso dürfte die Verfügbarkeit der richtigen Modelle ein noch höheres Gewicht bekommen, da der Käufer noch im selben Verkaufsraum auf ein Konkurrenzprodukt umsteigen könnte. Der Wegfall der Selektivität erleichtert den Markteintritt neuer Vertriebskonkurrenten. Denkbar sind Unternehmen, die Händler verschiedener Marken kontrollieren und somit Synergien in anderen Geschäftsbereichen, wie Service, Finanzen und dem Gebrauchtwagengeschäft nutzen. Die dann sinkende Kontrolle über das letzte Glied des *Fahrzeugprozesses* wird zur neuen Hürde in der Leistungskennziffer Lieferservice.

---

[91] EU-Verordnung Nr. 1475/95 vom 28.06.1995.
[92] Vgl. o. V.: (Gruppenfreistellungsverordnung), S. 1-2
[93] Vgl. o. V.: (GVO, quo vadis?)
[94] Vgl. Creutzig, J.: (Die zukünftige Regelung des Automobilvertriebs in Europa), S. 54ff., Kieven, H.: (Vertriebsnetzentwicklung), S. 80ff., Tongue, A.; Brown, J.: (Block Exemption), S. 25-29, sowie Dudenhöffer, F.: (Systemmarken), S. 82
Selektivität bedeutet das Recht auf die Auswahl der Händler, die Exklusivität meint den Vertrieb ausschließlich über Vertragshändler. Die Vorteile aus Selektivität und Exklusivität liegen für den Hersteller in der Möglichkeit der Steuerung einer optimalen Marktabdeckung, der Absicherung der Qualität des Vertriebssystems und des Markenimages. Der Vertragshändler erhält ein angemessenes Verkaufs- und Kundendienstpotenzial in seinem Vertragsgebiet sowie eine garantierte Anzahl Neuwagen. Außerdem erhält er Unterstützung in Form von Training, Werkzeugen und Ersatzteilen, die er für die sachgerechte Durchführung von Verkaufsberatung, Kundendienst und Reparaturen benötigt. Der Verbraucher profitiert von den hohen Qualitätsstandards, der guten Marktabdeckung und dem daraus resultierenden Intra-Brand-Wettbewerb (bedeutet Wettbewerb innerhalb des Händlernetzes einer Marke, meist über den Preis).

Hemmnisse aus der Entstehung neuer Vertriebskanäle

Getragen von den Möglichkeiten der Internet-Technologien und den Konzepten zu E-Commerce entstehen Car Broker, elektronische Marktplätze und andere Formen der Informationsbündelung und des Vertriebs, die den Herstellern zunehmend Konkurrenz machen.

Die Strömungen, die derzeit in den USA zu beobachten sind, finden immer mehr auch in Europa Niederschlag, heute noch gehemmt durch die GVO. Ein Signal für die Hersteller, sich selbst zunehmend um mögliche Formen des Direktvertriebs – auch an den Endkunden – zu kümmern.[95]

Hier wäre eine Gestaltung der eigenen Prozesse als Kernkompetenz anzustreben, um Vorteile auszuspielen, die nur der Hersteller hat. Die Datenbasis der Kundenwünsche zählt beispielsweise zum Besitz der Bereiche „Einplanung in den Auftragsbestand" und „Produktion".

Die anstehenden Änderungen für das Vertriebssystem von morgen sind nur beispielhaft angeführt und sollen zeigen, dass mit der Behebung heutiger Probleme im *Fahrzeugprozess* die Zukunft des Vertriebs nicht gesichert ist, und weitreichendere Änderungen angestrebt werden müssen. Die Ausrichtung dieser Änderungen wird über Ziele bestimmt, die aus dem SCM-Gedanken für Herstellung und Vertrieb von Automobilen spezifiziert werden.

3.1.2 Zielgruppen zur Erhöhung der Effektivität der Kundenorientierung

Der Wunsch des Kunden an den Vorgang „Kauf eines Neufahrzeugs" lässt sich, in Anlehnung an die in Abschnitt 2.1 dargestellten sechs Elemente des Lieferservices eines Industrie- und Handelsunternehmens,[96] so beschreiben:

Der Kunde möchte

- sein gewünschtes Fahrzeug (*Lieferfähigkeit*),
- in einer akzeptablen Lieferzeit (*Lieferzeit*)

erhalten.

---

[95] Heute existiert Direktvertrieb lediglich an ausgewählte Kundengruppen, wie Firmen, Behörden, Autovermieter o.ä.; einige Hersteller vollziehen Pilotversuche mit ausgewählten Modellen und Märkten, wie z. B. 1999 Fiat in Italien mit dem Modell *Barchetta*

[96] Vgl. Zibell, R.M.: (Just-in-time), S. 25-26

Nach erfolgter Bestellung sind

- die Möglichkeiten, Änderungen nachzureichen (*Lieferflexibilität*),
- die Einhaltung des bei Bestellung und Änderungen zugesagten Liefertermins (*Liefertreue*)
- und die Beschaffenheit des ausgelieferten Produkts (*Lieferqualität*)

von Interesse für den Kunden.

Schließlich vervollständigt

- die Auskunftsfähigkeit (*Informationsbereitschaft*)
  - während der Verkaufsverhandlungen, wie z. B. über mögliche Produktausstattungen, Preise, Lieferbedingungen etc. sowie
  - über die laufende Bestellung, wie z. B. den Auftragsstatus oder die Möglichkeit von Bestellungsänderungen hinsichtlich Liefertermin oder Ausstattung,

die Ausprägung des Lieferservices nach *Zibell*.

Im Folgenden werden diese Ziele zu Zielgruppen zusammengefasst. *Lieferzeit* und *Liefertreue* werden unter dem Begriff *Zeitqualität* geführt. *Flexibilität* fasst die *Lieferflexibilität* und die *Lieferfähigkeit* zusammen. Unter *Professionalität des Verkaufsprozesses* werden die *Informationsbereitschaft* und die *Lieferqualität* gesehen. Angelehnt an das Prozessmodell Automobilvertrieb (siehe Abb. 1-3) ist die Zielgruppe *Professionalität des Verkaufsprozesses* als Schnittstelle der Ziele innerhalb der *Auftragsabwicklung* zum *Kundenprozess* zu sehen.

3.1.2.1 Zeitqualität (*Lieferzeit* und *Liefertreue*)

Unter der Zielgruppe Zeitqualität werden zum einen die Teilprozesse des *Fahrzeugprozesses* und zum anderen der *Fahrzeugprozess* gesamthaft untersucht. Über die zeitliche Erfassung von Anfangs- und Endpunkt eines Teilprozesses erhält man Durchlaufzeiten, der Vergleich eines geplanten Termins für das Ergebnis eines Teilprozesses mit dem tatsächlich erfolgten ergibt die Termintreue des Teilprozesses. Durchlaufzeit und Termintreue des gesamten *Fahrzeugprozesses* von *Auftragseingang des Kunden* bis zur *Fahrzeugüber-*

gabe an den Kunden werden zu *Lieferzeit* und *Liefertreue.*[97] Im folgenden Bild ist die Verteilung der Anzahl von Kunden über bestimmte, gewünschte Lieferzeiten schematisch aufgetragen. Man geht von einer Normalverteilung aus, der Erwartungswert ist herstellerabhängig. Wie in Abschnitt 3.1.1 erwähnt, geht der Trend für den Erwartungswert in Richtung einer Verkürzung der gewünschten Lieferzeit. Aktuell spricht man von wenigen Wochen als Erwartungswert.

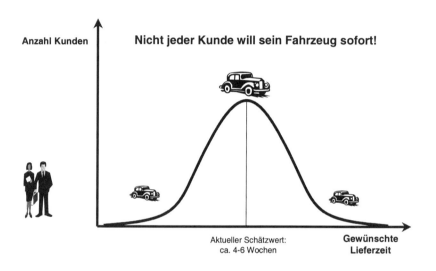

Anzahl Kunden   **Nicht jeder Kunde will sein Fahrzeug sofort!**

Aktueller Schätzwert: **Gewünschte**
ca. 4-6 Wochen   **Lieferzeit**

Abb. 3-2: *Abschätzung der Verteilung der vom Kunden gewünschten Lieferzeiten*[98]

Die Unterscheidung zwischen Durchlaufzeit und Lieferzeit für den *Fahrzeugprozess* ist wichtig, da Aussagen, die beispielsweise ein „14-Tage-Auto"[99] propagieren, nicht so interpretiert werden dürfen, dass in einem solchen System jeder Kunde jedes beliebige Modell innerhalb von 14 Tagen geliefert bekommt. Dies bedeutet vielmehr, dass der *Fahrzeugprozess* zu einer Mindestdurchlaufzeit von 14 Tagen befähigt werden muss, um die Anzahl von Kunden, die die-

---

[97]   Vgl. Wolff, S.; Stautner, U.: (Time Based Management), S. 950
[98]   Nach einer Expertenbefragung bei einem deutschen Hersteller. Weiterhin existiert die Meinung, dass die minimal gewünschte Lieferzeit zwei Wochen kaum unterschreitet. Vgl. dazu Herold, L.: (Prozeßkettenorientiertes Logistik-Controlling), S. 245
[99]   Vgl. Ernst & Young, (Zeitwettbewerb in der Automobilindustrie), S. 5 ff.

se Lieferzeit wünschen, bedienen zu können. Diese Anzahl wird nie hundert Prozent aller Kunden ausmachen, die Fähigkeit zur Bedienung jenes Anteils der Kunden, die diese extrem kurzen Lieferzeiten wirklich wollen, ist die zweite Aussage über die derzeitige Leistung des *Fahrzeugprozesses*. Zu beachten ist aber, dass zwischen Prozessleistungsfähigkeit des Herstellers und der Kundenerwartung an die Lieferzeit eine Rückkopplung besteht. Im Premium-Segment galt es vor einigen Jahren noch als Qualitätsmerkmal und Zeichen von Exklusivität, wenn für ein bestimmtes Modell Lieferfristen von einem Jahr und mehr galten. Umgekehrt werden mit der Ermöglichung kürzerer Lieferzeiten die Wünsche nach denselben gesteigert. Der Fokus liegt aufgrund der Heterogenität der Lieferzeitenwünsche primär auf dem Ziel *Liefertreue*, das für alle Kunden wichtig ist. Dies bedeutet die Einhaltung des zugesagten Liefertermins auf Wochen- oder Tagesbasis.[100] Welche Lieferzeiten beim Verkaufsgespräch zugesagt werden können, ist Ergebnis der derzeit erreichten Mindestdurchlaufzeit des *Fahrzeugprozesses* im Zusammenspiel mit der Verfügbarkeit von Produktionskapazitäten. Der Kunde kann also eine relativ kurze *Lieferzeit* erwarten, die er allerdings nur eventuell in Anspruch nehmen wird; unerlässlich ist, dass die zugesagte *Lieferzeit* absolut eingehalten wird.

3.1.2.2 Flexibilität (Lieferflexibilität und Lieferfähigkeit)

Die Bedeutung des Begriffs „Flexibilität" hat im *Fahrzeugprozess* verschiedene Ausprägungen, der Kunde nimmt sie direkt als Auftragsänderungsflexibilität wahr, d.h. er kann bis zu einem bestimmten, möglichst nah am Produktionsstart liegenden Termin seinen Auftrag ändern, ohne dass er Terminverzögerungen im Vergleich zum originär zugesagten Termin hinnehmen muss. Je näher dieser Zeitpunkt am Produktionsstart liegt und je umfassender die möglichen Änderungen ohne Terminkonsequenzen sind (von Farb- oder Polsteränderungen über Sonderausstattungen bis hin zu Modell- oder Karosserievariantenänderungen), desto höher ist die vom Kunden wahrgenommene Auftragsänderungsflexibilität. Diese ist aber das Produkt von Maßnahmen, die

---

[100] Üblich ist die Terminierung auf Wochen, obwohl in manchen Handelsbetrieben noch vagere Terminaussagen wie z. B. „Mitte des Monats" anzutreffen sind. Die Terminierung auf Tagesbasis gegenüber dem Kunden ab Bestellung ist ein ehrgeiziges Ziel, das höchste Stabilität aller Prozesse erfordert.

grob als Erhöhung der Flexibilität im Vertrieb und in der Produktion geführt werden können. Diese Maßnahmen werden in Abschnitt 3.3 beschrieben. Wichtig ist hier die Unterscheidung von Flexibilität als Auftragsänderungsflexibilität und den gemeinhin als Vertriebs-, Quoten-, Produktions- oder Werksflexibilität bezeichneten Zielen. Im Verborgenen erhöht die Möglichkeit der Auftragsänderungsflexibilität auch die Lieferfähigkeit, nämlich dann, wenn ein bereits als „nicht kundenbelegt" im *Fahrzeugprozess* befindlicher Auftrag noch auf den Kundenwunsch umgeändert werden kann (siehe dazu auch Abschnitt 3.3.2).

3.1.2.3 Professionalität des Verkaufsprozesses (Informationsbereitschaft und Lieferqualität)

Das subjektive Erlebnis des Kunden beim Auftragseingang, begonnen mit ersten Informationskontakten, vielleicht auch schon außerhalb des Verkaufsraums, und seine Erfahrungen bei der Übergabe des Fahrzeugs sollen durch die Zielgruppe *Professionalität im Verkaufsprozess* bestmöglich geprägt werden. Außerhalb der Ziele im Rahmen von Zeitqualität und Flexibilität, deren Erfüllung ebenfalls dazu beitragen, gibt es dazu noch andere Anforderungen. Der Kunde möchte jederzeit über den Status seiner Bestellung informiert werden können, Terminänderungen sollten aktiv an ihn herangetragen werden. Er möchte dem Image der Marke adäquate Abläufe und methodische Unterstützungen erleben, wobei die Nutzung von Internet-Technologien eine immer größere Rolle spielen. Ausstattung und Abläufe im Autohaus selbst müssen, wo sinnvoll, unternehmenseinheitlich gestaltet sein. Am besten sind alle Informationsbedarfe (auch bzgl. Finanzierung, Produktinformationen, Lagerverfügbarkeit etc.) möglichst sofort und aus einer Hand zu erhalten. Bei der Übergabe zählt die rechtzeitige Benachrichtigung, die reibungslose Abwicklung und der Aufbau des Vertrauens, auch nach dem Kauf ebenso betreut zu werden wie vorher. Die Beschaffenheit des Fahrzeugs bezüglich der Richtigkeit des Auftrags und Freiheit von Schäden gilt als selbstverständlich und birgt kaum noch Differenzierungspotenziale.

3.1.3 Zielgruppen zur Erhöhung der Effizienz der Ressourcen

Die Anforderung, die Wünsche der Kunden lange vorher exakt vorausplanen zu können, ist streng genommen nicht erfüllbar. Ein anderer Weg sicherzustellen, dass jeder Kunde zu jeder Zeit das von ihm gewünschte Fahrzeug in jeder noch so kleinen gewünschten Lieferzeit erhält, bestünde in der Verkürzung der Einplanungsphase, der Produktion und der Lieferung auf eine Zeitspanne, die kleiner ist als die gewünschte Lieferzeit. Dies würde bedeuten, dass die Werke so große Überkapazitäten aufweisen müssten, dass jede noch so große Nachfragespitze abgefangen werden könnte; die Bestände bei Hersteller und Zulieferern wären um ein Vielfaches höher, um beispielsweise auch selten nachgefragte Varianten des breiten Spektrums sofort anbieten zu können; die *Produktion* müsste absolut stabil laufen. Selbst bei höchster Effizienz würden diese Absicherungsmaßnahmen heute zu Kosten und damit zu Preisen führen, die für den Kunden nicht tragbar wären. Deswegen ist bei allen kundenorientierten Zielverfolgungen im *Fahrzeugprozess* auf einen wirtschaftlichen Einsatz der Ressourcen zu achten. Wie sich in der Beschreibung der Zielbeziehungen zeigen wird, liegen dabei nicht unbedingt Zielkonflikte vor; vielmehr stehen manche Ziele für Kunde und Wirtschaftlichkeit komplementär[101] zueinander.

3.1.3.1 Komplexitätsbeherrschung

Ein mit den Anforderungen an die Flexibilität eng verknüpftes Ziel ist das der Beherrschung der Komplexität, die aus der Gestaltung der Produktpalette resultiert. Damit ist vornehmlich die durch die mögliche Anzahl von Varianten des Produkts Fahrzeug bedingte Komplexität gemeint. Die Variantenanzahl wird zunächst durch die im folgenden Bild gezeigte mögliche Produktstruktur des Angebots eines Herstellers erzeugt.

---

[101] Vgl. zur Theorie der Ziele und Zielbeziehungen: Gemünden, H. G.: (Zielbildung), S. 253, Hauschildt, J.: (Entscheidungsziele), S. 9-16

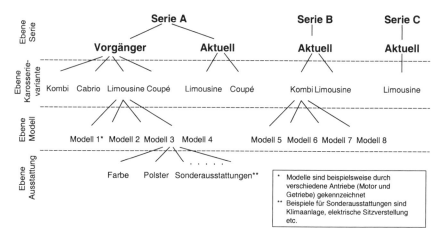

Abb. 3-3: *Mögliche Produktstruktur eines Automobilherstellers[102]*

Aus den gezeigten möglichen Ausprägungen der Produktstruktur lassen sich verschiedene Produktpaletten verschiedener Hersteller darstellen. Zusätzlich zu den obligatorischen Farb- und Polstereigenschaften kann ein Fahrzeug noch eine hohe Anzahl an Sonderausstattungen enthalten. Zudem gibt es sogenannte technisch bedingte Ausstattungen, die der Kunde nicht wahrnimmt, die aber die Komplexität in der Auftragsabwicklung erhöhen. Als Beispiel seien Hitzeschutzvorrichtungen am Fahrzeugunterboden für Märkte mit hohen durchschnittlichen Umgebungstemperaturen genannt. Für einen Hersteller des Premium-Segments ergeben sich hieraus rein rechnerisch Größenordnungen für die theoretisch mögliche Anzahl unterschiedlicher Produktvarianten, die in Dimensionen von zweistelligen Zehnerpotenzen gehandelt werden (z. B. 10^{30}). Diese unvorstellbaren Mengen werfen die Frage auf, welche Vorteile aus dieser Vielzahl den Kunden noch erreichen. Tatsächlich zeigten Untersuchungen bspw. für die Marke BMW, dass bei einigen tausend Fahrzeugen eines Modells tatsächlich keines dem anderen bis ins letzte Detail glich, sofern es mehr als 2 Sonderausstattungen aufwies[103] – ein Argument dafür, dass das Angebot genutzt wird. Die später folgenden Untersuchungen von Märkten, Kunden und

---

[102] Vgl. dazu z. B. die Produktangebote von Volvo, Audi oder Mercedes
[103] Untersuchungsergebnisse aus interner Quelle der BMW Group

Herstellern zeigen ebenfalls, dass der Trend, auch weltweit, zu größtmöglicher Individualität geht. Es ist zu erwarten, dass dieses Differenzierungspotenzial daher wichtig bleibt. Im Folgenden gelten die Varianten der Produktpalette deshalb als vom Hersteller aus strategischen Gesichtspunkten gewollt und damit gegeben. Der Begriff Komplexitätsbeherrschung zielt also mehr auf den Umgang mit der vorhandenen Komplexität ab, als auf eine Reduzierung derselben. Die Anforderungen daraus stellen sich vor allem in den Bereichen der Planung und logistischen Steuerung von Varianten, deren Bedarf mit steigender Anzahl immer schwieriger vorausgesagt werden kann. Damit eng verbunden ist dann die Herausforderung der Bestandshaltung zur Vorhaltung dieser Varianten.[104] Diese wirken sich auf die Bestände von Teilen und Komponenten, beginnend beim Zulieferer, wie auch auf die Bestände von produzierten Fahrzeugen aus. Die Komplexitätsbeherrschung ist deshalb auch ein besonderer Aspekt zur Ausschöpfung der Potenziale in der Auftragsabwicklung „nicht kundenbelegter" Aufträge, deren Gestaltung als Ergänzung zu den in diesem Kapitel vorgestellten Strategien im SCM für Automobilhersteller noch dargestellt werden wird.

3.1.3.2 Kapazitätsauslastung

Investition und Betrieb einer Automobilproduktion bringen einen hohen Fixkostenanteil mit sich. Dies ist unter anderem durch den notwendigen Personalbedarf, den großen Anteil an teuren, instandhaltungsintensiven Investitionsgütern, wie beispielsweise den Fertigungsanlagen in den Montagelinien sowie über die hohe Kapitalbindung durch hochwertige Zulieferteile bedingt. Daher sind über ausreichend hohe Stückzahlen in der Produktion die bei Hersteller und Zulieferer aufgebauten Kapazitäten immer möglichst ausgelastet zu halten, um die notwendigen Degressionseffekte zu erzielen. Die Möglichkeiten zur kurzfristigen Erhöhung der Produktionskapazitäten[105] sind in nachfragestarken Zeiten bald ausgeschöpft. Deshalb sind die Werke entsprechend groß dimensioniert. Im Fall des VW-Werks in Wolfsburg, des mit einer Kapazität von 800.000 Einheiten derzeit größten europäischen Automobilwerks, kann

---

[104] Vgl. Lee, H. L.: (Effective Inventory and Service Management), S. 151, Lee, H. L.; Tang, C. S.: (Delayed Product Differentiation), S. 40
[105] Vgl. Wöhe, G.: (Allgemeine Betriebswirtschaftslehre), S. 594-597

erst bei einer Auslastung ab ca. 80 % die Grenze zur Rentabilität überschritten werden.[106] Diese ökonomische Prämisse führt in Verbindung mit der Forderung an den Vertrieb, Aufträge zur besseren Planbarkeit früh abzugeben, zum Zwang, „nicht kundenbelegte" Aufträge zu platzieren.

3.1.3.3 Quantitative Bestandsoptimierung

Die eigentliche Herausforderung für den Umgang mit „nicht kundenbelegten" Aufträgen besteht für Auftragsmengen, die nicht mehr änderbar sind. Deshalb werden im Folgenden Bestände an produzierten Neufahrzeuge betrachtet. Diese können sich im Werk, auf den Transportmitteln, auf Umschlagplätzen des Distributionsnetzwerkes und bei den Verkaufspunkten selbst befinden. Eigentümer der Bestände sind abhängig von der erfolgten Verrechnung der Hersteller oder die nachfolgenden Vertriebsstufen bis hin zum Händler. Neufahrzeuge haben, verglichen mit den Produkten der vorherigen Stufen der Wertschöpfungskette, den höchsten Wert und bringen entsprechende Folgekosten mit sich. Die Kosten sind auf ein Einzelfahrzeug bezogen zu verstehen:

- Kapitalbindungskosten
  (berechnet aus Wert des Fahrzeugs, Zinssatz und Standdauer)
- Stellplatzkosten
  (Lagerflächen, überdacht/nicht überdacht, Verkaufsräume etc.)
- Wartungskosten
  (z. B. wegen Batteriewartung, Bremsscheibenoxydation, wiederholte Lackaufbereitung etc.)
- Versicherungskosten
  (z. B. gegen Brand, Diebstahl, Hagel, Transportschäden etc.)
- Kosten zur Behebung von Schäden
  (wenn es wirtschaftlicher ist, nicht über die Versicherung abzuwickeln)

Der hohe Wert der Neufahrzeuge und täglich wachsende Folgekosten zeigen, dass Bestandsoptimierung als Ziel hohe Kosteneinsparungen mit sich bringen kann. Rechnet man den Wert aller aktuellen Bestände und deren Folgekosten

---

[106] Vgl. Rother, F. W.: (Soll und Haben), S. 54

konsequent durch, so ergeben sich für ein Unternehmen des Premium-Segments bei einem Jahresabsatz von ca. 500.000 Fahrzeugen Werte in der Größenordnung von mehreren hundert Mio. €.[107] Jede kleine Änderung zur Reduzierung der Bestandshöhe bei Aufrechterhaltung des Lieferservices birgt also ein großes Kostenpotenzial; zieht man im SCM erreichte Bestandssenkungen anderer Branchen heran, wäre immenser Nutzen zu erwarten.[108] Die Effekte wirken sich zudem aufgrund der gezeigten komplementären Zielbeziehungen auch positiv auf die Kundenzufriedenheit aus.

3.1.3.4 Erhöhung des Kundenbelegungsgrads

Als *Kundenbelegungsgrad* bezeichnet man den Anteil von Aufträgen, die zu einem Stichtag mit Kundenbestellungen hinterlegt sind. Dabei sind bei dieser Erhebung bestimmte Abschnitte der Auftragsabwicklung (später: Teilprozesse des *Fahrzeugprozesses*) zu unterscheiden. Beginnend mit dem Auftragsbestand, der in den Systemen der verkaufenden Stellen vorliegt, wird der *Kundenbelegungsgrad* mit fortschreitendem Status weiter ansteigen. Die Darstellung der zur Erreichung der obenstehenden Ziele erforderlichen Maßnahmen wird zeigen, dass der Erhöhung des *Kundenbelegungsgrads* unter allen Zielen eine besondere Rolle zukommt. Die meisten Effekte der Maßnahmen drücken sich nämlich auch in einem Anstieg des *Kundenbelegungsgrads* in den verschiedenen Abschnitten der Auftragsabwicklung aus. Je höher der *Kundenbelegungsgrad* in den frühen Phasen der Auftragsabwicklung ist, desto sicherer wird die Planbarkeit der Bedarfe in den späteren. Ein hoher *Kundenbelegungsgrad* ist somit ein Indikator erreichter positiver Effekte, gleichzeitig führt er zu weiterer Sicherheit in den Planungen des Vertriebs, in der *Auftragseinplanung Logistik und Werke* und zu einer stabileren Fertigung für Hersteller und Zulieferer.

---

[107] Untersuchungsergebnisse aus interner Quelle der BMW Group
[108] Vgl. Davis, T.: (Effective Supply Chain Management), S. 42, eine Senkung der Bestandsreichweite von 7 auf 5 Wochen in den Distributionszentren spart im Vertrieb von Druckern bei Hewlett Packard 30 Mio. $ pro Jahr ein, in anderen Ausführungen wird von allgemeinen potenziellen Bestandsreduzierungen von bis zu 30 % gesprochen, vgl. dazu Becker, J.: (Supply Chain Management), S. 417, Schneider, M.: (Methoden-Puzzle), S.124

3.2 Prozesskettenmanagement und Handlungsbedarfe – der Fahrzeugprozess

Entsprechend der Methodik des in Abschnitt 2.2 beschriebenen Prozesskettenmanagements wird die kundenorientierte Auftragsabwicklung für Herstellung und Vertrieb von Automobilen in Teilprozesse zerlegt modelliert. Heute beobachtete Prozessergebnisse der Automobilhersteller werden den vorher spezifizierten Zielen gegenübergestellt. So werden Symptome offensichtlich, die – zusätzlich zu den sich ändernden Umweltbedingungen – weiteren, noch dringlicheren Handlungsbedarf für Prozessänderungen aufzeigen.[109] Im darauffolgenden Abschnitt werden, abgeleitet von den vorgeschlagenen Aktivitäten für das allgemeine SCM, Maßnahmen aus dem Automobilbereich vorgestellt. Diese fügen sich als strukturierte Sammlung von Vorschlägen aus der Theorie sowie von Projekten und Umsetzungen aus der Praxis in die SCM-Systematik ein. Die aktuelle Umsetzung dieser Strategien, die zu einer Anwendung des SCM-Konzepts und einer darin enthaltenen ausschließlichen Build-to-Order-Fertigung führen sollen, befindet sich noch in der Migrationsphase.[110] In dieser Phase gibt es ungenutzte Potenziale, die durch Ansätze speziell für „nicht kundenbelegte" Aufträge genutzt werden können, wie dann in Kapitel 4 umfassend dargestellt wird.

3.2.1 Das Prozessmodell zum Fahrzeugprozess

Wie in den Grundlagen zum SCM beschrieben, ist die Voraussetzung aller Ausführungen und Untersuchungen die Sicht auf ein Unternehmen auf Basis von Prozessen. Der Prozessgedanke wird in der Organisation von Unternehmen der Automobilindustrie erst in den letzten Jahren zunehmend gelebt. Er ist aber das Fundament für die bereichsübergreifende Verknüpfung von kundenorientierten Anforderungen mit daraus abgeleiteten strategischen und ope-

---

[109] Vgl. allgemein zu Schwachstellen in der Auftragsabwicklung auch Wildemann, H.: (Auftragsabwicklungsprozeß), S. 10, wo über die Kennzeichen „hoher Anteil an fremdbezogenen Komponenten, „Einzelaufträge", „komplexe Produktstruktur" und „starker Kundeneinfluß" typische Merkmale für die Automobilbranche betrachtet werden

[110] Vgl. Williams, G.: (Progress Towards Customer Pull Distribution), S. 7

rativen Zielen sowie den dafür generierten Maßnahmen zur Erreichung dieser Ziele.

Eine allgemeingültige Prozessmodellierung des Auftragsdurchlaufs in der (deutschen) Automobilindustrie wurde bereits von *Wolff* erstellt.[111] Sie wurde mit Hilfe der Methodik der Prozesskettenanalyse[112] durchgeführt und diente dem Zweck des Zeitcontrollings für den kompletten Auftragsdurchlauf.[113] Wie in Abschnitt 2.2 zur Entwicklung des Prozesskettenmanagements bereits gezeigt, waren Fragen des Zeitmanagements ein wichtiger Anstoß zur konsequenten Einführung des Prozessgedankens. Die dafür von *Wolff* entwickelte Prozessdarstellung, die mit einem Informationsmodell verknüpft ist, ist eine geeignete Basis für die Darstellung der Abläufe im betrachteten Automobilunternehmen.

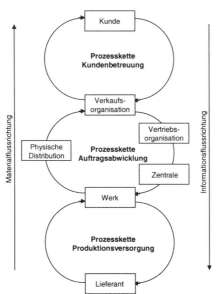

Abb. 3-4: *Überblick über die logistischen Prozessketten der Auftragsabwicklung in der deutschen Automobilindustrie[114]*

---

[111] Vgl. Wolff, S.: (Zeitoptimierung), S. 83 ff.
[112] Vgl. Bauer, F.: (Prozeßorientierte Wirtschaftlichkeitsbetrachtung), S. 76-83, Baumgarten, H.; Wiegand, A.: (Prozeßkettenmanagement), S. 856
[113] Vgl. Wolff, S.: (Zeitoptimierung), S. 64-101, Wolff, S.; Stautner, U.: (Time Based Management), S. 947
[114] Entnommen aus Wolff, S.: (Zeitoptimierung), S. 82

Passend zum gezeigten Schema der SC (vgl. Kapitel 2) unterteilt *Wolff* in eine primärlieferzeitrelevante Prozesskette *Auftragsabwicklung*, also all die Abläufe, die das Fertigprodukt Fahrzeug ausgelöst durch eine Kundenbestellung zum Kunden bringen, und in die Prozesskette der *Produktionsversorgung*. Ebenso passend zum Modell des Automobilvertriebs aus Abschnitt 1.2 ist in einer dritten Unterteilung neben der *Auftragsabwicklung* der *Kundenprozess* zu finden. Anhand des Modells zum Automobilvertrieb wurde in Abschnitt 1.2 die für die vorliegende Arbeit geltende Abgrenzung getroffen, lediglich die *Auftragsabwicklung* unter der Bezeichnung *Fahrzeugprozess* zu betrachten. Deshalb werden im Folgenden der Verbund zur *Produktionsversorgung* sowie der *Kundenprozess* nicht tiefergehend berücksichtigt, jeder dieser Prozesse allein bietet jeweils genug Stoff für weitere, eigenständige Untersuchungen im Rahmen von SCM. Die Potenziale in der Gestaltung der Auftragsabwicklung „nicht kundenbelegter" Aufträge sind im *Fahrzeugprozess* zu finden, der vom Umfang her der primärlieferzeitrelevanten Prozesskette nach *Wolff* nachempfunden ist und auch eine ähnliche Unterteilung aufweist. Er ist in der folgenden Abbildung symbolisch als Pipeline dargestellt, da ein Auftrag für ein Neufahrzeug diesen Prozess gleich einer Pipeline durchläuft und im Laufe der Wertschöpfungskette vom Auftrag zum fertigen Fahrzeug wird.

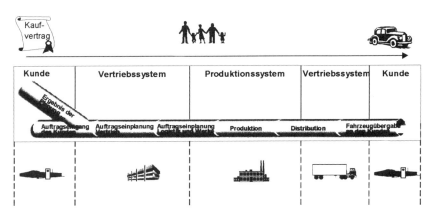

Abb. 3-5: *Der Fahrzeugprozess*

Auf dieser Detaillierungsebene werden im Folgenden die möglichen und heute beobachteten Abläufe für jeden Teilprozess dargestellt.[115] Die Bezeichnungen lauten:

- *Auftragseingang des Kunden*
- *Auftragseinplanung Vertrieb*
- *Auftragseinplanung Logistik und Werke*
- *Produktion*
- *Distribution*
- *Fahrzeugübergabe an den Kunden*

Als wichtige Ergänzung zur bildlichen Darstellung nach *Wolff* ist in Abb. 3-5 die Symbolisierung der Resultate der vorausgehenden Interaktionen der Planung zu sehen, demonstriert als Anschlussstück an den *Auftragseingang des Kunden* wird dafür die Benennung

- *Ergebnis der Planung für den Auftragseingang des Kunden*

eingeführt.

Diese Vereinfachung ist für die behandelte Fragestellung zulässig, da es später ausschließlich um die Deckung der Planung beim Auftragseingang des Kunden mit „nicht kundenbelegten" Aufträgen geht. Der gesamte Planungsprozess ist weitaus komplexer und ist bei *Wolff* gesondert in einem Entity-Relationship-Modell dargestellt, das die zyklischen Planungsinteraktionen zwischen Lieferanten, Werken, zentraler (logistischer) Auftragssteuerung, zentraler Vertriebssteuerung sowie der regionalen Vertriebs- und Verkaufsorganisationen zeigt.[116]

Obiges Prozessmodell dient der Beschreibung der kundenorientierten Auftragsabwicklung in der Automobilindustrie mit vereinfachter Berücksichtigung

---

[115] Im folgenden werden die Namen für die Teilprozesse kursiv gedruckt, die Begriffe Produktion und Distribution in kursiver Schreibweise bezeichnen dann also den jeweiligen Abschnitt des Prozessmodells Fahrzeugprozess.

[116] Vgl. Wolff, S.: (Zeitoptimierung), S. 84-85

des Inputs der Planung und – in einer ersten Stufe als Einstieg für weitere Betrachtungen – ohne die Einbeziehung der Prozesskette Produktionsversorgung. Darauf aufbauend lassen sich Handlungsbedarfe aufzeigen, die aus der offensichtlich mangelhaften Erfüllung der vorgestellten Ziele entstehen. Dazu werden die wichtigsten Beispiele im *Fahrzeugprozess* herangezogen, die auf mangelnde Kundenorientierung und ineffizienten Einsatz der Ressourcen hinweisen und das traditionelle Vertriebssystem in Frage stellen.

Wie in Abschnitt 2.1 bereits erwähnt, ist die vorliegende Beschreibung der Abläufe im *Fahrzeugprozess* der Denkweise der Integration/Process School zuzuordnen. Die im vorliegenden Prozessmodell abgebildete sequentielle Abfolge von Teilprozessen widerspricht nicht der Unabhängigkeit der Betrachtungsweise der Integration/Process School von sequentiellen Abfolgen in der SC. Gerade der bereichsübergreifende Charakter des *Fahrzeugprozesses* spielt eine wichtige Rolle zur Annäherung autarker, funktionaler Bereiche im Unternehmen. Dies wird vor allem bei der Identifizierung wichtiger Problemfelder deutlich. Diese werden in der Regel den aus der Prozessmodellierung bekannten Teilabschnitten zugeordnet, in denen sie offensichtlich werden. Die Ursache für das Problemfeld kann aber durchaus in einem anderen Abschnitt entstanden sein, Auswirkungen können ebenfalls weitere Abschnitte betreffen. Manche Problemfelder werden manchmal eben gerade durch die mangelnde Integration von Teilprozessen generiert. Die Zuordnung auf die Teilabschnitte ist deshalb als geeignete Form zu verstehen, das teilweise nicht sequentiell aufgebaute, komplexe Beziehungsgeflecht im *Fahrzeugprozess* zwischen Zielen, Handlungsbedarfen und den noch folgenden Maßnahmen transparenter zu machen.

3.2.2 Das Ergebnis der Planung für den „Auftragseingang des Kunden"

Bei der Vorstellung des *Überblicks über die logistischen Prozessketten der Auftragsabwicklung in der deutschen Automobilindustrie* nach *Wolff* (vgl. Abschnitt 3.2.1), wurde auf die im Rahmen seiner Arbeit detailliert erfolgte Beschreibung des Planungssystems verwiesen.

Dort zeigt sich die Stufigkeit der heute gebräuchlichen Aufbauorganisationen im Automobilvertrieb, die zwar eine kontrollierte Steuerung des Absatzes erlauben, aber mit ihren zahlreichen Schnittstellen auch Reibungsverluste mit sich bringen. In folgender Abbildung sind verschiedene mögliche Vertriebsstufen für einen Automobilhersteller vereinfacht dargestellt. Die Pfeile zeigen die möglichen Vertriebskanäle auf, wenn bestimmte Stufen in die Vertriebsorganisation integriert werden. Das Zusammenwirken von Aufbau- und Ablauforganisation des Vertriebs wird im Folgenden als Vertriebssystem bezeichnet.

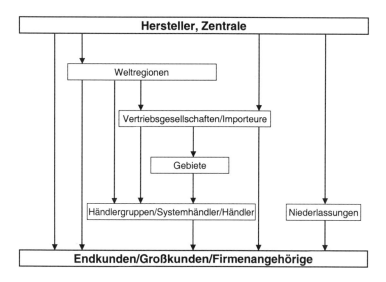

Abb. 3-6: *Beispiele für mögliche Vertriebsstufen eines Automobilherstellers*

Als gängige Beispiele für die bei verschiedenen Herstellern zu beobachtende Nutzung von Vertriebsstufen und Vertriebskanälen sind aus der Abbildung herauszugreifen:

- der Vertrieb über die Handelsorganisation einer Vertriebsgesellschaft an Einzelkunden und Großkunden
- der Vertrieb über eine Vertriebsgesellschaft an Einzelkunden, Großkunden und Firmenangehörige.

- der Direktvertrieb der Zentrale an Einzelkunden, Großkunden und Firmenangehörige.[117]

Die innerhalb eines Vertriebssystems existierenden hierarchischen Strukturen veranschaulicht beispielhaft die folgende Abbildung:

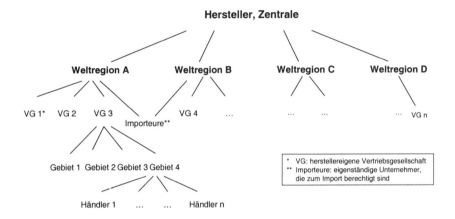

Abb. 3-7: *Mögliche hierarchische Struktur von Vertriebsstufen eines Automobilherstellers*

Die Volumenplanung und -steuerung erfolgt durch den Hersteller innerhalb seines Vertriebssystems. Dort werden für die gewählten Vertriebskanäle die Absatzmengen der Produkte geplant. In festgelegten Zeitabständen werden klassischerweise mit den beteiligten Vertriebsstufen Vereinbarungen getroffen, wie viele Fahrzeuge wann abgenommen werden. In welcher Detaillierung der Produktstruktur (vgl. Abschnitt 3.1.3.1) diese Vereinbarungen festgelegt werden, ist unterschiedlich. Derzeit erfolgen verbindliche Planungsvereinbarungen meist noch auf Modellebene, bei flexiblen Herstellern teilweise bereits auf Karosserievariante. Die aktuellen Planungsoptimierungsmaßnahmen streben eine möglichst hohe Ebene an, da es für den jeweiligen Abnehmer besser ist,

---

[117] Electronic Commerce (E-Commerce) als Gestaltungsmittel dieser Kanäle ist derzeit in Diskussion und an bestimmten Stellen auch in Umsetzung, wird hier aber lediglich vordergründig betrachtet, da sich die im Rahmen dieser Untersuchung interessanten Effekte für Zuteilungsquoten und deren Erfüllung nur in einer Änderung des Planungsergebnisses für den Prozessverantwortlichen des jeweiligen Vertriebskanals darstellen.

sich nicht genauer festlegen zu müssen, um für potenzielle Kundenwünsche flexibel zu bleiben und damit Fehlallokationen zu vermeiden. Die Vereinbarungen zwischen Hersteller und den verschiedenen Ebenen und Unterteilungen seines Vertriebssystems über die Zuteilung von Fahrzeugen werden gemeinhin auch als Quoten bezeichnet. Dabei kann es sich bei nachfragestarken Produkten (z. B. in Anlaufphasen eines neuen Modells) um Beschränkungen handeln, bei nachfrageschwachen Modellen (z. B. kurz vor Neueinführung des Nachfolgemodells) um Mindestabnahmemengen.

Als Ergebnis der beschriebenen rollierenden Planung ergeben sich also in den Vertriebskanälen des Vertriebssystems für Neufahrzeuge

- Volumenvorgaben an Fahrzeugen,
- festgelegt auf einer bestimmten Ebene der Produktstruktur,
- mit vorgegebenen Zeitvorläufen für bestimmte Zeiträume.

Beispiel: Die Vereinbarung zwischen einem Händler und dem Hersteller kann beinhalten, dass der Händler für einen gesamten Monat ca. 6 Wochen vorher verbindlich seine Abnahme bestimmter Karosserievarianten (z. B. Cabrio oder Limousine) eines Fahrzeugmodells zusagen wird. Mit fortschreitender Zeit hat er dann die Möglichkeit, innerhalb der Karosserievariante das Fahrzeug weiter zu spezifizieren. Wie lange vor Produktionsbeginn dies noch möglich ist, hängt von der aktuellen Flexibilität im Zusammenspiel von Vertrieb und Produktion zusammen, die später noch genauer erklärt wird. Meist sind Ausstattungen (Farbe, Polster und bestimmte Sonderausstattungen) länger änderbar als z. B. der Antrieb (Motortyp und Getriebe). Wenn die Planungsvereinbarung noch auf Modellebene erfolgt, ist der Antrieb von Anfang an festgelegt. Grundsätzlich gilt: je flexibler die Rahmenbedingungen der Planung sind (Mengen, Zeitvorläufe, Produktebene), desto genauer können die Kundenwünsche befriedigt werden (*Lieferfähigkeit*). Idealerweise wird die komplette Produktion nur auf Kundenbestellung gefertigt (Fertigungsauslösung durch Bedarf, auch Build-to-Order genannt).[118]

---

[118] Vgl. Hayes, K.; Warburton, M.: (Build-to-order could reinvent the auto industry), S. 1-4

Die Vielzahl möglicher Ausprägungen der Prozesse, die zum *„Ergebnis der Planung für den Auftragseingang des Kunden führen,"* würden eine genauere Beschreibung und Quantifizierung der Rahmenbedingungen von Planungsergebnissen für den Abnahmeverantwortlichen eines Vertriebskanals erfordern. Anzuführen wären zahlreiche Unterschiede zwischen den verschiedenen Kanälen sowie zwischen nachfragestarken- und schwachen Produkten. Zudem erfolgen derzeit massive Reengineering-Aktivitäten, die genau diese Planungsbedingungen verändern. Eine ausführliche Beschreibung würde deshalb zu weit führen, wichtig ist das Verständnis, dass aus der Planung Vorgaben zur Abnahme bestimmter Produkte entstehen, die es mit sich bringen, dass Aufträge platziert und gebaut werden, die noch keinen Kunden haben. Detaillierte Abhängigkeiten folgen in der Beschreibung der Prozessgestaltung für „nicht kundenbelegte" Aufträge in Kapitel 4.

Handlungsbedarfe: Ergebnis der Planung für den Auftragseingang des Kunden

Zwar bietet das beschriebene Quotensystem die Möglichkeit einer für alle Beteiligten nachvollziehbaren Zuteilung und einer Steuerung der Marktabdeckung unter Auslastung der Kapazitäten, doch wie jede Regulierung bringt auch die Quotensteuerung Nachteile mit sich. Unterschiedliche Nachfrage und Verkaufsperformance in verschiedenen Teilen der Verkaufsorganisation führen zu Fehlzuteilungen, die sich auf der einen Seite in teurem Lagerbestand ausdrücken, auf der anderen Seite im schlimmsten Fall zum Verlust des Kaufinteressenten führen.

Konkret sei dies am Beispiel eines Händlers gezeigt. Für ihn stellen sich die Quoten gerade in Verbindung mit der hohen Modell- und Variantenvielfalt problematisch dar. Die Werke benötigen für die Steuerung ihrer Kapazitäten und der Kapazitäten ihrer Zulieferer bestimmte Zeitvorläufe. In der Rückrechnung über den Vertrieb erreichen den Händler diese Forderungen als frühzeitige Festlegung auf relativ genaue Produktspezifikationen. Verbunden mit den dafür geringen Absatzvolumina des Händlers, sieht sich dieser allein in der Frage der Karosserievariante und des Antriebs mit einer vielfach höheren Zahl von Auswahlmöglichkeiten konfrontiert als er Fahrzeuge zu bestellen hat. Da der aus Sicht des Händlers lange Zeitvorlauf ebenfalls mit sich bringt, dass, je nach Markt, nur wenige Kundenbestellungen vorliegen, muss der Händler zur

Erfüllung der Quotenvereinbarungen Lagerfahrzeuge ordern. Man spricht in diesem Zusammenhang auch vom Lagerdruck für den Händler,[119] das vielbeschworene Pull-Prinzip (Fertigungsauslösung durch Bedarf, Build-to-Order) ist im gesamten *Fahrzeugprozess* nur teilprozessweise (vor allem in der *Produktion*) und damit ineffektiv eingesetzt; gesamthaft deutet der Lagerdruck, der im Vertrieb ankommt, eher auf ein Push-Prinzip (Fertigung vor Bedarfseingang, Build-to-Stock) hin. Umgekehrt führt die Quotenregelung zu einer Beschränkung für den Händler, wenn er versucht, besonders gefragte Modelle zu bestellen. Bei Modellneuanläufen ist die Marktnachfrage beispielsweise oft höher als die Kapazitäten der Werke – trotz aller Optimierungsmaßnahmen – strukturell hergeben. Wenn man keine Überkapazitäten aufbauen will, dann liegt dieses Problem in der Natur der Sache.[120] Der Mix aus Anlauf- und Auslaufproduktionen ist für den Automobilbau typisch. Für den Händler scheint es aber doppelt ungünstig, Modelle bestellen zu müssen, für die er im Moment keinen Abnehmer hat, während hingegen andere, aktuell nachgefragte Modelle nicht bestellt werden können. Diese für den Händler ungünstigen Ergebnisse der Planung beeinflussen die Ausgangsposition der Verhandlungen zwischen Händler und Kunde negativ.

3.2.3 Teilprozess 1: Auftragseingang des Kunden

Je nach Vertriebskanal kann es sich im *Fahrzeugprozess* um verschiedene Arten von Kunden handeln (Endkunden, Großkunden, Firmenangehörige, Händler etc., vgl. Abb. 3-6). Der Einfachheit halber handeln die folgenden Ausführungen zu den einzelnen Teilprozessen des *Fahrzeugprozesses* von einem Endkunden, der sein Fahrzeug bei einem Händler bestellt. Die Aufträge für Fahrzeuge sind grundsätzlich vollkommen spezifiziert (Modell, Karosserievariante, Antrieb, Farbe, Polster und Sonderausstattungen, vgl. Abb. 3-3). Die Auftragsdaten beinhalten die Produktspezifizierung, die Daten des Endkunden sowie den gewünschten Liefertermin und werden an die *Auftragseinplanung Vertrieb* weitergeleitet.

---

[119] Vgl. A.T. Kearney, (Lean Distribution), S.13
[120] Vgl. Gneuss, M.: (mit knappen Kapazitäten), S. G9

Handlungsbedarfe: Auftragseingang des Kunden

Die in Abschnitt 1.21.1 getroffene Abgrenzung im Rahmen des Modells nach *Diez*, die den Betrachtungsumfang auf den Auftragsabwicklungsprozess beschränkt, schließt die übrigen für den *Kundenprozess* und *Marketingprozess* kundenbezogenen Leistungen in dieser Untersuchung aus. In diesem Teilabschnitt wird die Erfüllung der logistischen Leistungen fokussiert, wie sie in den sechs Elementen des Lieferservices für Herstellung und Vertrieb von Automobilen in Abschnitt 3.1.1 umschrieben ist.

Beim *Auftragseingang des Kunden* sind in der Wahrnehmung des Kunden zunächst nur die *Lieferfähigkeit* (Verfügbarkeit der theoretisch möglichen Angebotsbreite) und die *Lieferzeit,* sowie die *Informationsbereitschaft* darüber von Bedeutung. Betrachtet man das Vertriebssystem eines Herstellers, der mit Vereinbarungen über Abnahmemengen auf Modellebene arbeitet, so sieht man die aus Produktprogramm und Prozessablauf theoretisch mögliche Erfüllung dieser Elemente gefährdet. Wünscht der Kunde möglichst bald ein Modell, für das ein Händler innerhalb der nächsten Planungsperiode keine Quoten mehr frei hat, so müssen Abstriche im Kundenwunsch erfolgreich verhandelt werden, will der Händler den Kunden nicht verlieren.

Einschränkung der Leistung: Lieferzeit

Die Alternative ist, dem Kunden das von ihm gewünschte Fahrzeug entsprechend der nächsten verfügbaren Quoten einer der nachfolgenden Planungsperioden zu bestellen. Dies bedeutet eine Verlängerung der *Lieferzeit* um mindestens die Dauer einer Planungsperiode, die in der Regel mehrere Wochen umfasst. Wird bei einem dadurch bedingt langen Bestellvorlauf die Liefertreue nicht absolut eingehalten, kommen – neben der Frustration des Kunden und einem damit verbundenen Risiko der Stornierung – eventuell auch noch Kosten für die Bereitstellung von Ersatzfahrzeugen bei verspäteter Lieferung hinzu.

Einschränkung der Leistung: Lieferfähigkeit

Gelingt es, den Kunden auf ein anderes Modell umzustimmen, das als Quote für die nächste Planungsperiode verfügbar ist, dann werden damit relative Abstriche bzgl. des Produktwunsches gemacht, da der Kunde ein anderes Fahrzeug erwirbt, als er ursprünglich vorhatte. Abhängig vom bevorstehenden Produktionstermin ist die Ausstattung zwar in bestimmten Umfang noch änderbar, so dass der Kompromiss nicht allzu groß ausfallen muss. Im extremeren Fall wird ein Fahrzeug aus dem Bestand des Handels verkauft, das entsprechend der Abweichungen in Modell und Ausstattung zum gewünschten Fahrzeug e-benfalls eine Einschränkung der *Lieferfähigkeit* bedeutet. Gerade bei einem Hersteller des Premium-Segments ist aber eine detaillierte Ähnlichkeit aus dem Lagerbestand eher selten zu erreichen.[121] Die *Lieferzeit* reduziert sich bei einem bereits produzierten Fahrzeug rein auf die Transport- und Standzeiten in den Teilprozessen *Distribution* und *Fahrzeugübergabe an den Kunden*. Dieser Trade-off zwischen *Lieferfähigkeit* und *Lieferzeit* ist dann möglich, wenn ein Kunde nicht darauf besteht, ein Fahrzeug zu erhalten, das extra für ihn be-stellt und gefertigt wurde.

Nachdem ein gut informierter Kunde bei mehreren Händlern Anfragen stellt, wird er wahrscheinlich verfügbare Quoten vorfinden. Deshalb wird ein Händler in einem solchen Fall eher auf die Einschränkung der *Lieferfähigkeit* setzen und versuchen ein Fahrzeug vom Lager zu verkaufen, was ihm schneller ba-res Geld bringt und den Kunden sichert. Im gesamten *Fahrzeugprozess* scheint dann wieder das unerwünschte Push-Prinzip durch; die Bestände wer-den auf Kosten der *Lieferfähigkeit* gegenüber dem Kunden abgebaut.

Die Notwendigkeit für den Händler, Einschränkungen in *Lieferfähigkeit* und *Lieferzeit* über den Preis kompensieren zu müssen, ist nicht nur wenig förder-lich für seine eigene Ertragslage, sondern belastet auch das Verhältnis zwi-schen ihm und dem Kunden. Solche Verhandlungen fördern das Misstrauen, dass eine Übervorteilung vorliegen könnte.[122] Je besser die „nicht kundenbe-legten" Aufträge also auf die Wünsche des Kunden passen, desto höher die Zufriedenheit von Händler und Kunde. Auch die Möglichkeit für den Hersteller, über bestimmte Modelle und Ausstattungen Deckungsbeiträge zu erzielen, ist bei Lagerfahrzeugen abhängig von der Gestaltung der „nicht kundenbelegten" Aufträge.

---

[121] An diesem Beispiel ist die Intention dieser Arbeit gut zu erläutern. In der Migration zu echtem SCM bleiben solche Fälle existent, je besser aber die Lagerfahrzeuge konfiguriert sind, desto kleiner die Einschränkung der Lieferfähigkeit.

[122] Vgl. Dudenhöffer, F.: (Systemmarken), S. 77-79, Brown, J.: (New Car Pricing), S. 7

Einschränkung der Leistung: *Informationsbereitschaft*
Ferner tauchen im betrachteten Prozessabschnitt *Auftragseingang des Kunden* Defizite in der *Informationsbereitschaft* auf. Die Aussage über einen Liefertermin erfolgt in manchen Fällen erst spät, nach Abfrage der Systeme bis hin zum Hersteller über Nacht,[123] und oft auch sehr vage, also auf Monatsbasis. Damit wird zum einen die mangelnde genaue Auskunftsfähigkeit vertuscht, zum anderen ist die Verbindlichkeit der Einhaltung des Liefertermins (*Termintreue*) umso leichter, je gröber die Zeiteinheit gewählt wird. Die Bereitschaft der Kunden diese Vorgehen zu akzeptieren sinkt rapide.[124]

Ergänzend zu den Handlungsbedarfen im *Auftragseingang des Kunden* sei das praktizierte Bonus- und Margensystem erwähnt, das die Verkaufsverhandlungen beeinflusst. Darin liegt ein weiteres Hemmnis für den Händler begründet; es werden in der Regel nämlich keine Einheitsmargen verwendet, sondern leistungsabhängige Margen. Außerdem gibt es Regelungen zu Boni und Rabatten, die ebenfalls vom Hersteller kontrolliert und vergeben werden.[125] Die Händler sind also in Preisverhandlungen mit informierten Kunden nicht sehr flexibel, die Rendite aus dem Neuwagengeschäft fällt – verglichen mit anderen Handelsunternehmen – entsprechend niedrig aus.[126] Nicht nur die Kundenzufriedenheit ist also zu verbessern, sondern auch das Verhältnis Hersteller zu Händler muss auf den Prüfstand. Risiken scheinen ungleich verteilt, Regelungen bringen Verluste für das Gesamtoptimum mit sich.

Die auf den Auftragseingang folgende gesamte Auftragseinplanung, von Erhalt des Auftrags in der Zentrale bis hin zur festen Einplanung in die *Produktion* mit

---

[123] Eine der jüngeren Maßnahmen im Reengineering des Fahrzeugprozesses ist es, die Prüfung durch die Stufen Vertrieb, Logistik und Werke quasi simultan durchzuführen. So werden beispielsweise beim Hersteller BMW unter dem Stichwort Online Ordering diese Prüfungen in Sekunden geleistet; die Ergebnisse werden in die Verhandlungen zwischen Käufer und Verkäufer integriert. Früher musste dafür mindestens der Batchlauf eines Zentralrechners über Nacht abgewartet werden; der Kunde konnte erst im Anschluss daran informiert werden. Das Prozessmodell dient also rein zur Darstellung des theoretischen Ablaufs, es wäre falsch, subjektiv Zeitbedarfe abzuleiten.

[124] Vgl. Kristlbauer, M.: (Warten aufs Auto), S. 11, o. V.: (Lieferzeiten bremsen), S. 30, Melfi, T.: (Der Kunde ist wenig), S. 16-21

[125] Vgl. Dudenhöffer, F.: (Umverteilung im Margentopf), S. 54

[126] Vgl. o. V.: (Autohändlern droht das Aus), S.1

einem geplanten Liefertermin, ist im Folgenden in die zwei Teilprozesse *Auf-tragseinplanung Vertrieb* und *Auftragseinplanung Logistik und Werke* darge-stellt. Dies dient zum Verständnis der notwendigen Prüfungen und Planungs-schritte und spiegelt nicht unbedingt den Prozessaufbau jedes Herstellers im Detail wider. Wie weit Hersteller noch der Trennung Vertrieb, Logistik und Werke in ihrer Auftragsplanung folgen und wie weit diese Prozesse systemun-terstützt ablaufen, ist unterschiedlich. Je integrierter diese Planungen ablaufen und je verlässlicher sie in Systemen abgebildet sind, desto stabiler sind die erwarteten Prozessergebnisse.

3.2.4 Teilprozess 2: Auftragseinplanung Vertrieb

In der *Auftragseinplanung Vertrieb* besteht die Notwendigkeit, den Auftrag auf die Einhaltung verschiedener Regeln zu prüfen; insbesondere sind die Prüfung

- bzgl. des Produkts
  - auf technische Baubarkeit (bestimmte Merkmale eines Modells schlie-ßen sich aus oder müssen zusammen verbaut werden, Neuanläufe müssen freigegeben sein etc.),
  - auf die Produktvorgaben des Vertriebs (diese können in verschiedenen Vertriebskanälen und geographischen Regionen unterschiedlich sein) und
- bzgl. des Vertriebssystems
  - auf die Restriktionen der Quotenregelung,
  - auf Vorgaben der Händlerverträge (Gebietsschutz, Bonus, Margen etc.)

zu nennen.

Bei Verletzung einer der Regeln ist eine Fehlermeldung mit Verweis auf die Ursache zu generieren und eine entsprechende Korrektur einzuleiten. Der Auf-trag ist im Idealfall bei kundenauftragsorientierten Herstellern so für die Pro-duktion eingeplant, dass dem Kundenwunsch für den Lieferzeitpunkt entspro-chen werden kann und gleichzeitig eventuell vorhandene Quotenvereinbarun-gen eingehalten werden.

Handlungsbedarfe: Auftragseinplanung Vertrieb

Da es sich bei den Auftragseinplanungen Vertrieb sowie Logistik und Werke meist um system-immanente Prozessabläufe handelt, sind Probleme im Ablauf der Prozesse selbst schwer zu beschreiben, Hardware- oder Softwareprobleme ausgenommen. Hier ist vielmehr die Existenz der Prozesse an sich in Frage zu stellen, die – bedingt durch das traditionelle Vertriebssystem – in den beschriebenen, stark gegliederten Vertriebsorganisationshierarchien und den Planungen für Logistik und Werke agieren. Viele Effekte dieser dadurch bedingten Systemdurchläufe tauchten bereits in den Prozessabschnitten *„Ergebnisse der Planung für den Auftragseingang des Kunden"* und *„Auftragseingang des Kunden"* auf. Nachfolgend sollen einige Fälle erwähnt werden, die als Fehlermeldungen den Algorithmen dieser Systeme entspringen und ebenfalls in der Prozessgestaltung begründet liegen.

Bei Prüfungen auf Regeln des Vertriebs mit negativem Ergebnis verbleibt der Auftrag in einem schwebenden Status, bis die die Fehlermeldung auslösende Eigenschaft korrigiert ist. Handelt es sich hierbei um von den Regeln des Produktprogramms abweichende Eingaben, so sind diese Meldungen meist mit Änderungen der Fahrzeugausstattung zu korrigieren. Auftragsliegezeiten wegen Quotenregelungen sollten zu Überarbeitungen dieses Systems anregen.[127] Weitere Indizien für Handlungsbedarf, die in diesem Prozessabschnitt in Erscheinung treten, liegen in der verzögerten Integration der Daten neuer Produkte. Händler erhalten präzise Kundenanfragen nach Preis, Ausstattung und Lieferterminen, sobald der bevorstehende Markteinführungstermin über Presseveröffentlichungen bekannt ist. Es kann vorkommen, dass diese Daten aber noch nicht endgültig festgelegt oder in das System implementiert sind. Es liegt dann eine Einschränkung der *Informationsbereitschaft* vor.

Eine weitere Differenz an Information zwischen Handel und der nächsthöheren Vertriebsstufe zeigt sich in der Nutzung der bestehenden Systeme, die ebenfalls zu Ineffizienzen führen kann. Es gibt bei einigen Herstellern die Möglichkeit, Aufträge durch die Vergabe der zunächst gewünschten Bestimmung (Kunde, Lager, Vorführfahrzeug etc.) zu priorisieren. Eine wichtige und sinn-

---

[127] Vgl. Hayes, K.; Warburton, M.: (Build-to-order could reinvent the auto industry), S. 29-30

volle Systemeigenschaft, die jedoch voraussetzt, dass sie genau in diesem Sinne genutzt wird. Wird mit dem Input für das System abweichend von den dafür gedachten Geschäftsprozessen umgegangen, z. B. mit der Kennzeichnung eines Lagerauftrags als Kundenauftrag, um einen vermeintlichen Zeitvorteil zu erhalten, dann hemmt dies natürlich den Fluss aller Aufträge. Es gibt Hersteller, die die Aufträge einer Planungsperiode in Zeitscheiben unterteilt platzieren, um unterschiedliche Lieferterminwünsche der Kunden feiner berücksichtigen zu können. Diese Hersteller werden dann aber mit dem Effekt konfrontiert, dass die erste Zeitscheibe einer Planungsperiode im Vergleich zu den restlichen überproportional belegt ist. Hier steht nicht der Wunsch eines Kunden im Vordergrund, sondern das Bestreben des Händlers, möglichst frühzeitig ein Fahrzeug zu erhalten, da er aus Erfahrung Lieferverzögerungen erwartet, die er so kompensieren will. Die Symptome einer solchen Fehlnutzung der Vertriebssysteme schlagen sich in längeren Lieferzeiten und mangelhaften Termintreuen nieder; die Leistung der *Produktion* verpufft im Auftragsbestand.

3.2.5 Teilprozess 3: Auftragseinplanung Logistik und Werke

Zu den Prüfungen, die die Logistik und die Werke betreffen, gehören Abgleiche der Auftragsdaten

- bzgl. der Zuteilung auf das produzierende Werk,
  - – zuliefernde herstellereigene Werke im Produktionsverbund
  - – Montagewerke
- bzgl. der Einplanung im Werk,
  - – Verfügbarkeit der Kapazitäten von Anlagen und Personal
  - – Verfügbarkeit der Kapazitäten von Lieferanten und Teilen.

Basis für die Planung der Kommunikation zur Verkaufsorganisation ist meist ein Produktionsmonat oder eine Produktionswoche; die Planung im Werk selbst erfolgt in der letzten Stufe auf Tagesbasis. Die Dauer dieser Prüfungen ist vom Auftragseingangssystem des Herstellers abhängig (vgl. Fußnote 123). Das Ergebnis ist bei kundenauftragsorientierten Herstellern eine Produktionseinplanung, die den Lieferzeitwunsch des Kunden ermöglicht oder ihm zumindest nahe kommt.

Handlungsbedarfe: Auftragseinplanung Logistik und Werke

Die in der *Auftragseinplanung Vertrieb* beschriebenen Fehlermeldungen wegen verzögerter Integration neuer Produkte, Priorisierungsmissbräuchen und mangelnder Produktinformationen bei Neuanläufen schlagen auch in diesem Teil des Auftragsabwicklungssystems durch. Der Fokus liegt hier aber auf der Betrachtung der durch die Produktwahl angesprochenen Werke und der damit verbundenen Logistik. Diese Prüfung erfolgt auf die Verfügbarkeit der werkseigenen Kapazitäten und Restriktionen, wie auch auf die der direkt angebundenen Zulieferer. Kapazitätsengpässe tauchen als Verzögerung des Liefertermins auf, der von der *Auftragseinplanung Vertrieb* bestätigte Termin kann unter Umständen nicht bestätigt werden.

Abschließend ist zur Auftragseinplanung in Vertrieb, Logistik und den Werken festzuhalten, dass die eigentliche Prüfungsdauer (vgl. Fußnote 123) bis zur Bestätigung eines Auftrags und seines Liefertermins nur einen verschwindend geringen Anteil an der Liegezeit des Auftrags zwischen Eingang und *Produktion* einnimmt. Dies gilt selbst bei einem für die Branche langen Zeitraum von Tagen. Die eigentliche Liegezeit der Auftragseinplanung liegt in der Gestaltung beim jeweiligen Hersteller begründet und ist abhängig von der Fähigkeit, eine Build-to-Order-Strategie über den gesamten *Fahrzeugprozess* zu verwirklichen. Wie in den Ansätzen zur Zielverfolgung in Abschnitt 3.31.1 später noch genauer vorgestellt wird, zählen dazu unter anderem die Möglichkeiten einer funktionierenden Orderpriorisierung und einer möglichst flexiblen Produktion, die wenig darauf angewiesen ist, bestimmte Aufträge unter produktionstechnischen Gesichtspunkten einzuplanen.[128] Denn Liegezeiten werden vor allem dann verursacht, wenn ein Auftrag in Warteposition steht, bis er in eine günstige Produktionsfolge passt.[129]

---

[128] Vgl. Hayes, K.; Warburton, M.: (Build-to-order could reinvent the auto industry), S. 33-34, mehrere hochausgestattete Fahrzeuge hintereinander verurachen Kapazitätsprobleme bei den Werkern, in der Lackiererei sollten Fahrzeuge ähnlicher Farben Pulks bilden.

[129] Vgl. Hayes, K.; Warburton, M.: (Build-to-order could reinvent the auto industry), S. 30

3.2.6 Teilprozess 4: Produktion

Die Terminierung der Auftragseinplanung in den Werken löst die Fertigung des Fahrzeugs aus. Das Fahrzeug ist zur Übergabe an die *Distribution* bereit, wenn alle Qualitätskontrollen erfolgreich absolviert wurden.

Handlungsbedarfe: Produktion

Ideal wäre eine absolute Stabilität der Produktionsreihenfolge. Dies würde bedeuten, dass die Fahrzeuge genau in der Reihenfolge die *Produktion* durchlaufen, in der sie in der Auftragseinplanung eingeplant wurden. Die Praxis zeigt, dass dies nur bedingt erreichbar ist. Qualitätsstörungen, Kapazitätsengpässe, hervorgerufen beispielsweise durch Ausfall von Maschinen oder Nichtverfügbarkeit von Teilen, finden bereits in frühen Phasen der *Produktion* wie Rohbau und Lackiererei statt. Sie stören dann die geplante Montageabfolge und führen zu ihrer Neusortierung. Dies muss nicht unbedingt zu Durchlaufzeitverlängerungen im Teilprozess *Produktion* führen, der mit wenigen Arbeitstagen ohnehin nur einen geringen Anteil an der gesamten Lieferzeit einnimmt.[130] Folgenreicher ist die Unsicherheit der Planung für die nachfolgenden Prozesse in *Distribution* und *Übergabe* an den Kunden.[131] Es resultieren also eventuell Verzögerungen für die Lieferzeit, vor allem aber eine Unsicherheit für die Einhaltung des Termins, die sich bis zum Ende des *Fahrzeugprozesses* mit zum Teil wachsender Auswirkung fortpflanzt.

3.2.7 Teilprozess 5: Distribution

Die physische Distribution beginnt mit der Übergabe vom Band und setzt sich über das Distributionsnetz an den Zielort fort. Dieser ist definiert als der Verantwortungsübergang vom Bereich *Distribution* zum Händler, also entweder ein Umschlagplatz oder der Betrieb des Händlers selbst.[132] Zu erwähnen sind noch die relativ zeitintensiven Transporte per Schiff, vor allem für die Belieferung von Übersee-Märkten. Diese bringen für die Ziele im SCM Besonderhei-

---

[130] Vgl. Wolff, S.; Stautner, U.: (Time Based Management), S. 947
[131] Vgl. Ernst & Young, (Zeitwettbewerb in der Automobilindustrie), S. 9
[132] Vgl. Wolff, S.; Stautner, U.: (Time Based Management), S. 953

ten mit sich, die später bei den Unterscheidungen zwischen verschiedenen Kunden-, Markt- und Herstellersystemen von Bedeutung sein werden.

Handlungsbedarfe: Distribution

Die Planung und Durchführung der *Distribution* wird also durch jede Störung im Auftragsdurchlauf in den vorderen Prozessabschnitten erschwert. Hinzu kommt, dass die Information über diese Störungen nicht rechtzeitig verfügbar ist, um Maßnahmen auslösen zu können. Unter der Maßgabe der Auslastung der Transportkapazitäten wirken sich unter Umständen die Verzögerungen einzelner Fahrzeuge auf andere, im selben Transportbündel geplante, aus. Sie führen entweder zu Verspätungen oder werden mit Sondermaßnahmen, wie z. B. nicht ausgelasteten Zusatztransporten bezahlt. Das Potenzial im Distributionsprozess scheint weniger in der Ausgestaltung des Distributionsnetzes und der Optimierung der Speditionen zu liegen, sondern vielmehr in der Sicherheit der Planbarkeit. Außerdem ist die Transparenz über den augenblichlichen Standort des Fahrzeugs bis heute mangelhaft. Eine Track-and-Trace-Funktionalität, wie sie bei Paketlieferdiensten schon lange üblich ist, wird erst allmählich umgesetzt. Beispielsweise wurden vor nicht allzu langer Zeit noch Fälle bekannt, in denen ein Fahrzeug nicht genau lokalisierbar war, bis festgestellt wurde, dass es auf einem Lastwagen lagerte, weil das Zahlungsziel eines Händlers nicht erfüllt war. Deshalb ist es unzureichend, die Distribution lediglich auf ein mathematisches Optimierungsproblem zu reduzieren; sie ist vielmehr innerhalb der gesamten Kundenauftragsabwicklung zu sehen. Dort ist die *Distribution* am Ende des *Fahrzeugprozesses* das Sammelbecken aller Störungen. Außerdem werden solche Störungen mit wachsendem Fortschritt in der Wertschöpfungskette zunehmend kostspieliger,[133] z. B. in Form von Standtagen produzierter Fahrzeuge, die den Wert aller vorausgegangenen Prozessdurchläufe enthalten.[134]

---

[133] Vgl. Wildemann, H.: (Das Just-In-Time-Konzept), S. 59
[134] Vgl. dazu die Zusammensetzung von Lagerkosten im Abschnitt 3.1.3.3 Quantitative Bestandsoptimierung dieses Kapitels.

3.2.8 Teilprozess 6: Fahrzeugübergabe an den Kunden

Der *Fahrzeugprozess* für Neufahrzeuge (Order to Delivery Process) endet mit der Übergabe des Fahrzeugs an den Kunden. Dazu gehören vor allem die Aufbereitung des Fahrzeugs wie Entwachsen (falls erforderlich) und Polieren, die Benachrichtigung, Terminvereinbarung und die Übergabe selbst.

Handlungsbedarfe: Fahrzeugübergabe an den Kunden
Der Zielpunkt der *Distribution*, für den Handel in der Regel ein Umschlagplatz einer Spedition mit Lagerauftrag des Händlers oder der Handelsbetrieb selbst, ist noch nicht mit der Übergabe an den Kunden gleichzusetzen. Gerade in Handelsbetrieben mit hohem Fahrzeugumschlag ist die Übergabeprozedur ein Teil eines komplexen Systems verschieden gewichteter Prozesse. Die Terminvereinbarung wird erst nach Benachrichtigung des Händlers durch die *Distribution* oder Eintreffen des Fahrzeugs selbst ausgelöst; wann die Benachrichtigung des Kunden geschieht, entzieht sich dem Wissen des Herstellers. Vor Übergabe sind noch einige andere Tätigkeiten durchzuführen, wie z. B. Entwachsen, Zulassung, Reinigung etc. Bei eventuellen Verzögerungen muss kein Mangel in der Leistung des Händlers vorliegen, diese Prozesse zügig und konzentriert anzustoßen; als primäre Ursache für Störungen zur Einhaltung von *Lieferzeit* und *Liefertreue* in diesem Prozessabschnitt ist wiederum der gleiche Bruch in der Informationskette festzustellen, wie am Anfang bei der Nutzung der Vertriebssysteme zwischen Handelsorganisation und Hersteller. Wenn ein Händler verlässlich und frühzeitig den echten Anliefertermin erfährt, so sind auch seine Prozesse wiederum besser planbar.
Die negativen Auswirkungen des aktuellen Vertriebssystems treffen ihn allerdings zum zweiten Mal. Zum ersten war es die Planungsunsicherheit, die ihn zur frühzeitigen Abgabe detaillierter Planung zwingt, zum zweiten ist auch die erfolgreiche Auftragsabwicklung – besonders durch Brüche in Planung und Information – für ihn so wenig absehbar, dass er auch hier dem Kunden nur vage Informationen geben kann. Dieser erlebt all dies in den beschriebenen Mängeln bzgl. *Lieferzeit, Liefertreue* und *Informationsbereitschaft.* Die auch heute schon bemerkenswerten Leistungen, die in allen Prozessabschnitten des *Fahrzeugprozesses* erbracht werden, kommen letztlich nicht am Bestimmungsort an.

In Abschnitt 3.1.1 wurde auf neue Umweltbedingungen für die Automobilbranche hingewiesen, die sich heute bereits abzeichnen und deren Auswirkungen sehr bald zu erwarten sind. Betrachtet man zusätzlich die zuvor erfolgte Darstellung der heute gültigen Prozesse zur kundenorientierten Auftragsabwicklung mit ihren Defiziten in der Verfolgung der definierten Ziele, erhöht sich der Handlungsdruck, Strukturen und Abläufe zu verändern, dramatisch. Im folgenden Abschnitt werden nun, abgeleitet aus den in Abschnitt 2.3 vorgeschlagenen Aktivitäten für das allgemeine SCM, Ansätze zur Zielverfolgung im Prozessmodell *Fahrzeugprozess* vorgestellt. Die Spezifizierung der allgemeinen Ansätze auf die Belange der Automobilbranche erfolgte über die Strukturierung von Empfehlungen theoretischer Abhandlungen sowie den Erfahrungen aus Projekten und anderen Umsetzungen aus der Praxis.

3.3 Ansätze zur Zielverfolgung im Fahrzeugprozess

Ein Anliegen dieser Arbeit ist es, bereits heute existierende und beschriebene Aktivitäten und Optimierungen in Teilbereichen der SC für Herstellung und Vertrieb von Neufahrzeugen stringent auf die Theorien des SCM und des zugrundeliegenden Prozesskettenmanagements zurückzuführen. Es gibt Ausführungen in diesem Bereich, die beispielsweise Kosten- und Zeitineffizenzen aufführen und darauf bezogen Handlungsempfehlungen gegenüberstellen;[135] andere erheben die Verkürzung der Lieferzeit zum alleinigen Zielaspekt und richten weitere Ziele und Aktivitäten danach aus, ohne die Wechselwirkung von Maßnahmen auf ein komplexes Zielbeziehungsgeflecht (siehe Abschnitt 3.4.1) genauer darzustellen.[136] Einige der in Abschnitt 2.3 vorgestellten Maßnahmen aus allgemeinen Untersuchungen zum SCM, die unter anderem in der Konsumgüter-, Textil- und Computerbranche entstanden, zeigen sich angesichts der vorgestellten Handlungsbedarfe und Ziele der Automobilindustrie für diese grundsätzlich ebenfalls als zielführend. In der Eingrenzung auf die Auftragsabwicklung im *Fahrzeugprozess* gelten aus der Auflistung nach *Davis* vor allem die Aktivitäten

---

[135] Vgl. A.T. Kearney, (Lean Distribution), S. 14-16
[136] Vgl. Ernst & Young, (Zeitwettbewerb in der Automobilindustrie), S. 4 ff.

- Einsatz integrierter Datensysteme
- Einsatz verbesserter Prognosemethoden
- Optimierung der Bestände an Teilen und Endprodukten
- Reduzierung von Durchlaufzeiten
- Gezielte Bekämpfung von Engpässen

als geeignet. Auch aus der Menge der in Abschnitt 2.3 gezeigten Strategien nach *Billington* lassen sich für die Automobilbranche günstige finden:

- Für den Zugriff auf Volumenprognosen, Bestandshöhen, Produktionspläne und Liefertermine aller Beteiligten ist auch hier eine Integration der Datenbanken gefordert.
- Die Forderung nach Integration von Produktionsplanung und Bestandskontrolle hat – wegen der Auswirkungen von Entscheidungen eines Teilnehmers an der Supply Chain auf die gesamte Supply Chain – ebenso Gültigkeit.
- Neue Anreizsysteme sollten die Kooperation fördern und nicht lokale Verbesserungen belohnen.
- Dazu muss eine Leistungsmessung über die gesamte Supply Chain erfolgen und nicht nur die Leistungen der einzelnen Teilnehmer.
- In die Supply Chain sollten alle Beteiligten einbezogen werden, also nicht nur direkte Kunden und Zulieferer, sondern auch deren Kunden bzw. Zulieferer.

Diese Maßnahmen weisen die Richtung für Anwendungen im *Fahrzeugprozess*, sind für die Automobilbranche aber nicht spezifisch genug. In den Studien der Boston Consulting Group, von Ernst & Young und auch von A.T. Kearney finden sich bereits konkretere Ansätze für den Automobilbau.[137]

---

[137] Vgl. Stalk, G. Jr. et. al.: (Searching for Fulfillment), S.15-17, A.T. Kearney, (Lean Distribution), S. 15-16, Ernst & Young, (Zeitwettbewerb in der Automobilindustrie), S. 8-9, ebenda, S. 22

Folgende Beispiele sind dazu anzuführen:[138]

- Öffnung des Auftragsbestandes für die Handelsorganisation
- Priorisierung von Kundenaufträgen
- Späte Auftragszuordnung
- Stabile Produktionsreihenfolge
- Durchgängige Informationssysteme
- Einrichtung regionaler Distributionszentren für „nicht kundenbelegte" Fahrzeuge

Die einzelnen Studien sind unterschiedlich zwischen Vertriebsbereich und Produktion fokussiert und lassen nicht immer Zielzusammenhänge erkennen. Dabei lässt sich diese Sammlung von schlagwortartigen Maßnahmen durchaus in die Systematik von Handlungsbedarfen und der Ableitung eines Zielsystems auf Basis des *Fahrzeugprozesses* einordnen und genauer beschreiben. Außerdem sind noch einige zusätzliche Maßnahmen einzubringen. Die Zuordnung der Maßnahmen auf die einzelnen Abschnitte des *Fahrzeugprozesses* darf nicht grundsätzlich als Optimierung desselben verstanden werden. Eine Änderung der Struktur der Vertriebshierarchien beispielsweise, wie sie später vorgeschlagen wird, ist keine direkte Prozessoptimierung. Die Zuordnung dient vielmehr der dieser Arbeit zugrundeliegenden Systematik „Handlungsbedarfe führen zu Maßnahmen innerhalb eines Zielsystems". Es wird zu Beginn jeden Abschnitts darauf hingewiesen, welche Zielgruppen und Ziele der direkten Kundenwahrnehmung mit den darin vorgestellten Maßnahmen angesprochen werden. Die Forderungen der Zielgruppen nach Effizienz der Ressourcen sind grundsätzlich zu beachten und werden durch die Ziele der direkten Kundenwahrnehmung zusätzlich gefördert. Beispielsweise erspart eine erhöhte Termintreue in der Folge Bestandskosten und Rabatte, wenn Fahrzeuge nicht zwischengelagert altern.

---

[138] Diese Beispiele werden in die später folgende strukturierte Vorstellung möglicher Ansätze aufgenommen. Hintergrund und Bedeutung dieser Beispiele werden dort noch ausführlich erläutert

3.3.1 Beeinflussung des Ergebnisses der Planung für den „Auftragseingang des Kunden"

Wie in Abschnitt 3.2.2 gezeigt wurde, ist das Bestreben nach Verteilung und Abnahme der Produktion über die Vertriebsstruktur eine grundsätzliche Fragestellung im SCM. Idealerweise entspräche die Nachfrage exakt der geplanten Produktion im entsprechenden Zeithorizont. Die verfolgte Auslastung der Kapazitäten und die in Abb. 2-3 dargestellten Unsicherheiten in der SC setzen dieser Idealvorstellung Schranken; hinzu kommen die unterschiedlichen Nachfrageverhalten in unterschiedlichen Märkten, die die Anforderungen an die Verteilung der Produktion erhöhen. Dabei unterscheiden sich nicht nur die nachgefragten Volumina nach bestimmten Produkten, sondern auch die Produkte selbst, da verschiedene Märkte unterschiedliche Produktgestaltungsvorgaben besitzen. Diese ergeben sich bspw. aus gesetzlichen Rahmenbedingungen oder aus der jeweiligen Marketingstrategie. Ein einfaches Beispiel sind die rechtsgelenkten Fahrzeuge in Großbritannien oder Japan. Im Vertrieb findet man daher eine stark untergliederte Aufbauorganisation vor. Stellt man den Zusammenhang zwischen frühzeitiger Produktionsplanung zur Auslastung der Kapazitäten und den bereits dargestellten Schemata zu Produktstruktur (Abb. 3-3) und Vertriebsstufenhierarchie (Abb. 3-7) her, wird die hohe Herausforderung einer frühzeitigen nachfragegerechten Verteilung der Produktion an das komplexe Vertriebsgeflecht deutlich.

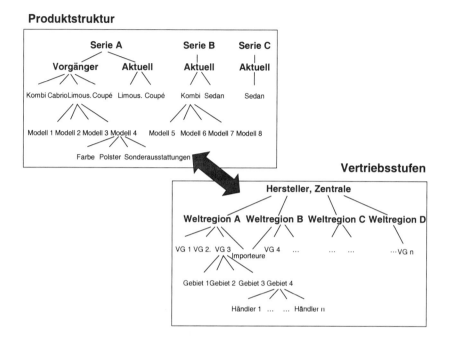

Abb. 3-8: *Die Aufgabe der Verteilung der Produktion innerhalb der vorgegebenen Produktstruktur an die vorgegebenen hierarchischen Vertriebsstufen*

Eine frühzeitige, nachfragegerechte und ergebnisoptimale Verteilung der Produktion ist aufgrund der Komplexität von Vertriebssystem und Produktstruktur kaum möglich.[139]

Die folgenden Maßnahmen sind daher besonders auf die Erhöhung von Vertriebs- und Produktionsflexibilität ausgerichtet, um diese Komplexität zu beherrschen. Diese Erhöhung ist im Verständnis der Zielgruppe *Flexibilität* im Zielsystem kein Ziel an sich, sondern vielmehr ein Maßnahmenpaket zur Erreichung des Ziels *Lieferflexibilität* (Auftragsänderungsflexibilität), nutzbar durch Kunden, Händler und Hersteller.

In diesem Prozessabschnitt ist die Erhöhung der Vertriebsflexibilität von Bedeutung, sie steht in wechselseitiger Abhängigkeit mit der Erhöhung der Pro-

---

[139] Vgl. dazu die Beschreibung des funktionalen Paradigmas zwischen Vertrieb und Produktion bei Diez, W.: (Prozeßoptimierung im Automobilvertrieb), S. 16-17

duktionsflexibilität, die im Prozessabschnitt *Produktion* erläutert wird. Die Erhöhung der Vertriebsflexibilität wird im Folgenden erläutert.

3.3.1.1 Quotenflexibilisierung auf Produktebene

Das in Abschnitt 3.2.3 dargestellte Beispiel eines Händlers, der sich früh auf ein relativ detailliert beschriebenes Produkt in der Planung festlegen muss, zeigt die ungünstige Auswirkung des Zusammenhangs zwischen frühzeitiger Produktionsplanung, Produkt- und Vertriebsstruktur.

Je gröber die Ebene der Produktstruktur (siehe dazu Abb. 3-3) als Maßgabe für die Planung des Händlers ist, desto größer ist seine Flexibilität, auf Kundenwünsche aus dem Auftragsbestand heraus zu reagieren. Innerhalb der Karosserievariante ist er beispielsweise für Wünsche des Kunden bzgl. des Antriebs (Motor und Getriebe) noch offen. Deshalb werden für Modelle, die das erste Drittel des Lebenszyklus hinter sich haben, höhere Planungsebenen – z. B. auf Karosserievariante – angestrebt. Diese könnten, in gegebenen Fällen, die Modellebene als Planungsvorgabe ersetzen und damit dem Händler eine höhere Wahlfreiheit in der Erfüllung der Kundenwünsche bieten.

Das Risiko, das durch die Flexibilisierung der Quoten auf Ebene der Produktstruktur in der Planung für die *Produktion* entsteht, müsste dann durch die nächsthöhere Vertriebsstufe, beispielsweise eine nationale Vertriebsgesellschaft, aufgefangen werden. Diese wäre auf Kompensationseffekte in der Bündelung aller Aufträge angewiesen, das heißt, ein gewisser produzierbarer Ausstattungs-Mix ergäbe sich über die Vielzahl aller Aufträge, dem Gesetz der großen Zahl folgend. Die Öffnung dieser Produktstrukturebenen sollte in der Umsetzung deshalb vorsichtig in kleinen Schritten erfolgen, um die erwarteten Effekte zu belegen, ohne große Nachfrage- oder Angebotsüberhänge einzelner Modelle und Ausstattungen zu schaffen.

3.3.1.2 Quotenflexibilisierung durch horizontale Integration von Vertriebsstufen

Durch die Zusammenfassung der Aufträge aller zugeordneten Händler werden diese im Auftragsbestand einer Vertriebsgesellschaft konsolidiert, das Gesetz der großen Zahl soll den erforderlichen Mix für die Produktion sichern. Man kann hier im übertragenen Sinne von einer horizontalen Integration sprechen, da die Konsolidierung das Risiko auf einer höheren Vertriebsstufenebene bündelt, während es vorher noch bei den einzelnen Händlern lag. Analog dazu sind auch die Reduzierung der Anzahl von anderen Teilgruppen einer Vertriebsstufe denkbar, wie z. B. die Aggregation von Gebieten innerhalb einer Region oder eines Landes.

3.3.1.3 Quotenflexibilisierung durch vertikale Integration von Vertriebsstufen

Einen ähnlichen Effekt erhielte man durch die Zusammenfassung zweier oder mehrerer Ebenen der Vertriebsstufen. Diese Maßnahme ist noch schwerer umzusetzen als eine horizontale Integration, da sie bestehende aufbauorganisatorische Strukturen angreift. Fortschritte in der Optimierung des *Fahrzeugprozesses* stellen aber diese althergebrachten Strukturen inzwischen in Frage; beispielsweise lassen Flexibilitätserhöhungen in der *Produktion* manche Vertriebsstufen überflüssig erscheinen, da verschiedene Kanäle zeitnah bedient werden können. Trends zum Direktvertrieb sind Formen einer solchen vertikalen Integration. *Diez* macht die Entscheidung der vertikalen Integration von dem Vergleich der Transaktions- und Organisationskosten, die durch eine Stufigkeit im Vertrieb entstehen, mit den Leistungskosten dieser Vertriebsform abhängig.[140] Dabei spielen aber auch noch weitere Überlegungen, wie rechtliche Rahmenbedingungen und aufgebautes Know-how der bestehenden Vertriebsstufen eine Rolle.

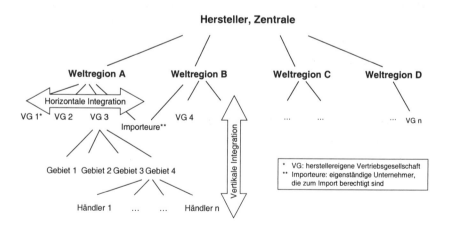

Abb. 3-9: *Vertikale und horizontale Integration hierarchischer Vertriebsstufen*

---

[140] Vgl. Diez, W.: (Prozeßoptimierung im Automobilvertrieb), S. 130-137

Die in der Abbildung gezeigten Pfeile symbolisieren die vertikale und horizontale Integration der Planungsstufen, die zu einer Flexibilitätserhöhung im Vertrieb führen sollen.

3.3.1.4 Verkürzung der Planungshorizonte

Eine weitere Maßnahme ist die Verkürzung der Planungshorizonte, man spricht auch von einer Verkürzung der Bindefristen für den Vertrieb. Auch diese Maßnahme ist nur mit der Voraussetzung einer entsprechenden Werksflexibilität zu erreichen, die im Abschnitt *Produktion* beschrieben wird. Je später ein Händler bezogen auf einen Produktionstermin seine Planungen festlegen muss, desto höher die Chancen, bereits konkrete Kundenanfragen vorliegen zu haben, die sein Planungsrisiko mindern.

3.3.2 Maßnahmen für den Auftragseingang des Kunden

Auch hier steht wieder die Zielgruppe Flexibilität im Vordergrund (*Lieferflexibilität* für Kunde und Händler, die auch zur *Lieferfähigkeit* beiträgt), ebenso die Professionalität des Verkaufsprozesses (Stärkung der *Informationsbereitschaft* bzgl. Produktinformationen und Liefertermin) und die Zeitqualität (zuverlässige Terminaussagen beim Verkauf, die über die *Liefertreue* eingehalten werden).

3.3.2.1 Direktanbindung des Handels an die Zentrale über Internet-Technologie

Die in Fußnote 123 bereits erwähnte direkte Anbindung der Handelsorganisation an die Planungs- und Steuerungssysteme in Vertrieb, Logistik und Werken ist bei manchen Herstellern bereits im Gange. Renault will integrierte IT-Systeme von Produktion und Logistik bis in den Vertrieb zum Handel anbieten.[141] DaimlerChrysler fährt diesbezüglich eine serienbezogene Migrationstrategie, die mit der A-Klasse startete. Produktionsseitig gibt es Pilotprojekte mit Zulieferern, die durch kundenindividuelle Bestellungen gesteuert werden.[142] BMW hat für den deutschen Markt bereits im April 1998 den Handel befähigt, Modelle aller Serien direkt am Band zu ordern, die Ausdehnung auf die euro-

---

[141] Vgl. Hayes, K.; Warburton, M.: (Build-to-order could reinvent the auto industry), S. 49
[142] Vgl. Graf, H.: (Kundenindividuelle Beschaffung komplexer Automobilkomponenten), S. 42

päischen Hauptmärkte folgte im Jahr 2000.[143] Die Vorteile einer direkten Auftragseingangsanbindung sind immens. Waren früher Anfragen des Handels bezüglich bestimmter Kundenwünsche nur über Nacht in Batchläufen abprüfbar, so ist dies jetzt noch während des Verkaufsgesprächs innerhalb weniger Sekunden möglich. Lieferzeitkritische Ausstattungen können diskutiert werden, preisliche Vorstellungen schrittweise angenähert. Die Zusage eines wochengenauen Liefertermins ist mit jedem beliebigen Vorlauf zur gewünschten Lieferwoche in hohem Maße zuverlässig. Je früher konkrete Anfragen in den zentralen Systemen vorliegen, desto sicherer wird die fortlaufende Planung. Dies ist ein entscheidender Schritt zur Schließung des dem traditionellen Vertriebssystem eigenen Schnittstellenbruchs zwischen Handel und Hersteller.

Der mit der Direktanbindung verbundene, erstmalig flächendeckende Anschluss der Handelsbetriebe über Internet-Technologie an die Zentrale eröffnet weitere Möglichkeiten.[144] Die Erhöhung der *Informationsbereitschaft* zeigt sich nicht nur in der Aussagefähigkeit zum möglichen Liefertermin, sondern ermöglicht auch die dafür nötige Baubarkeitsprüfung (vgl. dazu Abschnitt 3.2.4) im Online-Modus. Diese Funktionalität, in der Praxis meist „Konfigurator" genannt, ist weitreichender als derzeit existierende, multimedial aufbereitete Konfiguratoren verschiedener Hersteller im Internet. Es erfolgt eine Prüfung gegen aktuelle zentral bereitgestellte Produktionsdaten. Wie bereits er-

---

[143] Vgl. Miedl, W.: (Mit B-to-B zum Traumauto), S. 90-92
[144] Möglichkeiten der Integration weiterer Anwendungen im *Auftragseingang des Kunden*: Wie in Abschnitt 3.1.2 bereits erwähnt, ist diese Untersuchung auf die Auftragsabwicklung im Automobilvertrieb eingegrenzt, welche aber vor allem im Teilprozess *Auftragseingang des Kunden* erhebliche Überschneidungen zum Kundenprozess hat, u.a. also zu den über das Internet für jedermann erhältlichen Informationen. Deshalb sollen einige zusätzliche Möglichkeiten im Rahmen der Direktanbindung des Handels an die zentralen Systeme kurz erwähnt werden. Eine weitere Erhöhung der *Informationsbereitschaft* erhält man durch die Integration zusätzlicher Anwendungen unter Nutzung der Internet-Technologie. Die Akquisition im Kundenprozess kann durch eine komfortabel organisierte Datenbank (Prospecting, oder auch Prozess „Kundendatei pflegen") unterstützt werden, der Prozess „Kundenkontakte gestalten" wird durch sofort abrufbare Bilder und Videos ergänzt. Auch im Prozess „Verkaufsverhandlungen führen" sind die Anwendungen zur Gestaltung von Finanzierungen und Bewertung von Gebrauchtwagen in den Arbeitsplatz beim Verkauf integriert. Es ist vor allem darauf zu achten, dass diese Integration der Erfahrung der Kunden mit Internet-Technologie in einem Markt nicht hinterherhinkt. Je höher diese ist, desto mehr gilt die Möglichkeit des Wechsels zwischen Applikationen, die aus Gründen funktionaler Trennung vormals autarke Welten bildeten, als selbstverständlich.

wähnt, liegt gerade im Premium-Segment die Anzahl verschiedener Konfigurationsmöglichkeiten im Bereich von zweistelligen Zehnerpotenzen; die Beschränkung durch Restriktionen ist entsprechend komplex. Die Konfiguration und der Auftragseingang sind die naheliegendsten Funktionalitäten einer Direktanbindung des Handels über sogenannte web-basierte Anwendungen. Im folgenden Abschnitt sei auf weitere Funktionen verwiesen, die im Prozessabschnitt *Auftragseingang des Kunden* zur Anwendung kommen, deren Voraussetzungen vor allem aber in Prozessveränderungen der Prozessabschnitte *Auftragseinplanung Vertrieb, Logistik und Werke* liegen.

3.3.2.2 Öffnung der zentralen Datenbank zum Auftragsbestand

Dabei handelt es sich zunächst um die Möglichkeit für den Handel, Einblick und Zugriff auf den Auftragsbestand „nicht kundenbelegter" Aufträge aller Vertriebspartner zu erhalten. Ein Kundenwunsch kann mit einem bereits platzierten „nicht kundenbelegten" Auftrag bedient werden; vormals wurde der Kundenauftrag zusätzlich eingeplant; unter Umständen wurde er später abgewickelt als ein Lagerauftrag, der Auftragsbestand war unnötig aufgebläht und verkomplizierte die Planung. Eine weitere Verbesserung stellt eine Statusanzeige dar, die anzeigt, welche Änderungsmöglichkeiten bis wann noch bestehen, um den Kundenwunsch zu erfüllen. Eine Ausprägung von Flexibilität, die sich in der Kundenzufriedenheit über die erhöhte Lieferfähigkeit ausdrückt; die Kompromisse gegenüber dem Kunden werden geringer, Verluste von Kaufinteressenten (Lost Sales) werden vermieden. „Nicht kundenbelegte" Aufträge, die auf Grund dieser Funktionalitäten noch in kundenbelegte umgewandelt werden, erscheinen später nicht im physischen Lagerbestand.

3.3.2.3 Öffnung der zentralen Datenbank zum Fahrzeugbestand

Das Prinzip gilt auch für produzierte Fahrzeuge. Auch hier hat der Händler eine komfortable Suchfunktion in seiner Anwendung, die ihm, unter Einbeziehung bestimmter Suchkriterien, die dem Kundenwunsch am nächsten kommenden Fahrzeuge in den dafür frei gegebenen Beständen anzeigt. Wie bereits erwähnt, sind dann zwar die Abweichungen von der Wunschkonfiguration höher, wenn der Wunsch nach schneller Verfügbarkeit aber überwiegt, ist auch hier ein besserer Kompromiss zu erwarten, als wenn der Händler einen Wagen aus dem eigenen Lager anbieten müsste, das nur eine entsprechend kleine Auswahl bieten kann. Natürlich wird er das in eigenem Interesse auch weiterhin zuerst tun, da ein eigener Lagerbestand zu Vorführzwecken und auch für einen gewissen Spontanbestand wichtig ist. Die Verbindung aller Maßnahmen (z. B. auch in der *Distribution*) wird aber die Notwendigkeit dafür reduzieren.

3.3.3 Maßnahmen für die Auftragseinplanung Vertrieb

Die im Prozess *Auftragseingang des Kunden* dargestellten Anwendungen, wie z. B. die offene zentrale Datenbank für Aufträge und Fahrzeuge, sind in den Systemen der Auftragseinplanung implementiert. Sie sind als systemtechnische Umsetzung der Maßnahmen zur Erhöhung der Flexibilität in Vertrieb und Produktion zu sehen. Zur Ergänzung seien noch zwei weitere Systemänderungen genannt, die über die Algorithmen zur Programmierung der Systeme umgesetzt werden und ebenfalls die Flexibilität des Vertriebs erhöhen.

3.3.3.1 Einführung einer Priorisierungslogik für die Auftragseinplanung

Die Kennzeichnung eines Auftrags als Kundenbestellung zieht eine Priorisierung desselben bei der Vergabe des Produktionstermins mit sich. Damit werden frühere Liefertermine ermöglicht, da diese im Auftragsbestand beispielsweise noch vor Lageraufträgen eingeordnet werden. Gleichzeitig wird der Bau eines (zunächst nicht benötigten) Lagerfahrzeugs verzögert, was zum einen die Chance erhöht, dass dieses später noch zu einem Kundenfahrzeug wird, zum anderen Kosten für das Lager vermeidet.

3.3.3.2 Ermöglichung des Quotentauschs

Die Systeme sehen die Möglichkeit vor, dass benötigte, nicht vorhandene Quoten einer Vertriebsstufe, beispielsweise beim Händler, von anderen Partnern dieser Vertriebsstufe übernommen werden können. Die Festlegungen über Art und Anzahl der Quoten sowie die Saldierung der übertragenen Quoten zwischen den Partnern sind individuell zu treffende Regelungen. Ein Händler erhält also die Möglichkeit, eine von einem Kollegen nicht benötigte Zuteilung eines Modells selbst zu nutzen, ohne große bürokratische Anfragen zu starten. Dies ist ein weiterer Beitrag zur Erhöhung der Flexibilität und damit der *Lieferfähigkeit* oder der Reduzierung der *Lieferzeit*, da der Händler weniger Kompromisse aufgrund einer fehlende Quote eingehen muss.

3.3.4 Maßnahmen für die Auftragseinplanung Logistik und Werke

Auch in diesen Systemen gilt es, alle in diesem Kapitel bisher vorgestellten Maßnahmen in den Vorgängerprozessen hinsichtlich der Schnittstelle zur Produktionseinplanung und -steuerung zu verankern. Die im Folgenden gezeigten Änderungen des Produktionssystems sind die Grundlage hierfür und sind wechselseitig wiederum abhängig von den Maßnahmen des Vertriebs. An dieser Stelle ist einer der Schlüsselpunkte der Prozessintegration für die Auftragsabwicklung Neufahrzeuge erreicht. Die oftmals zitierte Aufhebung der funktionalen Bereichsgrenzen zwischen Vertrieb und Produktion mittels Prozessmanagements wird erst damit Realität. Echte Erfolge diesbezüglich sind erst in jüngerer Zeit bei manchen Herstellern festzustellen. Anzuführen sind hier die Aktivitäten der BMW Group (Projekt KOVP/Online Ordering),[145] DaimlerChrysler,[146] Renault (IT-System Sedre)[147] oder Volvo.[148]

3.3.5 Maßnahmen für die Produktion

Alle Flexibilitätserhöhungen im Vertrieb über die Vereinfachung der Planungssystematik sind wertlos, wenn die *Produktion* ihrerseits nicht genügend Flexibilität bereitstellen kann. Denn nur das Zusammenspiel zwischen Vertrieb und Produktion lässt, wie bereits angedeutet, die Verfolgung der Ziele über den gesamten *Fahrzeugprozess* zu.

Die Hypothese „Vertriebsflexibilität erfordert Produktionsflexibilität und umgekehrt" ist einfach zu belegen. Um die Händler von langen Bindefristen und detaillierter Planung zu entlasten, muss die Fertigung schnell (versus lange Bin-

---

[145] KOVP steht für „Kundenorientierter Vertriebs- und Produktionsprozess", vgl. Ostle, D.: (zehn Tage nach der Bestellung beim Kunden), S. 62, derselbe, (BMW moves to slash delivery times), S. 8, Gierich, S.: (Autos Online), S. 130, Karl, A.: (in zehn Tagen geliefert), S. 42-46, Fröhlich-Merz, G.: (Direkter Draht zwischen Autohaus und Fabrik), S. 38-39

[146] Vgl. Graf, H.: (Kundenindividuelle Beschaffung komplexer Automobilkomponenten), S. 42

[147] Sedre steht für „System of Distribution for European Networks", vgl. Hayes, K.; Warburton, M.: (Build-to-order could reinvent the auto industry), S. 49

[148] Vgl. Williams, G. et. al.: (European New Car Supply and Stocking Systems), S. 6, Williams, G.: (Leaning the New Car Supply System: Volvo and Fiat), S. 5-9

defrist) und möglichst unabhängig innerhalb der Produktstruktur (versus detaillierte Planung) reagieren können. Umgekehrt müssen mögliche Fehlallokationen (aufgrund reduzierter Restriktionen) von produzierten Fahrzeugen vom Vertrieb aufgefangen werden, beispielsweise durch Quotentausch. Der Idealzustand in diesem Zusammenspiel zwischen Vertrieb und Produktion erfüllt die folgenden Prämissen:[149]

- Die Auftragsdurchlaufzeit liegt innerhalb der vom Kunden akzeptierten, minimalen Lieferzeit;
- dabei bietet der Kundenauftragsbestand ausreichend Kapazitätsauslastung und übersteigt die Kapazität zur Fertigung innerhalb der minimalen Lieferzeit nicht;
- zusätzlich besteht die Möglichkeit, eventuellen „nicht kundenbelegten" Auftragsbestand nah am geplanten Produktionstermin mit Kundenbestellungen zu belegen,
- ohne die geplante Produktionsreihenfolge ändern zu müssen.

Unter diesen Prämissen würde jeder Kunde sein gewünschtes Fahrzeug innerhalb der minimal akzeptierten Lieferzeit erhalten. Die Produktion von „nicht kundenbelegten" Aufträgen zur Erfüllung der Produktionsplanung wäre nicht mehr nötig. Die in diesem Kapitel beschriebenen Maßnahmen sind demnach als Annäherung an dieses Ideal zu sehen, in Abhängigkeit der Unternehmensstrategien (vornehmlich Kapazitätsflexibilität) und den Bedingungen in der Praxis (vornehmlich Nachfrageschwankung und Produktionsstabilität).

Aus den obenstehenden Anforderungen an ein ideales Vertriebs- und Produktionssystem lässt sich ableiten, dass die Produktionsreihenfolge ab einem gewissen Zeitpunkt unverändert gegenüber der jüngsten Planung bleiben soll. Dies setzt eine hohe Qualität und Sicherheit der Fertigungsprozesse voraus. Ein inzwischen häufig verwendeter Begriff ist der der „Perlenkette" in der Mon-

---

[149] Vgl. Zäpfel, G.: (Auftragsgetriebene Produktion zur Bewältigung der Nachfrageungewißheit), S. 863, Dellaert, N.: (Production to Order), S. 7, Ernst & Young, (Zeitwettbewerb in der Automobilindustrie), S. 8-9, Diez, W.: (Prozeßoptimierung im Automobilvertrieb), S. 114

tage.[150] Die zu montierenden Fahrzeuge durchlaufen gleichsam unvertausch-
bar wie auf einer Schnur aufgezogen den Fertigungsprozess. Da die Ferti-
gungssicherheit aber niemals hundert Prozent erreichen wird und auch die vo-
rangehenden Prozesse Vertauschungen in der Produktionsreihenfolge verursachen können, gibt es Maßnahmen, die das Ideal der Perlenkette annähern
sollen. Die Erhöhung der Flexibilität im Produktionssystem zur Annäherung kann
durch im Folgenden beschriebene Änderungen erreicht werden.

3.3.5.1 Einführung der späten Auftragszuordnung

Traditionell startet im Automobilbau die Fertigung eines Kundenauftrags mit
Beginn des Rohbaus, dem die Lackierung folgt. Daraufhin wird das Fahrzeug
montiert. Wenn die Kundenauftragszuordnung erst mit der Montage beginnt,[151]
das heißt, die lackierte Karosserie zu einem Zulieferteil wird, wie die anderen
Teile und Komponenten auch, wird die Abhängigkeit der Kundenaufträge von
Produktionsunregelmäßigkeiten in Rohbau und Lackiererei, wie sie in Abschnitt 3.2.6 beschrieben wurden, erheblich reduziert. Dies erhöht die Flexibilität, auf neue Kundenaufträge oder die Änderung bestehender zu reagieren, da
die starre auftragsorientierte Steuerung ab Rohbau nicht mehr gilt. Ermöglicht
wird dies u.a. durch die Einrichtung von Puffern für lackierte Karosserien und
die Reduzierung der Rohbauvarianten selbst.[152] Mit dieser Steuerungsstrategie steigt die Reihenfolgestabilität in der Montage. Dies ist eine wichtiger Effekt für die Anbindung von Zulieferern. Mit diesen können aufgrund der erhöhten Reihenfolgestabilität kürzere Vorlaufzeiten bei gleichbleibender Lieferbereitschaft erreicht werden. Dadurch resultiert neben der Erhöhung der Auftragsänderungsflexibilität gleichzeitig eine Reduktion der Prozessdurchlaufzeit
im Auftragsbestand. Nach der *Produktion* ergeben sich aus der erhöhten Reihenfolgestabilität auch bessere Vorgaben für die *Distribution*. Dort können die
Kapazitäten innerhalb der benötigten Vorlaufzeiten eingeplant werden, ohne
von größeren Unregelmäßigkeiten überrascht zu werden.

---

[150] Vgl. Graf, H.: (Kundenindividuelle Beschaffung komplexer Automobilkomponenten), S. 42
[151] Vgl. Ihde, G. B.: (Logistikmanagement als Zeitcontrolling), S. 208
[152] Vgl. Hayes, K.; Warburton, M.: (Build-to-order could reinvent the auto industry), S. 45

3.3.5.2 Reduzierung von Restriktionen in Produktionsprozessen und -strukturen

Investitionsentscheidungen in das Anlagevermögen der Produktion können sinnvoll sein und müssen entsprechend bewertet werden.[153] In der vorliegenden Arbeit sind diese Kapazitäten als im Kurz- und Mittelfristbereich gegeben anzusehen, die vorgestellten Maßnahmen zielen vielmehr auf Prozessverbesserungen ab. Dazu gehören für die Produktion Aktivitäten zur Reduzierung von Nacharbeit, Rüstzeiten und überflüssiger Logistikprozesse sowie die Förderung von Instandhaltung und sinnvoller Pufferbestände.[154] Weitere Möglichkeiten zur Erhöhung der Flexibilität sind solche zur Kapazitätsanpassung wie z. B. mittels flexibler Arbeitszeitmodelle, der Unabhängigkeit der Produktion der Serien und Modelle von Bändern und Werken sowie der Unabhängigkeit von Mitarbeitern vom Arbeitsort.[155]

3.3.6 Maßnahmen für die Distribution

Die Praxis zeigt, dass für die Teilprozesse des *Fahrzeugprozesses* bis zur *Produktion* schon weitgehend integrierende Maßnahmen durchgeführt wurden. Ein größerer Schnittstellenbruch ist bei der Übergabe des fertigen Fahrzeuges an die *Distribution* zu erkennen (siehe Abschnitt 3.2.7). Oft ist zu beobachten, dass die Planung auf den Produktionstermin ausgerichtet ist und die Spanne bis zur Kundenübergabe als relativ berechenbar angesehen und dementsprechend einfach aufaddiert wird. Entsprechend dieser Steuerungsstrategie wird die Leistung der *Distribution* meist aufgrund statistischer Nachbetrachtungen gemessen; eine zeitnahe Steuerung über die gesamte SC, bei der Störungsursachen den verursachenden Teilprozessen zugerechnet werden können,

---

[153] Vgl. Ihde, G. B.: (Logistikmanagement als Zeitcontrolling), S. 213
[154] Vgl. dazu beispielsweise Ihde, G. B.: (Logistikmanagement als Zeitcontrolling), S. 211, Zäpfel, G.: (Auftragsgetriebene Produktion zur Bewältigung der Nachfrageungewißheit), S. 872
[155] Weitere Überlegungen zur Bildung von Produktionsnetzwerken als Möglichkeit, Effizienz und Differenzierung gleichermaßen zu fördern sind ausführlich bei Zundel erörtert. Vgl. Zundel, P.: (Produktionsnetzwerke), S. 43-47 beispielsweise als repräsentativen Abschnitt. Dort werden Kooperationsformen vorgeschlagen, die bestimmte Funktionen mit zusätzlichen Unternehmen umsetzen. Diese strukturellen Maßnahmen stellen hier einen Ausblick auf weitere Ansätze dar. Tatsächlich gehen heute immer mehr Hersteller dazu über, auch umfassendere Montageumfänge in Kooperation mit externen Partnern durchzuführen, wie das Beispiel der Fertigung des Porsche *Boxster* in Finnland zeigt.

findet heute meist noch nicht statt. Frustration und teure Sondermaßnahmen sind die Folge.

3.3.6.1 Einrichtung einer integrierten Einplanung

Deshalb wäre eine richtige Maßnahme für den Teilprozess *Distribution* die Rückwärtsterminierung vom gewünschten Liefertermin (auch „nicht kundenbelegte" Aufträge haben eingeplante Liefertermine), zur Auftragseinplanung. Damit wären die Prozesse nach der *Produktion* ebenfalls einer dynamischen Kontrolle in Echtzeit unterworfen, um sofortige Maßnahmen einleiten zu können. Die Meldung von Störungen gegenüber der ursprünglichen Planung erfolgten bereits aus allen vorausgehenden Prozessen; die Ausführenden der *Distribution* wären frühzeitig gewarnt und könnten entsprechend reagieren.

3.3.6.2 Aufbau zentralisierter Händlerlager

Eine weitere, in die Kompetenzen der *Distribution* fallende Maßnahme ist die Einrichtung sogenannter zentralisierter Händlerlager für „nicht kundenbelegte" Fahrzeuge. Diese sind nur solange sinnvoll, wie aufgrund „nicht kundenbelegter" Aufträge Lagerfahrzeuge gebaut werden. Diese Maßnahme ist also, ebenso wie die noch vorzustellende, ergänzende Strategie in Kapitel 4, Bestandteil einer Phase, in der das vom Build-to-Stock geprägte System hin zur Build-to-Order-Fertigung migriert. Die regionale Zentralisierung dieser Fahrzeuge zählt so gesehen zu den Optimierungen des konventionellen Systems. Unter der in dieser Arbeit vertretenen Hypothese, dass der Anteil „nicht kundenbelegter" Aufträge in der Praxis wohl nie auf null Prozent sinken wird, ist die Einrichtung dieser Lager als mindestens mittelfristige Maßnahme zu betrachten. In Verbindung mit der Öffnung der dazugehörigen Auftragsdatenbank (siehe Abschnitt 3.3.2.2) steigt die Wahrscheinlichkeit, ein dem Kundenwunsch nahe kommendes Fahrzeug zu finden mit der Anzahl der zur Suche zur Verfügung stehenden Fahrzeuge. Die dann nötigen Transportkosten sind in Summe niedriger als die Kosten, die für Tausche zwischen den dezentral vorliegenden Händlerlagern nötig wären. Weiterhin sind, gesamthaft über Hersteller und Handel betrachtet, Einsparungen über Größendegressionseffekte und an fixen Aufwendungen für dezentrale Lager zu erwarten.

Die Optimierung der Transporte innerhalb eines Distributionsnetzes und durch die Gestaltung des Distributionsnetzes selbst,[156] ist eine grundsätzliche und immerwährende Aufgabe der Linienfunktionen der *Distribution*. Werden zusätzlich Änderungen als Folge einer Neuausrichtung und -gestaltung im Rahmen eines Supply-Chain-Management-Projekts nötig, so sind diese Maßnahmen in die Linienfunktion zu integrieren.

3.3.7 Maßnahmen für die Fahrzeugübergabe an den Kunden

Grundsätzlich ist zu sagen, dass die *Fahrzeugübergabe an den Kunden* wie auch die *Distribution* Bestandteil einer integrierten Planung mit Rückwärtsterminierung ausgehend vom Liefertermin sein sollte. Die Optimierung der sonstigen dazugehörigen Prozesse erfolgt im Rahmen des *Kundenprozesses* und ist gemäß der beschriebenen Abgrenzung nicht Bestandteil dieser Untersuchung. Dies gilt umso mehr, als der Prozess *Fahrzeugübergabe an den Kunden* von der Fragestellung hinsichtlich „nicht kundenbelegter" Aufträge per se unberührt ist.

3.4 Grenzen der Ansätze im Zielsystem Fahrzeugprozess: Der Verbleib „nicht kundenbelegter" Aufträge

Die Komplexität der vorgestellten Maßnahmen im Abgleich zu den gezeigten Zielen ergibt die Notwendigkeit der Entwicklung eines Zielsystems, das die Wechselwirkung von Maßnahmen und Zielen verdeutlicht. Der Anteil von kundenbelegten Aufträgen in den Auftragsmengen der einzelnen Teilprozessabschnitte des *Fahrzeugprozesses* erweist sich dabei als Schlüsselmessgröße des Erfolgs im SCM des Neuwagengeschäfts. Wie in den vorhergehenden Ausführungen eingehend gezeigt, wird es eine hundertprozentige Umsetzung einer Build-to-Order-Strategie und damit eine hundertprozentige Kundenbelegung von Anfang an in der Praxis in naher Zukunft – sowohl aufgrund der aktuellen Prozessqualität, wie auch aus wirtschaftlichen Erwägungen heraus[157] – nicht geben. Dies führt zum nächsten Kapitel, in dem gezeigt wird, wie die Er-

---

[156] Vgl. zu diesem umfassenden Themenbereich beispielsweise die Ausführungen von *Bloech* und *Ihde* in Bloech, J; Ihde, G. B.: (Betriebliche Distributionsplanung), S. 9-140
[157] Vgl. Zäpfel, G.: (Auftragsgetriebene Produktion zur Bewältigung der Nachfrageungewißheit), S. 875

zeugung und Abwicklung der verbleibenden, „nicht kundenbelegten Aufträge" weiter optimiert werden können.

3.4.1 Entwicklung eines Zielsystems für den Fahrzeugprozess

Ein für die SC für Herstellung und Vertrieb von Neufahrzeugen spezifisch entwickeltes Zielsystem soll folgende Funktionen eines allgemeinen Zielsystems beinhalten:[158]

- Die Koordinationsfunktion zur Abstimmung der Handlungen verschiedener Entscheidungs- und Interessenträger und zur Förderung der allgemeinen Akzeptanz der Ziele selbst.
- Die kognitive Funktion zur Auslösung von Lernprozessen aus der Darstellung der Vielfalt und Komplexität der Zielbeziehungen.
- Die Konfliktregulierung, ebenfalls durch die transparente Darstellung des Zielsystems gefördert.
- Die Motivationsfunktion; denn präzise und anspruchsvolle Ziele führen zu höherer Leistung als fehlende, vage formulierte oder in ihren Beziehungen unabgestimmte.

Die Literatur zum SCM für Automobilhersteller verweist auf Ziele, die zur Erhöhung der Kundenzufriedenheit und zur Senkung der Kosten führen sollen, legt aber weniger Gewicht auf die Einordnung der Ziele in ein übergreifendes Gesamtsystem mit einer Transparenz der Zielbeziehungen. Die Senkung der Lieferzeit wird manchmal als alleiniger Zielaspekt herausgestellt, an dem sich alle anderen Aktivitäten auszurichten haben.[159] Die Senkung der Bestände ist die wichtigste Folgeerscheinung von Lieferzeitreduzierung und Planungsdurchgängigkeit. Während sich einige Ausführungen stark auf Optimierungen, ausgehend von der *Produktion* und der Zulieferer konzentrieren,[160] beschäftigen sich andere mehr mit den Veränderungen aus dem Vertrieb, die Anforderungen an die *Produktion* stellen. Dabei stehen Kunden-Händler-Beziehungen

---

[158] Vgl. Gemünden, H. G.: (Zielbildung), S. 254
[159] Vgl. Ernst & Young, (Zeitwettbewerb in der Automobilindustrie), S. 5 ff.: Stalk, G. Jr.; Stephenson, S.; King, T.: (Searching for Fulfillment), S. 11-13
[160] Vgl. Ernst & Young, a.a.O., S. 9 ff.

im Vordergrund,[161] oder aber auch die möglichen Optimierungen in der *Auftragseinplanung Vertrieb*.[162] Es gibt Fokussierungen auf bestimmte Märkte und Herstellertypen; Maßnahmen werden teilweise Zielen gleichgestellt.

Im Folgenden wird versucht, einen für das SCM in der kundenorientierten Auftragsabwicklung gültigen Ausschnitt eines Zielsystems eines Automobilunternehmens zu bilden. Die in den vorhergehenden Abschnitten vorgestellten Ziele im *Fahrzeugprozess* werden danach im Modell zum Zielsystem in Zusammenhang gebracht. Die kognitive Funktion dieses Zielsystems erlaubt, die Ursache-Wirkungsbeziehungen der Abläufe in der Auftragsabwicklung sowie die Auswirkung der vorgeschlagenen Maßnahmen auf die Zielerreichung zu erkennen.

Folgendes Schema soll verdeutlichen, in welcher Beziehung die für den *Fahrzeugprozess* ausgewählten Ziele und Zielgruppen stehen. Es sind nur die wichtigsten Beziehungen symbolisiert, wobei die Pfeilrichtung angibt, welches Ziel ein anderes komplementär beeinflusst. Als konfliktär ist nur die Kapazitätsauslastung versus der Bestandsoptimierung herausgehoben; dieser Zielkonflikt steht für die Verbildlichung der Entscheidungsnotwendigkeit zwischen den Strategien Build-to-Order versus Build-to-Stock.[163] Zwei verschiedene Strichstärken sollen den Grad der komplementären Beeinflussung symbolisieren. Die Lieferflexibilität ist als Auftragsänderungsflexibilität zu verstehen, die den ursprünglichen Liefertermin unberührt lässt. Die Beziehungen zu den Größen der Zeitqualität sind nicht explizit dargestellt, da sie in dieser Definition enthalten sind.

---

[161] Vgl. Stalk, G. Jr.; Stephenson, S.; King, T.: (Searching for Fulfillment), S. 2-10, Hirsh, E.R. et al.: (Changing the Channels), S. 3 ff.

[162] Vgl. A.T. Kearney, (Lean Distribution), S. 15-16

[163] Wie bereits erwähnt, werden diese Extreme der Vertriebs- und Produktionsphilosophie auch mit Pull- versus Push-Strategie bezeichnet; es geht um die Vorgehensweisen, Bestand in den Markt zu drücken („push") versus entsprechend der Kundennachfrage Produkte nachzuziehen, („pull").

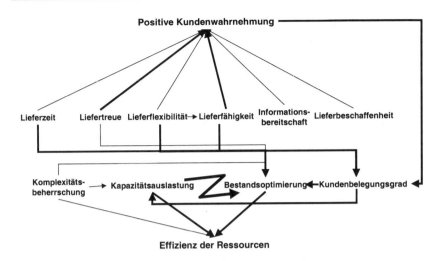

Abb. 3-10: *Zielsystem für den Fahrzeugprozess*

Ein Beispiel sei zum besseren Verständnis des Bildes aufgeführt:

Eine Erhöhung der *Lieferflexibilität* (Auftragsänderungsflexibilität) führt zum einen zu einer erhöhten Kundenzufriedenheit, da der Kunde näher zum Produktionsstart seinen Auftrag noch ändern kann. Zum anderen führt sie auch zu einer Senkung des Bestands. Wenn bereits fest eingeplante „nicht kundenbelegte" Aufträge aufgrund der erhöhten Auftragsänderungsflexibilität auf „kundenbelegte" abgeändert werden können, werden damit unerwünschte Lagerfahrzeuge vermieden. Die Beeinflussung ist demnach über die Strecke *Lieferflexibilität – Positive Kundenwahrnehmung – Kundenbelegungsgrad – Bestandsoptimierung* nachzuvollziehen. Auch die *Kapazitätsauslastung* wird durch einen höheren *Kundenbelegungsgrad* positiv beeinflusst, obwohl sie in Konkurrenz zur *Bestandsoptimierung* zu stehen scheint. Der erhöhten *Lieferflexibilität* liegen Maßnahmen zur Erhöhung der Vertriebs- und Werksflexibilität zugrunde, die eine Auslastung der Kapazitäten unabhängiger von Restriktionen macht, wie in Abschnitt 3.3.5 gezeigt wurde. D.h. diese Konkurrenz wird durch die Investition in die Erhöhung der Produktionsflexibilität gemindert, da diese dann die Änderungsflexibilität bei gleicher Auslastung bedient.

Das Bild könnte beliebig komplex erweitert werden, was jedoch nicht als zielführend erachtet wird. Wichtiger ist die Botschaft, dass die Ziele in dieser Sichtweise überwiegend in komplementären Zielbeziehungen stehen, wenn es gelingt, innerhalb einer Build-to-Order-Strategie *Kapazitätsauslastung* und *Bestandsoptimierung* gleichermaßen zu erfüllen. So soll vor allem die Diskussion zwischen den verschiedenen Bereichen unterstützt werden, die der kognitiven Funktion im Entscheidungsprozess dient.

3.4.2 Der Anteil kundenbelegter Aufträge als Schlüsselmessgröße der Zielsystemerfüllung

Der aktuell propagierte Wandel von der Build-to-Stock- zur Build-to-Order-Strategie wurde in den vorangegangenen Abschnitten als notwendig und sinnvoll hergeleitet. Es wurde gezeigt, was sich hinter diesen Schlagworten verbirgt und welche Ziele wie verfolgt werden müssen, um sich der Build-to-Order-Strategie anzunähern. Wie am Anfang dieser Untersuchung in Abb. 1-1 bereits vorweggenommen, ist das Ergebnis dieser Umsetzung im Anteil der Aufträge, die auf Kundenwunsch ausgelöst wurden, zu erkennen. Zum Beleg ist Abb. 3-10 zu betrachten; dort spiegelt sich diese Erkenntnis über die exponierte Rolle des Ziels „Erhöhung des *Kundenbelegungsgrads*" wider. Die für das Streben nach Umsatz, Profit, Marktausschöpfung und Image wichtigen Zielobergruppen „Positive Beeinflussung der Kundenwahrnehmung" und „Effizienz der Ressourcen" hängen über den *Kundenbelegungsgrad* zusammen. Allein Anzahl und Gewichtungen der Verbindungen, die indirekt oder direkt mit dem *Kundenbelegungsgrad* in Beziehung stehen, weisen darauf hin. Doch auch eine inhaltliche Betrachtung führt zu einer ähnlichen Einstufung. Zur Messung der Leistung der Prozessoptimierungen und Reengineering-Aktivitäten in der kundenorientierten Auftragsabwicklung ist der *Kundenbelegungsgrad* als Messgröße sehr gut geeignet. Die meisten der vorgestellten Maßnahmen tragen zu seiner Veränderung bei, wichtige Ziele, wie Lieferflexibilität oder Bestandsoptimierung stehen in direkter Relation zu ihm. Deshalb bietet sich an, den Begriff des *Kundenbelegungsgrads* in den einzelnen Abschnitten des *Fahrzeugprozesses* weiter zu detaillieren und seine Bedeutung zu interpretieren und nutzbar zu machen.

In folgendem Bild ist der *Kundenbelegungsgrad* als Anteil (in Prozent) der kundenbelegten Aufträge am Gesamtauftragsvolumen im jeweiligen Prozessabschnitt dargestellt. Die Grundmenge jedes Prozentwertes ist die Menge aller Aufträge an jeder Stelle des *Fahrzeugprozesses* zu einer Stichtagsbetrachtung. Es ist in diesem Beispiel abzulesen, dass der *Kundenbelegungsgrad* über alle Aufträge, die zu Beginn der *Produktion* vorliegen ca. 70 % beträgt. Dabei sind dieser Wert und der gezeigte Verlauf nur Beispiele für viele mögliche; wie später zu sehen sein wird bestehen Abhängigkeiten zu Kunden, Märkten und Herstellerstrategien.

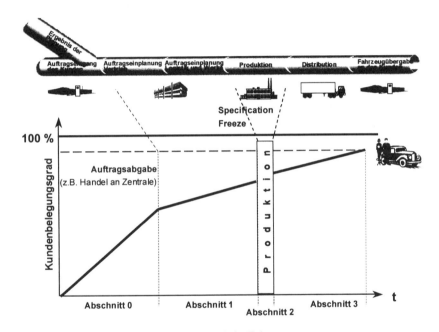

Abb. 3-11: *Verlauf des Kundenbelegungsgrads im Fahrzeugprozess*

Der *Fahrzeugprozess* ist zur weiteren Detaillierung des *Kundenbelegungsgrads* in vier Abschnitte (0 – 3) zu untergliedern:

Der erste Bereich – genannt „Messabschnitt Auftragseingang" (Abschnitt 1) – beginnt mit dem Zeitpunkt der planungsbedingten Auftragsabgabepflicht einer unteren Vertriebsstufe, beispielsweise des Handels. Dabei handelt es sich in den meisten Vertriebssystemen um vereinbarte Zeitpunkte, zu denen beispielsweise ein Händler seine Planung für einen bestimmten Monat abgegeben haben muss (siehe dazu Kapitelabschnitt 3.2.2). Die Darstellung zeigt der

Vollständigkeit halber auch Kundenbelegungsgradwerte vor diesem Zeitpunkt (als Abschnitt 0 gekennzeichnet), da es zunehmend möglich wird, Aufträge auch schon Monate im voraus platzieren zu können. Die Aufträge sind jetzt bei der Zentrale und eingeplant, aber in bestimmten Umfang noch änderbar.

Mit dem Ende der Möglichkeit, einen platzierten Auftrag zu ändern („Specification Freeze"), beginnt der zweite Abschnitt, der Einfachheit halber wieder als *„Produktion"* bezeichnet. Die Beeinflussung des *Kundenbelegungsgrads* im Sinne der gezeigten Maßnahmen ist während der *Produktion* aufgrund der relativ kurzen Verweildauer (ca. 1-4 AT) sehr begrenzt. Daher ist dieser Bereich in der Darstellung als schmaler Streifen zur Grenzziehung zwischen den Messabschnitten eins und drei gezeigt. In ihm erfolgt mit dem „Specification Freeze" der Übergang vom Auftrag zum fertigen Fahrzeug, das bedeutet für diese Untersuchung den Wechsel vom änderbaren Auftrag zum nicht mehr änderbaren.

Der Übergang zum dritten Abschnitt findet am Ende der Fertigung statt, gekennzeichnet durch die Übergabe an die *Distribution*. Man spricht vom „Messabschnitt Distribution" (Abschnitt 3). Es wäre sicherlich interessant, zwischen Umschlagspunkten oder zentralisierten Lagern im Distributionsnetz zu trennen, doch soll die Betrachtung auf alle Fahrzeuge gerichtet sein, die unter Umständen aber unterschiedliche Distributionskanäle durchlaufen. Deshalb wird der dritte Abschnitt bis zur Übergabe an den Kunden definiert, dem Ende des *Fahrzeugprozesses* (Fahrzeugbestand beim Händler).

Gemessen wird der *Kundenbelegungsgrad* jeweils an den definierten Anfangs- und Endpunkten der Messabschnitte, die Werte dazwischen werden der Einfachheit halber linearisiert abgebildet. Das Ziel „Erhöhung des *Kundenbelegungsgrads*" ist kontinuierlich an jeder Stelle des *Fahrzeugprozesses* zu verfolgen. In Abb. 3-12 werden Integrale über den Abschnitten 0, 1 und 3 (Abschnitt zwei kann, wie erklärt, vernachlässigt werden) gebildet, um bestimmte Auftragsmengen sinnvoll zusammenzufassen. Dies dient dazu, allen Beteiligten des *Fahrzeugprozesses* Ort und Wirksamkeit der eingeleiteten Maßnahmen zu kommunizieren. Dabei soll zwischen Auftragsmengen unterschieden werden, die bereits kundenbelegt sind, und solchen, die während eines Abschnitts noch zu Kundenaufträgen werden können. Dazu unterteilt man die Integrale horizontal auf Höhe der Prozentmarke für den *Kundenbelegungsgrad* des Endpunktes eines Messabschnitts. Die unteren rechteckförmigen Teilintegrale der beiden Messabschnitte werden zur Auftragsmenge I zusammengefasst. Sie stellen die Aufträge dar, die zu Beginn eines Messabschnitts bereits kundenbelegt waren. Die oberen dreiecksförmigen Teilintegrale symbolisieren die Anzahl der Aufträge, die innerhalb des Abschnitts von „nicht kundenbelegten" Aufträgen zu Kundenaufträgen wurden (siehe folgende Abbildung, Auftragsmengen II und III). Weil es immer einen Bedarf an Lagerfahrzeugen zu Vorführzwecken oder für Spontanbedarf gibt, wird der *Kundenbelegungsgrad* in dieser Form der Darstellung nie die „100 %"-Marke erreichen sollen. Dies symbolisiert die Auftragsmenge IV.

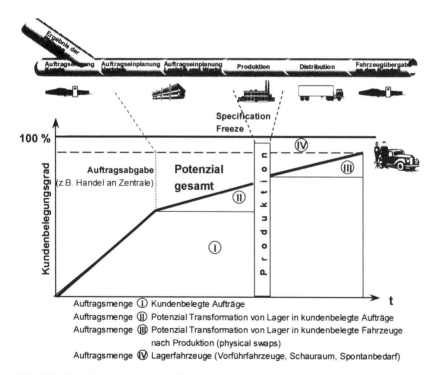

Abb. 3-12: *Die Unterteilung von Auftragsmengen durch den Kundenbelegungsgrad*

Die Auftragsmengen I – IV werden mit den Maßnahmen und Zielen in folgenden Zusammenhang gebracht:

Auftragsmenge I und IV

Diese Aufträge sind nicht mehr in eine Kundenbelegung überzuführen, sondern hinsichtlich der bekannten Ziele effektiv und effizient abzuwickeln. Für Aufträge aus der Menge IV gilt der Händler als Kunde.

Auftragsmenge II

Bis zum „Specification Freeze" sind diese Aufträge im Rahmen der verfügbaren Flexibilität änderbar. Die Flexibilitätserhöhung in Vertrieb und Produktion ermöglicht die Umwandlung in Kundenaufträge durch Änderungen der Spezifikationen eines Auftrags. Der Anteil der Fahrzeuge, welche in diesem Zeitraum mit Kunden belegt werden können, bestimmt sich direkt durch:

- die Änderungsflexibilität der Werke
  (z. B. bzgl. Getriebe und Motorisierung sowie Außenfarbe, Polster und Sonderausstattungen),
- der Flexibilität des Vertriebs
  (z. B. durch Quotenflexibilisierung, offene Auftragsdatenbanken) und
- den Zeitraum, in dem Auftragsänderungen noch möglich sind
  (z. B. der Zeitraum der Änderungsflexibilität und die Prozessdurchlaufzeit).

Deshalb sind alle in den Abschnitten *Ergebnis der Planung für den Auftragseingang des Kunden* bis einschließlich der *Produktion* vorgestellten Maßnahmen relevant und tragen zur Erhöhung des *Kundenbelegungsgrads* bei. Dabei werden die Möglichkeiten der Änderung aufgrund der Flexibilität von Werk und Vertrieb mit zunehmender Annäherung an den Punkt „Specification Freeze" immer mehr eingeschränkt. Die Bandbreite geht dabei vom Wechsel eines Modells innerhalb einer Karosserievariante bis zu Farbänderungen in Lackierung und Polster sowie unkritischen Sonderausstattungen.

Auftragsmenge III

Die Möglichkeit, Aufträge zu ändern, besteht nun nicht mehr. Jetzt kommt es auf die günstige Spezifikation „nicht kundenbelegter" Aufträge an, wenn eigene „nicht kundenbelegte" Aufträge oder die anderer Händler, die in der Datenbank zugänglich sind, zu Kundenaufträgen werden sollen. Dazu dient wiederum die Öffnung der Auftragsdatenbanken, jetzt für produzierte Fahrzeuge und die Flexibilisierung von Vertriebsquoten. Weiterhin greifen nun die Maßnahmen im Prozessabschnitt *Distribution*. Vor allem die integrierte Einplanung führt zu einer verbesserten Leistung, die für die Flexibilität im Transport förderlich ist. Man spricht dann von Fahrzeug-Swaps, wenn bspw. ein Fahrzeug, das einem bestimmten Händler zugeordnet war, nun zu einem anderen gelangen soll. Die Einrichtung zentralisierter Händlerlager fördert den *Kundenbelegungsgrad* ebenfalls, wie in Abschnitt 3.3.6.2 beschrieben.

3.4.3 Qualitative Bestandsoptimierung für aufgrund mangelhafter Zielerfüllung verbliebene „nicht kundenbelegte" Fahrzeuge

Aufbau und Umsetzung einer Build-to-Order-Strategie haben eine Vielzahl von Wechselwirkungen über die gesamte Auftragsabwicklung für Herstellung und Vertrieb von Neufahrzeugen zu berücksichtigen. Die Weiterentwicklung des *Kundenbelegungsgrads* als Schlüsselmaßgröße des dahinterliegenden Zielsystems und seine Detaillierung auf bestimmte Bereiche des *Fahrzeugprozesses* helfen, über bereichsübergreifend gleichermaßen geeignete Zielsetzungen zu sprechen und diese gemeinsam umzusetzen.
Die Ausführungen zum SCM und zum Prozesskettenmanagement
- im Allgemeinen und
- im Besonderen für die Herstellung und den Vertrieb von Automobilen (*Fahrzeugprozess*),
sowie zu den Zusammenhängen im *Fahrzeugprozess*
- mit daraus abgeleiteten Zielen,
- den heutigen und zukünftigen Handlungsbedarfen
- und den zur Erreichung dieser Ziele erforderlichen Maßnahmen
haben folgendes gezeigt:
Der *Kundenbelegungsgrad* kann durch eine Vielzahl konzertierter Aktionen an den entscheidenden Stellen im *Fahrzeugprozess* deutlich erhöht werden. Dies geschieht anhand der oben beschriebenen Ansätze im Rahmen des entwickelten Zielsystems und ist zum Teil bereits heute in Umsetzung.

Tatsache bleibt, dass der *Kundenbelegungsgrad* in der *Produktion* dann bei hundert Prozent liegt,[164] wenn die Produktion linear an die Nachfrage, ohne die Maßgabe der Auslastung der Kapazitäten, angepasst wird. Doch auch bei erfolgreicher Umsetzung der beschriebenen Maßnahmen wäre dies aufgrund der schweren Prognostizierbarkeit von Kundenwünschen bei der in der Automobilbranche existierenden Produktkomplexität unwirtschaftlich, geht man davon aus, dass der Kunde frei im vorhandenen Produktangebot zu niedrigen Lieferzeiten wählen darf. Deshalb bleibt, auch für kundenorientierte Auftragsfertiger, immer ein Rest, der „nicht kundenbelegt" produziert wird.

Was kann man also außerhalb der bisher vorgestellten Maßnahmen tun, um die fertigen Lagerfahrzeuge einer schnelleren Kundenbelegung zuzuführen, oder – in Bezug auf die detaillierte Definition des *Kundenbelegungsgrades* – diesen innerhalb der *Auftragsmenge III* zu erhöhen? In einer Beschreibung eines idealtypischen *Fahrzeugprozesses* wird kurz darauf hingewiesen:[165] Neben den bereits genannten und ausführlich beschriebenen Prinzipien der Öffnung der Auftragsdatenbanken und der Online-Anbindung des Handels enthält diese Darstellung die Integration von Verkaufs- und Kundendaten in die Vertriebsplanung des Herstellers. Damit verbunden ist die Annahme, dass die Auftragsdisposition für verbleibende „nicht kundenbelegte" Aufträge vom Handel zum Hersteller verlagert, also zentralisiert wird.

Natürlich spielen Verkaufsdaten auch heute bereits eine Rolle in der Vertriebs- und Produktionsplanung des Herstellers. Sie sind in Produktionsdaten enthalten, die Grundlage für viele Prognosen in der Planung von Fahrzeugen und Teilen sind. Allerdings ist eine Filterung der Daten, die den echten Kundenwunsch widerspiegeln, nicht ohne weiteres möglich, da das vom Kunden georderte Fahrzeug nicht unbedingt seinen ursprünglichen Wünschen entsprechen muss. In Abschnitt 3.2.3 wurde dieses Beispiel erläutert. Doch gibt es im *Fahrzeugprozess* für die Auftragsabwicklung „nicht kundenbelegter" Aufträge, die auch nach der *Produktion* „nicht kundenbelegt" sind, Fragestellungen zu beleuchten, die weitergehen, als die Verwendung historischer Kundenver-

---

[164] Die hier gemeinte „100 %"-Marke berücksichtigt an dieser Stelle nicht die Auftragsmenge IV. Es geht um die Erreichung der höchstmöglichen Kundenbelegung mit Endkunden.
[165] Vgl. Diez, W.: (Prozeßoptimierung im Automobilvertrieb), S. 119-120

kaufsdaten und die Zentralisierung der Auftragsdisposition für „nicht kundenbelegte" Aufträge.

Dies soll im folgenden Kapitel sowohl für die dafür notwendigen Prozesse als
auch für eine eventuelle Systemunterstützung geschehen. In Anlehnung an
die bisher eingeführte Systematik von Prozessbeschreibungen und Zielsys-
temverfolgung könnte man von einer antizipativen Kundenbelegungsgraderhöhung durch günstige Gestaltung von „nicht kundenbelegten" Aufträgen im
Auftragseingang des Kunden sprechen. Eine weitere Umschreibung wäre mit
dem Begriff der qualitativen Bestandsoptimierung möglich. Diese lässt eine
Unterscheidung innerhalb der Bestandsoptimierung gegenüber der quantitativen zu, bei der es um die Höhe der Fahrzeugbestände geht.

Zusammenfassung

Wie in Abb. 1-1 erläutert, lässt sich die Strategie der antizipativen Kundenbelegungsgraderhöhung zur qualitativen Bestandsoptimierung als Ergänzung
bekannter Strategien in der Migration zu SCM einordnen. Über heute teilweise
bereits in Umsetzung befindliche Ansätze (vgl. Kapitel 2) wird im Rahmen des
SCM für Herstellung und Vertrieb von Neufahrzeugen der *Kundenbelegungsgrad* innerhalb der *Auftragsmengen II* und *III* erhöht. Im weitergehenden Ansatz soll die Auftragsgestaltung antizipativ so optimiert werden, dass der Anteil
der verbleibenden Fahrzeuge kundenorientierter ist und damit die Kundenbelegungsgraderhöhung innerhalb der *Auftragsmenge III* zusätzlich fördert.

Dementsprechend wird im darauffolgenden Kapitel zusätzlich zu den bekannten und gezeigten Maßnahmen eine Systematik entwickelt, die genau diese
Aufträge fokussiert und mit spezifischen Ansätzen, vornehmlich im Auftragseingang, antizipativ den Eingang von Kundenbestellungen für Lagerfahrzeuge fördern soll. Das Ergebnis ist ein Leitfaden, der unter Berücksichtigung
der aktuellen, in dynamischer Änderung befindlichen Abläufe die richtigen
Prozessgestaltungen und Maßnahmen für die Optimierung der Abwicklung
„nicht kundenbelegter" Aufträge bietet.

4 Kundenorientierte Gestaltung von Prozessen und Systemen für „nicht kundenbelegte" Aufträge in verschiedenen Kunde-Markt-Hersteller-Systemen

Der *Kundenbelegungsgrad* wurde als Schlüsselmessgröße der Prozessoptimierungsleistungen im *Fahrzeugprozess* und als Trenngröße zwischen kundenbelegten und „nicht kundenbelegten" Aufträgen beschrieben. Somit ist er ein geeigneter Dreh- und Angelpunkt für die Fragestellung zum Umgang mit „nicht kundenbelegten" Aufträgen. Die Unterteilung des *Fahrzeugprozesses* in verschiedene Abschnitte und die damit ermöglichte differenzierte Betrachtung des *Kundenbelegungsgrads* bildet den ersten Schritt für die Berücksichtigung verschiedener Gegebenheiten im *Fahrzeugprozess* auf dem Weg zu einer effektiven und effizienten Build-to-Order-Strategie. Ein zu niedriger *Kundenbelegungsgrad* nach *Produktion* erfordert Lagerhaltung von produzierten Neufahrzeugen. In diesem Kapitel werden zunächst die automobilspezifischen Belange dieser Bestände näher beleuchtet. Die dann folgenden Untersuchungen für die Auftragsabwicklung „nicht kundenbelegter" Aufträge sollen für beliebige, weltweit agierende Hersteller mehrerer Marken verwendbar sein. Deshalb werden die möglichen Formen von Kundenverhalten, Absatzmärkten und Herstellerstrategien dargestellt und zueinander in Beziehung gebracht. Die dabei entwickelten *Kunde-Markt-Hersteller-Systeme* dienen zur Einordnung eines beliebigen Herstellers einer oder mehrerer Marken, die er in einem Markt mit seiner aktuellen Vertriebsstrategie absetzt. Der Hersteller kann seine Situation in dieser Systematik wiederfinden und die für die Auftragsabwicklung „nicht kundenbelegter" Aufträge vorgeschlagene Vorgehensweise anwenden.

4.1 Lagerhaltung für „nicht kundenbelegte" Fahrzeuge – Potenziale einer qualitativen Bestandsoptimierung

„Nicht kundenbelegte" Aufträge erscheinen in Form von Beständen. Diese Bestände sind je nach Fortschritt des Auftrags in der Wertschöpfungskette *Fahrzeugprozess* grob nach

- Bestand an änderbaren/nicht mehr änderbaren Aufträgen vor *Produktion,*
- Bestand an nicht mehr änderbaren Aufträgen in der *Produktion* und
- Bestand an Fahrzeugen nach der *Produktion*

zu unterscheiden.

Die Vorstellung der Ansätze zur Zielverfolgung im *Fahrzeugprozess* zeigt, dass die Möglichkeit einer Einflussnahme auf den Bestand an nicht mehr änderbaren Aufträgen in der *Produktion* beschränkt ist, denn Auftragsgestaltung und -durchlauf sind gemäß der erfolgten *Auftragseinplanung Logistik und Werke* relativ stabil und vorgegeben. Deshalb werden im Folgenden die Bestände an Aufträgen und an fertigen Fahrzeugen fokussiert. Zur besseren Veranschaulichung wird eine Differenzierung des Bestands an gebauten Fahrzeugen erstellt, die im Folgenden auch einer Unterscheidung der Auftragsbestände genügt.

4.1.1 Lager im Automobilvertrieb

Zur Anwendung spezifischer Maßnahmen für „nicht kundenbelegte" Aufträge müssen diese nicht nur hinsichtlich ihres Zwecks unterschieden werden,[166] sondern auch nach dem Ort ihrer Lagerung und ihrem Eigentümer. Dies geschieht nach folgenden Kriterien:

Zweck
- Präsentation
  - Lager für Fahrzeuge zur Ausstellung im Handelsbetrieb (Schauraum)
  - Lager für die Durchführung von Probefahrten (sogenannte Vorführfahrzeuge)
- Deckung von Spontanbedarfen
- Ergänzung des Vertriebssystems
  - Pufferlager zur Stabilisierung von Produktion und Vertrieb
  - Lagerbestand aus Abnahmevereinbarung

---

[166] Der Bestand an kundenbelegten Aufträgen und Fahrzeugen wird hier als Zweck nicht mitaufgeführt.

Eigentümer

- Hersteller und die ihm zugehörigen Stufen des Vertriebssystems, z. B.
  - Region
  - Nationale Vertriebsgesellschaft
  - Eigene Retail-Organisation
  - Handelsorganisation
  - Kunde

Ort

- Auftragsbestand
- Produktion
- Distribution
  - Transit
  - Umschlagsplatz
  - Lagerort des Herstellers und der ihm zugehörigen Stufen des Vertriebssystems
  - Zentralisiertes Händlerlager
  - Lager des Handelsbetriebs

Anhand dieser Kriterien lassen sich typische Lagerbestände beschreiben, die eine sinnvolle Abgrenzung des Betrachtungsumfangs für „nicht kundenbelegte" Aufträge ermöglichen. Nicht alle möglichen Kombinationen der Kriterien Zweck, Eigentümer und Ort entsprechen der Realität. Folgende Prämissen sollen gelten:

- Unabhängig vom Auftraggeber ist der Hersteller Eigentümer des gesamten Auftragsbestands und der Produktion
- Da die Unterscheidung nach dem Zweck aus Gründen der Priorisierung (siehe Abschnitt 3.3.3.1) bereits im Auftragsbestand erfolgen kann, wird bereits von da ab nach dem Zweck des Bestands unterschieden.
- Zu den Lagern des Herstellers sind auch die herstellereigenen Handelsbetriebe zu zählen.
- Der Kunde wird dort als Eigentümer gekennzeichnet, wo er sein Fahrzeug in Empfang nehmen kann, das bis dahin an diesem Ort verweilt.

Die unter diesen Prämissen möglichen Bestände werden in folgender Abbildung veranschaulicht:

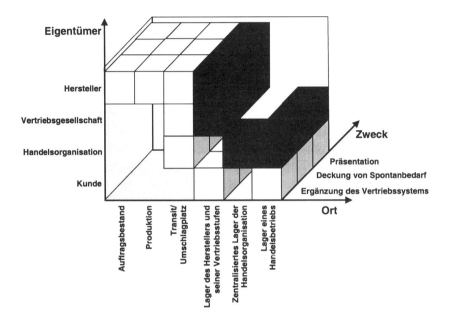

Abb. 4-1: *Mögliche Kombinationen von Zweck, Eigentümer und Ort von Beständen im Automobilvertrieb*

Für Ansätze zur Optimierung der Auftragsabwicklung „nicht kundenbelegter" Aufträge werden folgende, in der Abbildung dunkel eingefärbte Arten von Lagerbeständen betrachtet:

- Lager des Herstellers und der ihm zugehörigen Stufen des Vertriebssystems (primär zur Pufferung von Nachfrageschwankungen, die nicht über das Quotensystem an den Handel gegeben werden; Fahrzeuge zu Präsentationszwecken und zur Deckung des Spontanbedarfs können später ebenso in die Optimierungsansätze mit einbezogen werden)
- Zentralisiertes Händlerlager (ausschließlich zur Erfüllung der Quotenvereinbarungen)
- Bestand eines Händlers

(primär aus der Erfüllung der Quotenvereinbarungen; Fahrzeuge zu Präsentationszwecken und zur Deckung des Spontanbedarfs können später
ebenso in die Optimierungsansätze mit einbezogen werden)

4.1.2 Konsequenzen der Lagerhaltung von Neufahrzeugen aus „nicht kundenbelegten" Aufträgen

In den Ausführungen in Abschnitt 3.1.3.3 zur quantitativen Bestandsoptimierung wurden bereits die Kosten aus Beständen produzierter Neufahrzeuge
aufgezeigt. Für Fahrzeuge, die mit „nicht kundenbelegten" Aufträgen hinterlegt
sind, gibt es aber weitere Folgekosten der Bestandshaltung zu beachten. Dazu zählen:

- Kosten für Lagerräumung
  (im Sinne von Rabatten für alten Lagerbestand,[167] besonders gewichtig bei
  Modellüberarbeitungen oder –wechseln)
- Kosten für die Einschränkung der Lieferfähigkeit
  (Rabatte für Kompromisse in der Fahrzeugauswahl),[168]
- Kosten für Swaps
  (Transaktionskosten für die Übernahme eines Fahrzeugs aus dem Lager-
  bestand eines anderen Händlers, der regionalen Vertriebsgesellschaft oder
  des Herstellers)
- Entgangener Umsatz
  (bei Verlust des Kaufinteressenten, sogenannter „Lost Sale").

Diese Kosten resultieren aus einer nicht kundenorientierten Konfiguration der
Fahrzeuge und wachsen mit der Anzahl der Standtage. Die verfolgte kundenorientierte Konfiguration kann als eine Art *qualitative Bestandsoptimierung* verstanden werden, da sie auf die Beschaffenheit des Bestands abzielt und auf
diese Weise zu einer Verringerung von Standtagen führt. Im folgenden Kapitel

---

[167] Vgl. Williams, G.: (Progress Towards Customer Pull Distribution), S. 60, hier werden –
unterteilt in die drei Altersklassen 90 Tage, 180 und 270 für die Länder Frankreich,
Deutschland, Italien und Großbritannien – Rabatte zwischen 1 und 11 % pro Fahrzeug
aufgeführt.
[168] Ebenda, S. 54, hier werden in der gleichen Betrachtungsweise Dimensionen zwischen 2
und 4 % genannt.

Kapitel werden die im Vorhergehenden dargestellten, bekannten Ansätze aus Theorie und Praxis zur Migration zu SCM damit ergänzt.

Dafür ist aber eine Unterscheidung der Gegebenheiten in verschiedenen Märkten mit unterschiedlichen Kunden und den unterschiedlichen Produktions- und Vertriebsstrategien der dort beliefernden Hersteller nötig.

4.2 Unterscheidung verschiedener Kunde-Markt-Hersteller-Systeme

Bisherige Untersuchungen zur Gestaltung spezifischer Maßnahmen für „nicht kundenbelegte" Aufträge beschränken sich fast ausschließlich auf die statistische Bewältigung der Prognose des Kundennachfrageverhaltens bei komplexen Produktangeboten im Automobilbau.[169] Diese statistischen Untersuchungen bilden aber nur einen Baustein der spezifischen Maßnahmen und sind in dieser Komplexität auch nicht für jeden Bedarfsfall geeignet. Deshalb liegt der Schwerpunkt auf der Erstellung eines schlüssigen Maßnahmenpakets, das auch für verschiedene Marken und Märkte die richtigen Module zur Verfügung stellt. Dazu folgt nun die Analyse der Situation eines Herstellers bzgl. der Kriterien Kunde, Markt und seiner aktuellen Vertriebs- und Produktionsstrategie.

Die Bezeichnung *Kunde-Markt-Hersteller-System* weist bereits darauf hin, dass diese drei Ausprägungen von Verhalten und Gegebenheiten nicht isoliert aufeinander treffen, sondern in wechselseitiger Beziehung stehen. Kunden eines bestimmten Landes sind geprägt von einer dort vorherrschenden Mentalität, was sich auch auf ihr Verhalten beim Automobilkauf auswirkt. Hersteller reagieren entsprechend und prägen damit das Kundenverhalten weiter, obwohl sich der Trend im Käuferverhalten in anderen Branchen eventuell anders entwickelt.

Deshalb ist zu unterscheiden, wo echte unumstößliche Gegebenheiten vorliegen, wie etwa die Entfernung eines Marktes zum Produktionsort, oder wo es sich um Reaktionen auf Gegebenheiten, wie etwa die Vertriebs- und Produktionsstrategie eines Herstellers handelt. Diese Reaktionen sind von unterschiedlicher zeitlicher Dynamik. Das Kundenverhalten scheint zunächst statisch, doch in der Langfrist sind auch dort Änderungen wahrnehmbar, auf die

---

[169] Vgl. Ludwig, R.: (Clusteranalytische Untersuchungen im Automobilbau), Friedrich, L.: (Analyse und Prognose von Kundenauftragsdaten), Schütz, F.: (Strukturanalyse von Kundenauftragsdaten für PKW), Hayler, C.: (Generierung von Orders für Lagerfahrzeuge)

Hersteller entsprechend verzögert reagieren und somit diesen Wandel leicht bremsen. Deshalb sind die vorgeschlagenen Maßnahmen für den Umgang mit „nicht kundenbelegten" Aufträgen in der Auftragsabwicklung als kurz- bis mittelfristige Optimierungsvorschläge zu sehen, deren Grundlage immer wieder neu zu prüfen ist. Aus der Vielzahl möglicher Kriterien für Kunden, Märkte und Hersteller scheinen die folgenden als sinnvoll, um die dafür notwendigen Differenzierungen zu treffen.

Kundencharaktere werden in Anlehnung an die sechs Elemente des Lieferservice nach *Zibell* (vgl. Abschnitt 3.1.1) beschrieben durch

- den Wunsch nach Individualität des Produkts (*Lieferfähigkeit*),
- die Bereitschaft auf die Auslieferung zu warten (*Lieferzeit*),
- die Gewichtung der pünktlichen Auslieferung (*Liefertreue*),
- den Bedarf bis nahe an den Liefertermin zu ändern (*Lieferflexibilität*),
- den Wunsch nach individueller, professioneller Betreuung (*Informationsbereitschaft*), sowie
- den Anspruch an die Qualität des ausgelieferten Produkts (*Lieferqualität*).

Märkte sind aus Sicht eines Herstellers geprägt von Eigenschaften wie

- den dort herrschenden gesetzlichen Rahmenbedingungen,
- ihrer Entfernung vom Produktionsort,
- der augenblicklichen Wettbewerbsposition der betrachteten Marke und
- der aktuellen Angebots- und Nachfragesituation.

Die Vertriebs- und Produktionsstrategie der Hersteller wird unterschieden nach

- der Vielfalt und Komplexität des Angebots,
- dem Produktionsvolumen sowie
- dem gewählten Grad zwischen Build-to-Order- und Build-to-Stock- oder auch Pull- und Push-Fertigung (vgl. dazu Abschnitt 3.4).

Die jeweils vorliegenden Eigenschaften beeinflussen im Zusammenspiel den *Kundenbelegungsgrad* und damit den Bedarf an Umfang und Art einer Unterstützung für die Auftragsabwicklung „nicht kundenbelegter" Aufträge.

4.2.1 Kundentypen

Auf Basis der Ziele, die aus den sechs Elementen des Lieferservice für den Automobilvertrieb interpretiert wurden, lassen sich Kundenwünsche ableiten. Die Bedeutung und das Zusammenspiel dieser Wünsche bilden das für die Auftragsabwicklung relevante Kundenverhalten ab. Obwohl die Vielfalt der Kunden groß ist, können auf diese Weise markante Kundentypen identifiziert werden, die für die Entwicklung einer *Kunde-Markt-Hersteller-Systematik* ausreichen.

Für alle folgenden Kundentypen wird der Wunsch nach höchster Qualität des Produkts bei der Auslieferung (*Lieferbeschaffenheit*) gleichermaßen vorausgesetzt. Wie sich zeigen wird, sind auch die Ansprüche an die *Liefertreue* durchgängig sehr hoch. Die eigentlichen Unterscheidungen spielen sich in Gewichtungen zwischen Individualität (*Lieferfähigkeit* und *Lieferflexibilität)* und *Lieferzeit* ab.

4.2.1.1 Kundentyp I – Individualität ist am wichtigsten

Dieser Kunde möchte lange vor gewünschter Auslieferung sein Fahrzeug genau planen, dabei stets gut informiert und betreut sein und Möglichkeiten zur fortwährenden Änderung haben. Der Anspruch an kurze Lieferzeiten ist sekundär. Beispiele für diese Gruppe sind autobegeisterte Kunden mit eher knappem Budget, für die die Auswahl des Fahrzeugs bereits Mehrwert bedeutet, wie auch Kunden mit Leasingverträgen, deren Ablaufdauer schon weit vorher bekannt ist. Kunden dieser Art sind vornehmlich im Premium-Segment zu finden.

4.2.1.2 Kundentyp II – Größtmögliche Individualität zu akzeptablen Lieferzeiten

Dies ist der im Premium-Segment größte Anteil an Kunden. Sie haben Ansprüche in allen Serviceleistungen, gehen aber zugunsten der Individualität (*Lieferfähigkeit, Lieferflexibilität)* kleine Kompromisse in der *Lieferzeit* ein. Ihr Anspruch an die *Informationsbereitschaft* ist überdurchschnittlich, *Liefertreue* ist ebenfalls sehr wichtig. Dies sind Kunden, die – wie oben erwähnt – durch die aktuellen Herstellerreaktionen erzogen sind. Idealerweise müssten sie keinerlei Kompromisse eingehen; Ziel aller Bemühungen ist ein größtmöglicher Grad über alle Serviceleistungen hinweg.

4.2.1.3 Kundentyp III – Kurze Lieferzeit ist am wichtigsten

Dieses Verhalten zielt auf sehr kurze Lieferzeiten ab, wobei die Individualität hinten angestellt, aber – bei Ermöglichung – trotzdem anerkannt wird. Kunden dieser Art werden in der Regel aus Lagerbeständen bedient und fallen unter die Kategorie Spontanbedarf (vgl. Abschnitt 4.1.1). Dies können zum Beispiel Kunden sein, deren Fahrzeug einen Totalschaden erlitten hat und die deshalb sofortigen Ersatz benötigen. Einige wenige Kunden haben so geringe Affinität zum Produkterlebnis Automobil, dass sie hinsichtlich der Individualität lediglich Funktionszwecke erfüllt sehen wollen. Der Anteil dieser Kunden ist im Premium-Segment eher gering, wie mit der Dimensionierung der *Auftragsmenge IV* in Abbildung Abb. 3-11 zum *Kundenbelegungsgrad* symbolisiert ist.

Folgende Abbildung zeigt qualitativ die unterschiedlichen Gewichtungen der drei Kundentypen hinsichtlich der herangezogenen Eigenschaften.

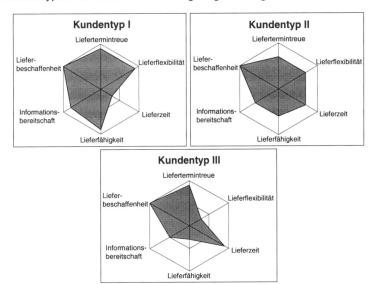

Abb. 4-2: *Ausprägungen verschiedener Kundentypen (qualitative Experteneinschätzung)*[170]

---

[170] Nach einer Expertenbefragung bei einem Automobilhersteller

4.2.2 Markttypen

Im Sprachgebrauch der Praxis und in einzelnen Studien werden in die Beschreibung von Märkten auch Kundenverhalten und Herstellerreaktionen mit
hinein vermischt (Lagermarkt, Kundenmarkt etc.). Dies soll hier vermieden
werden, die möglichen Eigenschaften der Märkte werden in der vorliegenden
Arbeit deshalb teilweise in anderen Kriteriengruppen gesehen. Gesetzliche
Bestimmungen finden sich zum Teil in der Reaktion des Herstellers im Produktangebot wieder. Die Wettbewerbssituation ist eine aktuelle Konsequenz
der Abstimmung von Marketing, Vertrieb und Produktion beim Hersteller auf
das gegenwärtige Kundenverhalten. Entwicklungsstände der logistischen
Umweltbedingungen in einem Markt, wie z. B. Verkehrsinfrastruktur oder Ge-
pflogenheiten in der Wahrnehmung logistischer Aufgaben[171] sind nicht eindeutig genug abzubilden. Daher ist in den folgenden Ausführungen lediglich die
Entfernung zum benötigten Produktionsstandort von Bedeutung und dem
Markt zuzuordnen.[172]

4.2.2.1 Markt A – kurze Entfernung vom Produktionsstandort

Aus distributionstechnischen Gesichtspunkten zählt man zu kurzen Entfernungen die, die innerhalb von ein bis vier Tagen ab Werk zum Bestimmungsort
realisierbar sind, ohne Sondermaßnahmen – wie z. B. beschleunigte Einzel-
transporte – durchführen zu müssen. Am Beispiel eines deutschen Werkes gilt
dies innerhalb des Inlands und an grenznahe ausländische Bestimmungsorte.
In diesem Raum lässt sich das erwähnte zentralisierte Lagerkonzept auf einen
Standort umsetzen, da die „nicht kundenbelegten" Aufträge allen Beteiligten
schnell und flexibel zur Verfügung stehen und sich der Lagerabgleich auf das
zentralisierte Lager sowie die Bestände der Nationalen Vertriebsgesellschaften und der Handelsorganisation beschränkt.

---

[171] Vgl. Bloech, J..: (Konzernlogistik und internationale Logistik), S. 11
[172] Die Einordnung als Reaktion des Herstellers mit der Erschließung marktnäherer Produk-
tionsstandorte wäre ebenfalls denkbar, widerspricht aber dem Anspruch, Maßnahmen für
den Kurz- und Mittelfristbereich vorzuschlagen

4.2.2.2 Markt B – mittlere Entfernung vom Produktionsstandort

Als mittlere Entfernungen können solche definiert werden, die innerhalb von vier bis zehn Tagen zu bewältigen sind. Dies gilt, wiederum am Beispiel eines deutschen Werkes betrachtet, für nahezu ganz Europa. Hier sind eventuell mehrere zentralisierte Lager vorhanden, welche für die Unterstützung der Auftragsabwicklung „nicht kundenbelegter" Aufträge mit einzubeziehen sind; dabei ist allerdings meist von unterschiedlichen Produktspektren – aufgrund von marketingspezifischen und gesetzlichen Unterschieden innerhalb dieses Distributionsradius – auszugehen, die die zu betrachtenden Lagermengen abgrenzen.

4.2.2.3 Markt C – weite Entfernung vom Produktionsstandort

Alle Lieferzeiten, die aufgrund der Distributionszeit zehn Tage überschreiten, gelten bereits als weite Entfernung vom Produktionsstandort. Hier sind, wiederum aus Sicht eines deutschen Werkes, bspw. die sogenannten Überseemärkte wie USA und Japan zu nennen. Diese Markteigenschaft der weiten Entfernung wirkt sich stark auf das Käuferverhalten aus. Der Anteil von Kunden, die ihr Fahrzeug individuell bestellen und bereit sind lange zu warten,[173] ist sehr viel geringer, die Kunden „kaufen aus dem Schaufenster". Hersteller reagieren darauf, indem sie die Grundausstattung der Fahrzeuge erhöhen und gleichzeitig die Möglichkeiten der Sonderausstattungsauswahl reduzieren, wie im folgenden Abschnitt noch genauer gezeigt wird. Dies ist ein weiteres Beispiel dafür, dass die drei Kriterien Kunde, Markt und Herstellerverhalten kaum getrennt zu betrachten sind. In der folgenden Abbildung sind die unterschiedlichen Anforderungen an *Distribution* und Lagerkonzeption aufgrund der verschiedenen Marktentfernungen dargestellt.

---

[173] Ein japanischer Kunde muss aufgrund anderer Planungszyklen und der langen Schiffstransporte auf individuelle Bestellungen bis zu mehreren Monaten warten

Einteilung von Entfernungen zwischen Werk und Auslieferungsort
Hier: ausgehend von Werken in Deutschland

Kernzone Deutschland
(Regeltransportzeit < 4 Tage)

Europa
(Regeltransportzeit < 10 Tage)

Neben der Entfernung spielen auch die aktuelle Wettbewerbsposition (z. B. als Einflussfaktor für die Produktpalettengestaltung) und gesetzliche Bestimmungen (z. B. Fair Share in USA*) eine Rolle bei der Gestaltung einer Unterstützung für die Konfiguration von Lagerorders

Übersee
(Regeltransportzeit < 6 Wochen)

* ein im Vergleich zu Europa besonderes Gesetz zur Sicherstellung einer absolut gleichen Behandlung aller Händler in Vertriebsfragen

Abb. 4-3: *Distributionslogistische Einordnung geografischer Regionen*

4.2.3 Herstellerstrategien in Vertrieb und Produktion

Die Hersteller reagieren vornehmlich durch die Gestaltung eines spezifischen Produktspektrums, um die vorherrschenden Kundentypen eines Marktes bedienen zu können. Dieses Spektrum bieten sie, ebenfalls abhängig von den Kunden eines Marktes, eher in Richtung Lagerfertigung oder Kundenauftragsfertigung (Build to Stock/Build to Order) an. Diese beiden Ausprägungen stehen in Beziehung zueinander, wobei zu beobachten ist, dass die mögliche Auswahl an Ausstattungen für den Kunden bei Lagerfertigung zwar geringer ist, aber mit einer höheren Grundausstattung einhergeht. In den Untersuchungen des ICDP werden aus europäischer Sicht drei Herstellertypen klassifiziert:[174]

---

[174] Williams, G.; Henderson, J.; Brown, J.: (European New Car Supply and Stocking Systems), S. 10

- der Spezialist,
- der Volumenhersteller und
- der japanische Hersteller.[175]

Diese Einteilung ist als grundsätzlich geeignet anzusehen, wobei jedoch die damit verfolgte Intention aber anhand der vorgestellten Kriterien für Kunde, Markt und Hersteller genauer zu interpretieren ist. Da die Benennungen auch aus anderen Sichten als der Europas geeignet sein sollen, wird der „japanische Hersteller" in „Hersteller für Überseemärkte" umbenannt.

4.2.3.1 Herstellertyp 1 – der Spezialist

Der Spezialist ist als Hersteller zu sehen, der so viel wie möglich nach Kundenauftrag fertigt, also versucht das Pull-Prinzip konsequent zu verwirklichen. Die angebotene Variantenvielfalt seines Produktspektrums ist die größte unter den drei Herstellertypen und er hat den größten Anteil an Kunden des *Typs I* und *II*. Dies wird er aber nur für die Märkte verwirklichen können, die nahe genug an den Produktionsstandorten der jeweiligen Marken liegen. Hier wird die Notwendigkeit *Kunde-Markt-Hersteller-Systeme* zu beschreiben besonders deutlich. Dabei entsteht eine Erweiterung der Sicht, wie sie im obenstehend angeführten ICDP gilt, denn dort wird eine Herstellerklassifizierung einem Hersteller insgesamt zugeordnet, ohne nach seinen einzelnen Marken zu differenzieren. Im Sinne des in dieser Arbeit zu entwickelnden Leitfadens für einen Konzern mit mehreren Marken und Märkten, soll sich der Hersteller aber in mehreren Klassifizierungen wiederfinden können. Ein Hersteller fertigt beispielsweise im Markt des Produktionsorts als Spezialist und gleichzeitig für andere, weiter entfernte Märkte eventuell schon nach der Philosophie eines Volumenherstellers.

4.2.3.2 Herstellertyp 2 – der Volumenhersteller

Der Volumenhersteller ist geprägt von einem höheren Angebot an Grundausstattung als sie der Spezialist anbietet. In Folge davon bietet er dem Kunden

---

[175] Die Bezeichnung „Japanischer Hersteller" zielt auf die Beschreibung der Strategie ab, die japanische Hersteller in Europa typischerweise verfolgen.

eine weniger variantenreiche Sonderausstattungspalette an, und das komplette Angebot ist meist auch insgesamt weniger vielfältig. Sein Anteil an Kunden des *Typs I* ist weit niedriger; er ist aufgrund seiner niedrigeren Planungszeiten wegen seines höheren Lageranteils in der Fertigung in der Lage, auch in weiter entfernteren Märkten kürzere Lieferzeiten zu realisieren. Mit dem Spezialisten konkurriert er vornehmlich um Kunden des *Typs II*, wobei der Erfolg unter anderem von der Präferenz des Kunden hinsichtlich der Kriterien *Individualität* gegenüber *Lieferzeit* abhängt.

4.2.3.3 Herstellertyp 3 – der Hersteller für Überseemärkte

Die langen Transportzeiten für Überseemärkte sind nicht der primäre Grund, warum Hersteller mit Build-to-Stock–Strategien reagieren. Entscheidend ist die Einschränkung der *Lieferflexibilität* bei Transportzeiten von mehreren Wochen (z. B. von Deutschland nach Japan). Zwar gibt es die Möglichkeit, sogenannte Late-Fit-Maßnahmen durchzuführen, das bedeutet, Fahrzeuge außerhalb des Produktionsorts – beispielsweise auf einem marktnahen Umschlagplatz – noch mit Ausstattungen (z. B. Klimaanlage) zu versehen, um sich einem Kundenwunsch anzunähern. Im Automobilbereich sind diese Möglichkeiten jedoch sehr beschränkt – nicht zuletzt wegen der hohen Qualitätsansprüche der produzierenden Werke, die dezentral schwerer zu verfolgen sind. Deshalb scheinen Maßnahmen, wie die Online-Anbindung der Händler, eine Öffnung der Auftragsdatenbanken oder die Investition in eine weitere Flexibilisierung der Werke, zunächst überdimensioniert, da diese Zeitvorteile über die langen Transportwege relativiert werden.

Eine Folge ist ein relativ stark eingeschränktes Angebot an Sonderausstattungen, da der Kunde beim Kauf von Lagerfahrzeugen trotzdem den Eindruck bekommen soll, das mögliche Produktspektrum annähernd zur Verfügung zu haben. Zudem ist die logistische Steuerung entsprechend reduziert und vermeidet unnötige Kosten.

Zur Klassifizierung der Herstellertypen ist zu sagen, dass bei einem einzelnen Hersteller sowohl innerhalb einer Marke als auch markenübergreifend Mischformen der drei Klassifizierungen identifiziert werden können. Trotzdem lassen sich Hauptcharaktere zuordnen, wie in Abb. 4-4 gezeigt wird.

Ein japanischer Hersteller, der für den deutschen Markt produziert, tendiert eindeutig in Richtung Herstellertyp 3; ein deutscher Hersteller, der im Heimatmarkt als Spezialist gilt, fertigt einen geringen Anteil für Übersee mit einem ebenfalls dem Herstellertyp 3 angenäherten Prinzip – meist durch Reduktion des Produktvariantenreichtums und weniger Flexibilität in der Planung.

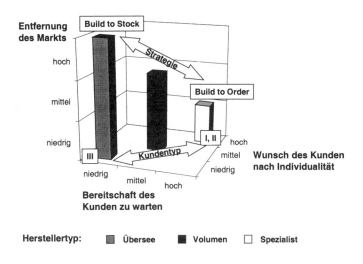

Abb. 4-4: *Typische Ausprägungen von Kunde-Markt-Hersteller-Beziehungen*

In obenstehendem Bild sind die theoretischen Zusammenhänge zwischen ausgewählten Eigenschaften von Kunden und Markt zu den drei Herstellertypen gezeigt. Dabei ist nochmals zu betonen, dass es sich hier um typische Ausprägungen handelt, die in absolut reiner Form so nicht vorkommen. Vielmehr sind Tendenzen und Mischformen anhand dieser Einstufungen treffend zu beschreiben. Im folgenden Abschnitt wird konkretisiert, welche typischen *Kunde-Markt-Hersteller-Systeme* in der Praxis anzutreffen sind und als Grundlage für die Erstellung spezifischer Maßnahmen für die Auftragsabwicklung „nicht kundenbelegter" Aufträge dienen können.

4.2.4 Beschreibung von Kunde-Markt-Hersteller-Systemen

Stalk und *Stephenson* haben in ihrer Studie Kunden aus den Märkten USA, Deutschland, Großbritannien, Frankreich und Japan befragt, um deren marktspezifisches Verhalten zu erkennen.[176] Die Ergebnisse zeigen, dass beispielsweise die Kunden der europäischen Märkte in Summe mit den *Kundentypen I* und *II* stärker vertreten sind. Dies ist an Fragen nach dem Bedarf nach individuellen Aufträgen und den Kompromissen hinsichtlich der gewünschten Ausstattungen zu erkennen. Auch in dieser Studie (vgl. Abschnitt 4.2.3.1) werden die marktspezifischen Kundenverhalten kaum mit Herstellerreaktionen aus den Produktionsstandorten in Verbindung gebracht. Lediglich eine Untersuchung des amerikanischen Heimatmarkts weist darauf hin, dass innerhalb der Marken abhängig von Markt und Kunde unterschieden werden muss. Die Analyse zeigt nämlich beispielsweise, dass sich deutsche Marken, die üblicherweise pauschal als Spezialisten im Premium-Segment propagiert werden, im Überseemarkt USA an die amerikanischen Volumenhersteller im Anteil an Lagerverkäufen annähern. Um diese Fragestellung noch einmal vertieft zu untersuchen, wurde innerhalb eines Konzerns mit mehreren Marken, die unterschiedliche Heimmärkte haben, eine Umfrage durchgeführt. Der Fragebogen ist im Anhang angefügt. Ziel war es, die typischen Kombinationen von Kunden-, Markt und Herstellertypen zu identifizieren und die entwickelten Kriterien hinsichtlich Kunde, Markt und Herstellertyp als geeignet zu belegen. Dabei wurden

- für verschiedene Marken
- in den jeweiligen Absatzmärkten

folgende quantitative und qualitative Ausprägungen abgefragt:

Zum Absatzvolumen und Kundenbelegungsgrad:
- Wie viele Fahrzeuge werden pro Jahr insgesamt abgesetzt?
- Wie hoch ist davon der Anteil an Lagerfahrzeugen zum Zeitpunkt der Auftragsabgabe?
- Wie hoch sind davon die Anteile für nationale Vertriebsgesellschaften und Handelsorganisation unterschieden nach den Zwecken Präsentation und Spontanbedarf versus Ergänzung des Vertriebssystems?

---

[176] Vgl. Stalk, G. Jr.; Stephenson, S.; King, T.: (Searching for Fulfillment), S. 2-9

Zum Produktspektrum:[177]

• Wie viele verschiedene Modelle werden angeboten?

• Wie viele Optionen werden ungefähr pro Serie angeboten?

Dazu wurden die Verantwortlichen für Marken in den Märkten

• Deutschland,

• Schweiz,

• Großbritannien,

• USA und

• Japan

• sowie die europäische zentrale Dispositionsstelle einer Marke

befragt.

Stellvertretend für die Umfrageergebnisse seien an dieser Stelle typische re-
präsentative Marken in bestimmten Märkten herausgegriffen, die die Klassifizierung belegen und als Angelpunkte für die restlichen Marken und Märkte
gelten können.

4.2.4.1 Marke eines Markts mit Kunde-, Markt-, Hersteller-System IA1

Hier handelt es sich um eine deutsche Marke des Premium-Segments, die in
ihrem Heimatmarkt vertrieben wird.

Der *Kundenbelegungsgrad* zum Zeitpunkt des „Specification Freeze" ist mit
über 75 % im Vergleich zu allen anderen Befragten am höchsten, was darauf
hinweist, dass dort der *Kundentyp I* vorherrscht, aber Kunden des *Typs II* e-
benfalls möglich sind. Die Entfernung ist im Heimatmarkt als nah mit *A* zu bezeichnen, da auch die meisten Produktionswerke dort stehen. Lediglich einzelne Modelle, die der Kategorie Nischenmodell zuzuordnen sind, kommen
aus dem Ausland. Der Hersteller verfolgt eine sehr kundenorientierte Fertigung, was am erhobenen Variantenreichtum abzulesen ist; Expertenbefragungen bezüglich des Vertriebs- und Produktionssystems lassen auf ein starkes
Bestreben nach Pull-Strategien schließen, was in Verbindung mit dem Varian-

---

[177] Vgl. dazu Abb. 3-3 Mögliche Produktstruktur eines Automobilherstellers

tenspektrum auf einen *Herstellertyp 1* hindeutet. Diese Marke ist im Heimat-markt typisch; Wettbewerber mit ähnlichen Kunde-Markt-Hersteller-Beziehun-gen sind zu identifizieren, wurden aber nicht befragt.

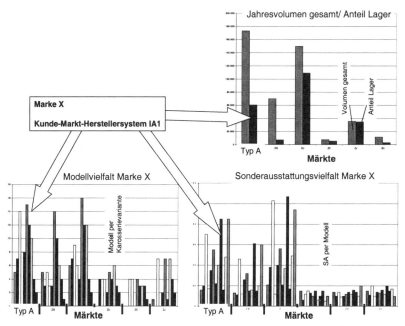

Abb. 4-5: *Ergebnisse der Befragung zu Build-to-Order-/Build-to-Stock-Anteilen, Modell- und Ausstattungsvielfalt Marke X im Heimatmarkt*

4.2.4.2 Marke eines Markts mit Kunde-, Markt-, Hersteller-System IIB2

Hier ist eine andere Marke des Konzerns repräsentativ, die hier im Vertrieb innerhalb Europas betrachtet wird und damit in die *Entfernungskategorie B* fällt. Der *Kundenbelegungsgrad* ist im niedrigen Bereich unter den befragten Teilnehmer anzusiedeln; man kann auf Kunden des *Typs II* schließen und wei-tere Kunden sind wahrscheinlich in Kategorie *III* zu finden. Der Variantenreich-tum ist nicht besonders ausgeprägt, aber auch nicht gering. In Verbindung mit dem eher niedrigen *Kundenbelegungsgrad* sind Build-to-Stock-Strategien vonnöten, was in dieser Ausprägung auf einen *Hersteller des Typs 2* schließen lässt.

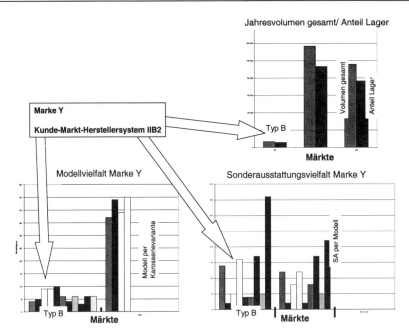

Abb. 4-6: *Ergebnisse der Befragung zu Build-to-Order-/Build-to-Stock-Anteilen, Modell- und Ausstattungsvielfalt Marke Y, Werk und Markt innerhalb Europas*

4.2.4.3 Marke eines Markts mit Kunde-, Markt-, Hersteller-System IIIC3

Hier zeigt sich, dass die gleiche Marke durchaus unterschiedliche Herstellertypen aufweisen kann, wenn sie in unterschiedlichen Märkten vertrieben wird.
Die Marke aus dem oben beschriebenen *System IA1* wird hier von Deutschland nach Japan vertrieben. Der *Kundenbelegungsgrad* ist sehr gering und
man kann hier fast durchweg von Kunden des *Typs III* sprechen, was aber
nicht unbedingt heißt, dass dies das originäre Verhalten dieser Kunden ist; sie
sind auch durch die gegenwärtige Situation dorthin getrieben. Die Entfernung
ist eindeutig Kategorie *C* zuzuordnen. Der Hersteller hat sein mögliches Produktspektrum stark reduziert und die Versorgung läuft fast ausschließlich
Build-to-Stock-orientiert, so dass der Hersteller in diesem Fall also in die Kategorie des *Herstellertyps 3* gehört.

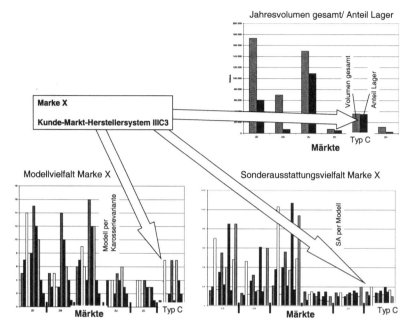

Abb. 4-7: *Ergebnisse der Befragung zu Build-to-Order-/Build-to-Stock-Anteilen, Modell- und Ausstattungsvielfalt Marke X im Überseemarkt*

Die spezifischen Maßnahmen für die Auftragsabwicklung von „nicht kundenbelegten" Aufträgen sind also jeweils im Hinblick auf die unterschiedlichen *Kunde-Markt-Hersteller-Systeme* zu betrachten. Beispielsweise erfordert unterschiedlicher Variantenreichtum im Produktangebot für einen Markt unterschiedliche Bearbeitungen in der statistischen Auswertung, wie später noch gezeigt wird. Verschiedene Lagerkonzepte müssen ebenso berücksichtigt werden, wie die Verantwortungen im Vertriebssystem für Spezifizierung und Eigentum der zu betrachtenden „nicht kundenbelegten" Aufträge. Die verschiedenen Strategien der Hersteller, entstanden aus der Reaktion auf einen Markt und seine Kunden, bewegen sich auf unterschiedlichen Ebenen der Produktstruktur in der Planung, wie in Abschnitt 3.3 zu den Ansätzen zur Zielverfolgung im *Fahrzeugprozess* gezeigt wurde. Es ist also wichtig zu unterscheiden, auf welchen Ebenen der Produktstruktur zu den jeweils definierten Vorlaufzeiten eine Konfiguration zur Bestellung der vereinbarten Auftragsmenge stattfinden soll. Die Berücksichtigung dieser Fragestellungen und ihre Kon-

sequenzen auf die Gestaltung von Prozessen und Systemen in der Auftragsabwicklung von „nicht kundenbelegten" Aufträgen werden im Folgenden so
aufbereitet, dass sie für beliebige *Kunde-Markt-Hersteller-Systeme* geeignet
sind und die weiteren verbliebenen Potenziale zur Kundenorientierung und
Ressourceneffizienz ausschöpfen helfen.

4.3 Gestaltung des Auftragseingangs für „nicht kundenbelegte" Aufträge in Abhängigkeit verschiedener Kunde-Markt-Hersteller-Systeme

In diesem Abschnitt wird beschrieben, was bei einer optimierten Auftragsabwicklung für „nicht kundenbelegte" Aufträge zu beachten ist und wie die Umsetzungen aussehen können. Daraus entsteht ein modular aufgebauter Bau-
kasten, der es einem Konzern mit verschiedenen Marken und Märkten ermöglichen soll, für sein jeweils identifiziertes Kunden-Markt-Hersteller-System die
passenden Bausteine zu identifizieren und anzuwenden.
Wie in Abschnitt 4.1 gezeigt, führen „nicht kundenbelegte" Aufträge zu Beständen an Aufträgen und später an fertigen Fahrzeugen; die Fragestellung
liegt nahe, dieser Herausforderung mit allgemeinen Methoden und Anwendungen im Bereich der Lagerhaltung zu begegnen. Dagegen sprechen aber
einige, dem Automobilvertrieb eigene Gründe:[178]

- Die Komplexität des Fertigprodukts
  Bis zu ca. 10^{30} theoretisch möglicher Varianten bei einem deutschen Spe-
  zialisten aus dem Premium-Segment; diese Komplexität ist in einem her-
  kömmlichen Teilelager nicht vorhanden.
- Die zu lagernde Stückzahl per Objekt
  Abhängig davon, wie das Objekt „konfiguriertes Fahrzeug" definiert wird,[179]
  ist diese Zahl im einstelligen Bereich zu sehen.
- Der Wert des Objekts
  Das gebundene Kapital liegt mit Werten zwischen 7.000 bis zu über
  100.000 € im Vergleich zur üblichen großzahligen Lagerhaltung sehr hoch.

---

[178] Vgl. Hayler, C.: (Generierung von Orders für Lagerfahrzeuge), S. 22
[179] Diese Problematik wird später in Kapitel 4.3.1.1 ausführlich erörtert

• Die Wertstabilität des Objekts

Der Verkaufswert von Automobilen nimmt mit zunehmender Lagerdauer ab, was neben dem Alter und dem höheren Schadensrisiko auch mit den Modelljahreswechseln, Modellüberarbeitungen (Facelifts) oder der Umwandlung von Sonderausstattungen in Serienumfänge zusammenhängt.

In kritischen Fragestellungen lassen sich also zu wenig Gemeinsamkeiten mit üblichen Lagerhaltungsmodellen finden.[180] Daher werden unter Berücksichtigung von Besonderheiten der automobilen Lagerentstehung und –haltung die nachfolgenden Schritte entwickelt.

Die Optimierung der Auftragsabwicklung „nicht kundenbelegter" Aufträge wird sich vornehmlich im Auftragseingang, also bei der Spezifizierung des Auftrags durch den jeweiligen Disponenten abspielen. Die in Abschnitt 3.3 vorgestellten Optimierungsansätze anderer Teilprozesse des *Fahrzeugprozesses* gelten auch für „nicht kundenbelegte" Aufträge. Dazu gehören vor allem die geöffneten Auftragsdatenbanken, die es in Verbindung mit anderen dort beschriebenen Maßnahmen erleichtern, „nicht kundenbelegte" Aufträge noch vor Auslieferung zu Kundenaufträgen zu wandeln. Ebenso wichtig sind die zentralisierten Lagerkonzepte in der *Distribution*, die eine größtmögliche Verfügbarkeit des Lagerangebots sichern. Beide Beispiele leben aber von einer günstigen Konfiguration eines „nicht kundenbelegten" Auftrags, also der kundenorientierten Beschreibung des Fahrzeugs hinsichtlich Modell, Farbe, Polster und der Sonderausstattungen. Man spricht neben der Konfiguration auch von der Spezifikation des Fahrzeugs. Die Gestaltung des Prozesses der Konfiguration eines „nicht kundenbelegten" Auftrags ist Bestandteil der Bildung des Auftragseingangs im Rahmen des SCM im *Fahrzeugprozess*.

4.3.1 Möglichkeiten zur Prozess- und Systemgestaltung des Auftragseingangs „nicht kundenbelegter" Aufträge

Das Ergebnis der Konfiguration von „nicht kundenbelegten" Aufträgen soll folgende drei Kriterien optimal erfüllen:

---

[180] Vgl. Hayler, C.: (Generierung von Orders für Lagerfahrzeuge), S. 22-23, Hayler vergleicht mit Modellen wie der ABC-Analyse, dem System-Dynamics-Lagerhaltungsmodell nach Fink oder der wissensbasierten Lagerhaltungssimulation von Feil.

- Größtmögliche Absetzbarkeit

  Die Fahrzeuge sollen künftigen Kundenwünschen so nahe kommen, dass ein schneller Absatz gesichert ist. Idealerweise sind geographische Unterschiede und temporale Schwankungen berücksichtigt. In Datenexplorationen wurden signifikante Unterschiede im Kaufverhalten innerhalb Deutschlands festgestellt, sogar in angrenzenden städtischen und ländlichen Zonen.[181] Die Wahl des Schiebedachs in Sommermonaten ist ein offensichtliches Beispiel für saisonabhängige Kundenwünsche.[182]

- Angebotsgerechte Sortimentsbreite

  Das theoretisch mögliche Angebot des Herstellers soll auch im Lager wahrgenommen werden, das heißt es sollen nicht nur einige wenige schnell abzusetzende Fahrzeuge vorhanden sein, sondern ein auf die Absetzbarkeit abgestimmter ausreichender Variantenreichtum.

- Verwirklichung von Marketing- und Ergebnisaspekten

  Die Möglichkeit zur Beeinflussung durch den Vertrieb muss gegeben bleiben. Beispielsweise können bestimmte Aspekte in den *Konfigurationsprozess* eingebracht werden. Dies geschieht aus Gründen des Marketings (z. B. Förderung einer neuen noch unbekannten Sonderausstattung) oder der Ergebnisrechnung (Berücksichtigung der Deckungsbeiträge entgegen früheren Käuferverhaltens).

Die systemunterstützte Bereitstellung von Auswertungsergebnissen zentral gebündelter Daten zur Unterstützung des Konfigurationsprozesses lässt weiterhin

- eine Erhöhung des Informationsgehalts aus der Bündelung der Daten,[183]
- eine Objektivierung der Prognosen über unterschiedliche Anwender hinweg sowie
- eine Reduzierung des Arbeitsaufwands zur Konfiguration für den Anwender selbst

erwarten.

---

[181] Vgl. Hayler, C.: (Generierung von Orders für Lagerfahrzeuge), S. 62-67

[182] Ebenda, S. 68-70

[183] Vgl. Diez, W.: (Prozeßoptimierung im Automobilvertrieb). S. 119-120

Es wird diskutiert, ob die Preisgestaltung des zu konfigurierenden Fahrzeugs zusätzlich ein aktiv zu berücksichtendes Element sein soll. Verkäufer sprechen tatsächlich von Preisgrenzen für jedes Modell, die markant die durchschnittliche Bereitschaft der Kunden widerspiegeln, für zusätzliche Ausstattungsmerkmale noch Geld auszugeben. In der vorliegenden Arbeit wird aber der Ansatz gewählt, dass der Preis ein Ergebnis der Konfiguration sein soll und nicht umgekehrt die Konfiguration bestimmen soll. Das schließt aber die Bereitstellung der Preisinformation bei der Konfigurationsunterstützung nicht aus. Es bleibt also bei den drei Kriterien *Absetzbarkeit, Sortimentsbreite* und *Verwirklichung von Marketing- und Ergebnisaspekten*, die in der Gestaltung von Prozessen und Systemen im Auftragseingang der Auftragsabwicklung für „nicht kundenbelegte" Aufträge zu berücksichtigen sind. Angelehnt an das vorgestellte Prozessmodell *Fahrzeugprozess*, lassen sich vereinfacht drei Schritte darstellen.[184]

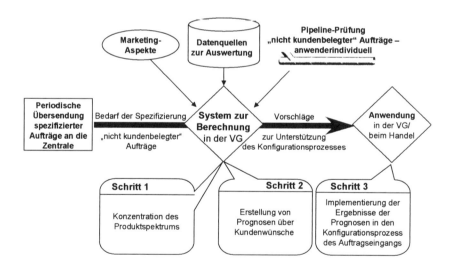

Abb. 4-8: *Die drei Hauptschritte zur Gestaltung des Auftragseingangs für „nicht kundenbelegte" Aufträge*

---

[184] Vgl. dazu auch Friedrich, L.: (Analyse und Prognose von Kundenauftragsdaten), S. 1

Im ersten Schritt werden Maßnahmen zur Beherrschung der Komplexität des Produktspektrums eingebracht. Wie in den Besonderheiten der Lagerhaltung für Fertigfahrzeuge gezeigt, ist die Anzahl theoretisch möglicher Varianten so groß, dass man Objekte zur Lagerhaltung nicht ohne weiteres ausreichend beschreiben kann. Man muss daher Gruppen ähnlicher Fahrzeuge bilden, die ausreichend detailliert konfiguriert sind, um darauf basierend Prognosen für den zu erwartenden Absatz erstellen zu können. Diese Aufgabenstellung ist nicht trivial, da sich die Beschreibung einer solchen Gruppe zwischen den Extremen

- Modelle mit einem Merkmal, wie z. B. Farbe oder
- Modelle, die komplett konfiguriert sind, mit einer hohen Anzahl an Sonderausstattungen

bewegen kann.

Modelle nur nach Farben zu gruppieren wäre nicht aussagekräftig genug, denn Kunden haben mehr Präferenzen als nur die Farbgebung, die zur Akzeptanz eines Lagerfahrzeugs führen. Das andere Extrem ist technisch nicht durchführbar; die Anzahl der Varianten ist zu groß, um die Vorstellung eines Kunden über Farbe, Polster und die Auswahl der zahlreich angebotenen Sonderausstattungen exakt zu treffen.[185] Diese Suche nach einer sinnvollen und durchführbaren Beschreibung einer Gruppe ähnlicher Fahrzeuge wird im Folgenden als Konzentration des Produktspektrums bezeichnet, die Ergebnisse führen zu sogenannten „typischen Lagerfahrzeugen".

Der zweite Schritt beinhaltet die eigentliche Berechnung der zu erwartenden Kundennachfrage. Auf Basis geeigneter Daten – idealerweise einer ausreichenden Menge originärer Kundenwünsche der jüngsten Vergangenheit, gesammelt aus Verkaufsanfragen im Handel und über das Internet, sowie aus Verkäufen selbst – können auf Basis der typischen Lagerfahrzeuge Verkaufsprognosen erstellt werden, wie sie auch aus anderen Bereichen bekannt sind. Die erwähnten geographischen Unterschiede und temporalen Schwankungen

---

[185] Vgl. Ludwig, R.: (Clusteranalytische Untersuchungen im Automobilbau), S. 24, Schütz, F.: (Strukturanalyse von Kundenauftragsdaten für PKW), S. 61

sollten dabei berücksichtigt werden. Wichtig ist der Abgleich mit den gesamten bereits existierenden Beständen an „nicht kundenbelegten" Aufträgen über den gesamten *Fahrzeugprozess* hinweg. Dies bedeutet die Berücksichtigung von Aufträgen sowie Fahrzeugen in *Produktion* und *Distribution*.

Im dritten Schritt werden dann die Ergebnisse der Prognosen spezifisch für den jeweiligen Anwender und dessen Dispositionszweck in den *Konfigurationsprozess* als Vorschlag eingebracht. Anwender können Disponenten beim Hersteller, in den dazugehörigen Vertriebsstufen, wie z. B. einer nationalen Vertriebsgesellschaft, oder auch in der Handelsorganisation sein. Die Disposition kann entsprechend der in Abschnitt 4.1 genannten Kombinationen von Zweck, Ort und Eigentümer zielgerichtet unterstützt werden. Dabei ist die Unterscheidung von einzelnen benutzergeführten Konfigurationshilfen bis hin zur kompletten Ausgabe zahlreicher Konfigurationsvorschläge für mehrere Aufträge gleichzeitig denkbar.

Im Folgenden werden die drei Schritte jeweils in 4 „Stufen der Komplexität" unterteilt, die in aufsteigender Reihenfolge komplexer und aufwendiger werden, aber damit auch genauer im Ergebnis und komfortabler in der Anwendung. Diese 4 Stufen pro Schritt stellen die Bausteine dar, die durch entsprechende Auswahl und Kombination eine den verschiedenen Kunde-Markt-Hersteller-Systemen angepasste Optimierung bieten sollen.

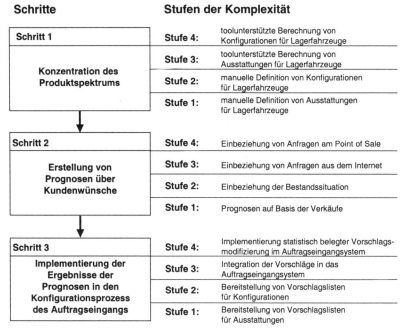

Schritte

Stufen der Komplexität

Schritt 1	Stufe 4:	toolunterstützte Berechnung von Konfigurationen für Lagerfahrzeuge
	Stufe 3:	toolunterstützte Berechnung von Ausstattungen für Lagerfahrzeuge
Konzentration des Produktspektrums	Stufe 2:	manuelle Definition von Konfigurationen für Lagerfahrzeuge
	Stufe 1:	manuelle Definition von Ausstattungen für Lagerfahrzeuge

Schritt 2	Stufe 4:	Einbeziehung von Anfragen am Point of Sale
Erstellung von Prognosen über Kundenwünsche	Stufe 3:	Einbeziehung von Anfragen aus dem Internet
	Stufe 2:	Einbeziehung der Bestandssituation
	Stufe 1:	Prognosen auf Basis der Verkäufe

Schritt 3	Stufe 4:	Implementierung statistisch belegter Vorschlagsmodifizierung im Auftragseingangsystem
Implementierung der Ergebnisse der Prognosen in den Konfigurationsprozess des Auftragseingangs	Stufe 3:	Integration der Vorschläge in das Auftragseingangsystem
	Stufe 2:	Bereitstellung von Vorschlagslisten für Konfigurationen
	Stufe 1:	Bereitstellung von Vorschlagslisten für Ausstattungen

Abb. 4-9: *Mögliche Ausprägungen der drei Hauptschritte zur Gestaltung des Auftragseingangs für „nicht kundenbelegte" Aufträge*

4.3.1.1 Schritt 1: Konzentration des Produktspektrums

Alle nachfolgend beschriebenen 4 Stufen zielen darauf ab, die immens hohe Anzahl möglicher Fahrzeugkonfigurationen zu beherrschen. Ziel ist es, zu Konzentrationen im Produktspektrum zu gelangen, die es erlauben, Prognosen zu erstellen, welche dieser scheinbar typischen Ausstattungen und Ausstattungskombinationen in der Zukunft nachgefragt werden. Vergleicht man dies mit ähnlichen Fragestellungen in anderen Branchen wie z. B. dem Konsumgüterbereich, so kann man vereinfacht sagen, dass dieser Schritt dort nicht in diesem Maße nötig ist. Die Zusammenstellung eines Warenkorbs durch einen Kunden bspw. in einem Supermarkt ist bzgl. der Kombinationsmöglichkeiten auf die einzelnen Produkte zu vergleichen, nicht auf den gesamten Warenkorb selbst. Zwar werden Untersuchungen angestellt, die Korrelationen in der Nachfrage zwischen verschiedenen Produkten aufzeigen sollen, doch stellt sich dort nicht das Problem, dass ein Fahrzeug, anders als ein Warenkorb, als ein einzelnes Produkt gilt und einen bestimmten Umfang an Ausstattungen aufweisen muss. Dies ist in der Anwendung statistischer Methoden bei der Konfigurationsunterstützung zu berücksichtigen. Deshalb spielt der *„Schritt 1: Konzentration des Produktspektrums"* eine maßgebliche Rolle in der Optimierung der Auftragsabwicklung für „nicht kundenbelegte" Aufträge.

4.3.1.1.1 Stufe 1 – manuelle Definition von Ausstattungen für Lagerfahrzeuge

Zur Festlegung von bestimmten Ausstattungen, die in Lagerfahrzeugen enthalten sind, werden erfahrene Disponenten herangezogen, deren zentralisiertes Wissen somit systematisiert weitergegeben werden kann. Beispielsweise können jedem Modell (vgl. Abb. 3-3) einige wenige Farben, Polster und bestimmte Pakete von Sonderausstattungen zugeordnet werden. Es ist denkbar, zusätzlich bestimmte Ausstattungen als ausgeschlossen einzustufen. Dieser Vorgang kann durch einfache, nach Häufigkeit der Verkäufe sortierte Listen unterstützt werden. Diese sollten jedoch modellspezifisch erstellt sein. Anhand dieser Definitionen kann ein Disponent in Handel oder Vertriebsgesellschaft „nicht kundenbelegte" Aufträge spezifizieren. Die Schwächen dieses einfachen Schritts zur Konzentration des Produktspektrums liegen in der Abhängigkeit von menschlicher Erfahrung, die aufgrund der dezentral beschäftigten Disponenten nur auf einem Ausschnitt der gesamten Kundendaten basieren kann. Zusätzlich ist die Notwendigkeit zur periodischen manuellen Überarbeitung der Vorschläge und zur manuellen Übertragung dieses Wissens auf die Anwender kritisch.

4.3.1.1.2 Stufe 2 – manuelle Definition von Konfigurationen für Lagerfahrzeuge

In dieser Stufe werden nicht nur Ausstattungen und einzelne Ausstattungskombinationen unabhängig voneinander als für Lagerfahrzeuge geeignet oder ungeeignet eingestuft, sondern Fahrzeuge komplett mit Farbe, Polster und Sonderausstattungen definiert und in Listenform dargestellt. Diese Stufe bietet sich für Märkte an, die ohnehin bereits eine geringe Variantenvielfalt aufweisen. Bei großem Variantenreichtum ist dieser Schritt kaum beherrschbar. Der Vorteil liegt in der einfachen Berechnung von Prognosen für diese Fahrzeuge, da die Listen einfach nach Häufigkeit sortiert werden können. Nachteile sind ebenfalls in der Abhängigkeit von Expertenwissen zu sehen, die schon in der Gestaltung des Produktspektrums für den Markt erwähnt wurde. Ob die gewählten Kombinationen wirklich den originären Kundenwünschen entsprechen ist anzuzweifeln, die Erfahrung zeigt aber, dass die Anwendung dieses Schrittes bessere Ergebnisse bringt als ihn zu unterlassen.

4.3.1.1.3 Stufe 3 – anwendungsgestützte Berechnung von Ausstattungen für Lagerfahrzeuge

In diesem Schritt werden Daten aus der Vergangenheit, meist sind es die Verkäufe im Markt, mittels statistischer Anwendungen ausgewertet. Dabei kommen einfache Häufigkeitsanalysen anhand von Listensortierungen in Frage, ebenso wie andere Online Analytical Processing Tools (OLAP Tools),[186] die Datenbankabfragen nach dem gewünschten Ergebnis visualisieren. Eine statistisch weiterentwickelte Methode ist die der Faktorenanalyse,[187] deren Ziel es ist, modellspezifisch typische Ausstattungskombinationen zu identifizieren. In ersten Untersuchungen ergaben sich dabei Kombinationen in der Dimension zwischen zwei und ca. acht Merkmalen. Diese setzen sich aus den Möglichkeiten für Farbe, Polster und Ausstattung zusammen. Im Gegensatz zur nachfolgend beschriebenen *Stufe 4* führt diese Methode jedoch nicht zu kompletten Fahrzeugkonfigurationen. Ergebnisse können Kombinationen sein, die beispielsweise eine Farbe und einige Ausstattungen enthalten, aber keine Signifikanz für die Polsterwahl. Dies erschwert die Überführung dieser Ergebnisse in eine Vorschlagserstellung für den Anwender. Außerdem sind, je nach Gestaltung der Faktorenanalyse, bis zu mehreren tausend solcher Kombinationen pro Modell zu erwarten. Eine vorhergehende oder nachträgliche Filterung ist unumgänglich und aufwendig. Trotzdem sind in diesen Auswertungen interessante und bisher unbekannte Ergebnisse zu erkennen. Der Bedarf an Konfigurationsunterstützung führt jedoch schnell zu *Stufe 4*, wenn solche statistischen Anwendungen und die damit verbundene komplexe Datenvorbereitung überhaupt in Betracht gezogen werden.

---

[186] Vgl. Breitner, C.A.; Lockemann, P.C.; Schlösser, J.A.: (Informationsverwaltung im KDD-Prozeß), S.40-42, Wolff, S.; Stautner, U.: (Internationales Logistik-Benchmarking), S. 31
[187] Vgl. Schütz, F.: (Strukturanalyse von Kundenauftragsdaten für PKW)

4.3.1.1.4 Stufe 4 – anwendungsgestützte Berechnung von Konfigurationen für Lagerfahrzeuge

Hier wird auf Ergebnisse abgezielt, die alle für eine Fahrzeugkonfiguration obligatorischen Merkmale enthalten (wie z. B. Farbe, Polster, Felgen) und damit für eine Überführung in einen komfortablen Konfigurationsvorschlag geeignet sind. Angesichts der hohen Komplexität des Produktspektrums sind hier Verfahren heranzuziehen, die aktuell mit den Begriffen „Data Mining" (DM) zur „Wissensentdeckung in Datenbanken" (WED) erfasst werden. Zum besseren Verständnis und zur Einordnung der in der vorliegenden Arbeit beschriebenen Aktivitäten in diesen Bereichen folgt ein kurzer Exkurs zu dieser Thematik.

Exkurs

Zu den Begriffen „Data Mining" und „Wissensentdeckung in Datenbanken" existieren einige Definitionen und Beschreibungen, worüber im Folgenden ein kurzer Abriss gegeben werden soll. Der Begriff Data Mining selbst assoziiert bereits, dass aus nahezu unendlich großen Datenbeständen nach etwas Wertvollem gesucht werden muss. Dieser Wert liegt in Informationen, Zusammenhängen und Ergebnissen, die mittels statistischer Methoden und Analysen erkannt werden. Dabei handelt es sich nicht unbedingt um neue Methoden aus der Statistik, vielmehr unterstützt der rasante Fortschritt im Computersektor Bedarf und Nutzbarkeit verschiedener Verfahren und Algorithmen. Zu den dafür relevanten Änderungen zählen:[188]

- Das exponentielle Wachstum elektronisch gespeicherter Daten- und Informationsbasen,
- die gesunkenen Preise für Soft- und Hardware,
- die Leistungssteigerung der Rechnersysteme,
- die damit verbundene Fähigkeit über Data-Mining-Software sehr große Datenbestände zu verarbeiten,
- die Möglichkeit zur übersichtlichen Ergebnisaufbereitung sowie

---

[188] Vgl. Krahl, D.; Zick, F.; Windheuser, U.: (Data Mining), S. 25

• die angebotene Konsolidierung und Optimierung von Anwendungen durch diverse Hersteller.

Ähnlich zum SCM gibt es auch zum Data Mining zahlreiche, teilweise unterschiedliche Richtungen verfolgende Definitionen. Eine ausführliche Erörterung dieses Themas liegt nicht im Fokus dieser Arbeit, sondern es werden im empirischen Teil in Kapitel 5 lediglich einige spezielle Anwendungen aus dem Bereich Data Mining genutzt. Deshalb sollen, stellvertretend für viele andere, die Aussagen von *Fayyad* angeführt werden, die den Kern sonstiger Definitionen und Beschreibungen gut wiedergeben. *Fayyad* ordnet den Begriff Data Mining auch gleichzeitig in die Wissensentdeckung in Datenbanken (WED) (engl. Knowledge Discovery in Databases, KDD) ein:[189]

"The KDD Process is the process of using data mining methods (algorithms) to extract (identify) what is deemed knowledge according to the specifications of measures and thresholds, using the Database F along with any required preprocessing, sub sampling and transformation of F...Data Mining is a step within the KDD process...Knowledge discovery in databases is the nontrivial process of identifying valid, novel, potentially useful and ultimately understandable patterns in data."

Nakhaeizadeh sieht diese Definition als noch nicht ausreichend und ergänzt unter anderem mit dem Hinweis auf den Prozesscharakter des Data-Mining-Vorgangs, der nicht die Anwendung einer Technik beinhaltet, sondern die Folge zahlreicher, abhängiger Phasen und Aufgaben, die meist auf menschliche Unterstützung angewiesen sind. Zur bisher genutzten Methoden und Instrumenten kommen Techniken, wie die der künstlichen Intelligenz, des Maschinellen Lernens und der Datenbanktechnologie hinzu.[190]

Zusammenfassend ist für diese Arbeit festzuhalten, dass die erwähnten Fortschritte im Computersektor die Möglichkeit bieten, sehr große Datenmengen zu untersuchen. Dabei werden bekannte und neue Techniken aus der Statistik verwendet und miteinander kombiniert. Die Leistungsstärke der Rechner er-

---

[189] Vgl. Fayyad, U.M. et al.: (Advances in Knowledge Discovery and Data Mining), S. 9
[190] Vgl. Nakhaeizadeh, G.; Reinartz, T.; Wirth, R.: (Wissensentdeckung in Datenbanken und Data Mining), S. 2-3

laubt es zeitlich, diese Untersuchungen und deren Kombination iterativ zu optimieren. Ergebnisse sollen für die Fragestellung relevante, aussagekräftige und vor allem auch vorher nicht bekannte Zusammenhänge sein.

Geeignet scheint hier, neben anderen, die Durchführung einer Clusteranalyse.[191] Dort werden im Raum der Kombinationsmöglichkeiten, die mit Farben, Polstern und Ausstattungen für ein Modell des Premium-Segments über hundert Merkmale beinhalten können, typische Konfigurationen von Fahrzeugen identifiziert. Stellt man die zur Verfügung stehende Auftragsdatenmenge den möglichen Kombinationen gegenüber, scheint eine echte Signifikanz kaum zu erwarten zu sein. Im Falle eines Modells, das in einem Zeitraum des letzten Halbjahres untersucht wird, sind dies im günstigsten Fall Dimensionen im Bereich von mehreren tausend Fahrzeugen. Die Möglichkeiten an verschiedenen Konfigurationen für so ein Modell können im Premium-Segment aber bis zu 10^{17} betragen.[192] Dass sich hier mehrere gleiche oder nahezu gleiche Fahrzeuge ergeben, scheint daher unwahrscheinlich. Trotzdem haben auch hier Untersuchungen in der Praxis gezeigt, dass zwar keine Fahrzeugkonfiguration auf Knopfdruck zu erwarten ist, diese Methoden und Anwendungen zur Clusteranalyse jedoch Unterstützung in der Verfolgung dieses Ziels bieten können.[193] In Kapitel 5 wird neben anderen Methoden die Anwendbarkeit der Clusteranalyse in dieser Fragestellung anhand eines praktischen Beispiels bestätigt.

4.3.1.2 Schritt 2: Erstellung von Prognosen über Kundenwünsche:

Die 4 Stufen der Erstellung von Prognosen unterscheiden sich hauptsächlich in der Auswertung verschiedener Datenquellen auf Basis der in *Schritt 1* defi-

[191] Vorab zur in Kapitel 5 folgenden Erklärung zur Clusteranalyse kann ihre Aufgabenstellung beschrieben werden als explorative Konstruktion von unterschiedlichen Klassen innerhalb von beobachteten Datenobjekten, die in sich möglichst ähnlich (homogen) sind, sich ansonsten aber möglichst unterscheiden. Im vorliegenden Fall sollen also Fahrzeuggruppen innerhalb einer untersuchten Menge an Fahrzeugen gefunden werden, die in ihren Ausprägungen ähnlich sind und ein bestimmtes, typisches Kaufverhalten repräsentieren.

[192] Vgl. Ostle, D.: (zehn Tage nach der Bestellung beim Kunden), S. 62

[193] Vgl. Kapitel 4, das auf einem Praxisbericht eines deutschen Automobilkonzerns beruht sowie Ludwig, R.: (Clusteranalytische Untersuchungen im Automobilbau)

nierten typischen Ausstattungen und Ausstattungskombinationen.[194] Die Möglichkeiten verschiedener Methoden für Prognosen spielen eine untergeordnete Rolle, da dieses Feld in zahlreichen anderen, auch branchenfremden Untersuchungen ausführlich behandelt ist.[195] Im Idealfall sollten geographische und intertemporäre Unterschiede ebenso berücksichtigt sein wie die Vorläufe unterschiedlicher Transportzeiten.

4.3.1.2.1 Stufe 1 – Prognosen auf Basis der Verkäufe

Grundlage für diese Prognosen sind die Verkaufszahlen eines geeigneten Zeitraums der Vergangenheit. Um saisonale Schwankungen berücksichtigen zu können, wählt man zwischen sechs und zwölf Monate, damit auch eine ausreichende Datenmenge gewährleistet ist. Die Auftragsdaten basieren auf Kundenbestellungen, soweit diese als solche identifizierbar sind. Basis sind die Erkenntnisse aus *Schritt 1*, je nach gewählter Stufe. Im Fall der *Stufe 4* beispielsweise, der anwendungsgestützten Berechnung von Konfigurationen für Lagerfahrzeuge, wird also die Nachfrage dieser gefundenen typischen Fahrzeugkonfigurationen prognostiziert. Bei *Stufe 1* untersucht man die Häufigkeiten der definierten Ausstattungen und Ausstattungskombinationen.

4.3.1.2.2 Stufe 2 – Einbeziehung der Bestandssituation

Stufe 2 sollte an *Stufe 1* direkt angeschlossen werden. Die Bestandssituation muss spezifisch für den jeweiligen Vertriebskanal berücksichtigt werden. Dabei betrachtet man sowohl Aufträge im Auftragsbestand wie auch die Aufträge in *Produktion* und *Distribution*. Findet sich ein gleicher oder nahezu gleicher Auftrag, so ist dies in der Vorschlagserstellung zur Unterstützung des *Konfigurationsprozesses* einzurechnen. Es genügt, die Prüfung des Auftragsbestands erst ab einem Stichtag vorzunehmen, ab dem die Änderungsflexibilität dieser

---

[194] Die im Folgenden beschriebenen möglichen Datenquellen aus Verkäufen, Anfragen des Kunden über Internet und am Point of Sale können auch in Schritt 1 zur Unterstützung der Konzentration des Produktspektrums herangezogen werden. Die Bedeutung dieser Entscheidung ist aber typisch für *Schritt 2*, der klassisch mit statistischen Methoden zur Prognose verbunden ist, während *Schritt 1* eine Besonderheit des Automobilbereichs darstellt und deshalb mit anderem Fokus dargestellt wird.

[195] Vgl. zur behandelten Fragestellung Friedrich, L.: (Analyse und Prognose von Kundenauftragsdaten), S. 29 ff.

Aufträge eingeschränkt ist. Wären diese noch frei gestaltbar, so könnten sie am nächsten Tag eventuell schon komplett anders aussehen, der Abgleich wäre obsolet gewesen. Heute gleichen Disponenten auf die Lagerbestände ab, die sie einsehen können. In Verbindung mit den immer weitergehenden Öffnungen der Auftragsdatenbanken erhöht man damit auch die Transparenz im Auftragsbestand für diese Anwender, um Bestellungen, die den prognostizierten Bedarf übersteigen, zu vermeiden.

Für Märkte mit niedrigem *Kundenbelegungsgrad*, wie z. B. Überseemärkte, ist die Erfassung der Kundenwünsche über Verkaufshistorien kaum machbar, da die meisten Verkäufe über Lagerfahrzeuge getätigt werden. Hier ist bei den Verkaufsprognosen daran zu denken, die Nachfrage anhand der Lagerumschlagsgeschwindigkeiten typischer Fahrzeugkonfigurationen zu bestimmen. Dies sollte aber nur getan werden, wenn andere kundenbezogene Daten sonst nicht zu ermitteln sind.

4.3.1.2.3 Stufe 3 – Einbeziehung von Anfragen aus dem Internet

Die Erhebung von Konfigurationen und Anfragen, die Kunden im Internet über die jeweilige Website eines Herstellers einer Marke tätigen, ist nicht nur als Ergänzung für die eben beschriebenen Märkte mit niedrigem *Kundenbelegungsgrad* sinnvoll. Seit langem besteht die Diskussion darüber, wie weit sich die Bestellung eines Kunden im Handel für ein speziell für ihn zu bauendes Fahrzeug mit seinen originären Wünschen deckt. Zu stark sind die Einflussmöglichkeiten des Handels, Kunden subtil auf „nicht kundenbelegte" Aufträge im Auftragsbestand zu lenken oder anderweitig die Vorstellungen zu beeinflussen. Ebenso schwach sind die Möglichkeiten für den Hersteller, die originären Wünsche nachzuvollziehen, außer die Datenmarkierungen „Kunde hat bestellt" als aussagekräftig anzunehmen.

Im Internet kann ein Kunde mit Hilfe von vereinfachten Konfigurations-Werkzeugen sein Wunschauto zusammenstellen. Diese Konfigurationen können gespeichert und ausgewertet werden. Auch hier sollten wiederum die typischen Kombinationen aus *„Schritt 1: Konzentration des Produktspektrums"* berücksichtigt werden. Jene Daten sollten allerdings nicht ausschließlich der Prognose zugrundegelegt werden. Zum einen ist die Tendenz zu vermuten, dass im Spielmodus Fahrzeuge konfiguriert werden, die das geplante Budget übersteigen oder dass bspw. ein sportliches Fahrzeug gewählt wird, obwohl aufgrund der aktuellen Familiensituation eher der Kauf einer Großraumlimousine ansteht. Ebenso sind minderjährige Interessenten eher die Käufer von übermorgen als von morgen, solange sie nicht die Eltern in der Auswahl des Neufahrzeugs beeinflussen. Trotzdem zeigen erste Auswertungen, dass durchaus die bekannten gängigen Modelle gewählt werden, die auch im Handel nachgefragt sind.[196] Dies lässt Schlüsse auf die Verwertbarkeit dieser Daten zu, deren Einbeziehung deshalb zu empfehlen ist.

4.3.1.2.4 Stufe 4 – Einbeziehung von Anfragen am Point of Sale

Eine weitere Hilfe zur Erfassung des originären Kundenwunsches könnte die konsequente Speicherung und Auswertung aller Kundenanfragen am Point of Sale (POS) im Handel sein. Dies setzt voraus, dass das Verkaufspersonal die Kundenvorstellungen relativ ungefiltert aufnimmt und als Lieferanfrage in das System einspeist. Sollten dann Restriktionen oder Änderungen auftauchen, die eine Einschränkung der Lieferfähigkeit in Form eines Kompromisses des Kunden bzgl. seiner gewünschten Fahrzeugkonfiguration bedeuten, dann sind die ersten Wünsche des Kunden trotzdem greifbar. Diese Maßnahme hängt allerdings stark von Systemeingaben ab, die nicht obligatorisch sind, und ist deshalb schwer flächendeckend durchzusetzen. Trotzdem ist eine Einführung dieses Prozesses empfehlenswert und kann als Ergänzung der Datenquellen dienen.

4.3.1.3 Schritt 3: Implementierung der Ergebnisse der Prognosen in den Konfigurationsprozess des Auftragseingangs

Während die ersten beiden Schritte noch im Hintergrund ablaufen und im Vorfeld des Auftragseingangs durchzuführen sind, so ist der nun folgende *Schritt 3* eine echte wahrnehmbare Prozessänderung für den Anwender, d.h. des heutigen Disponenten. Es gibt Diskussionen darüber, wieweit eine solche Unterstützung des *Konfigurationsprozesses* für „nicht kundenbelegte" Aufträge Vorschlags- gegenüber Vorgabecharakter hat. Im zweiten Fall wäre eine sofortige Generierung von Aufträgen denkbar, die automatisiert die offenen Quoten füllen. Davon ist aber aufgrund der herrschenden Vertriebsphilosophien

---

[196] Untersuchungsergebnisse aus interner Quelle der BMW Group

abzuraten. Solange die Verantwortung für Lagereigentum und Abverkauf dezentralisiert bei Vertriebspartnern des Herstellers liegt, wäre es falsch, zentral Vorgaben zu machen, die eventuell mangelhaften Erfolg mit sich bringen. Deshalb wird der Ansatz gewählt, ausschließlich Vorschläge zu erstellen, die jederzeit vom Anwender nach eigenen Wünschen modifiziert oder auch ignoriert werden können. Diese Vorschlagserstellung kann aber systemunterstützt sehr weit gehen und sich so komfortabel gestalten, dass ausreichende Akzeptanz zu erwarten ist.

4.3.1.3.1 Stufe 1 – Bereitstellung von Vorschlagslisten für Ausstattungen

Die einfachste Form der Unterstützung liegt in der Bereitstellung von Listen, die von einfachen Sortierungen über Farben, Polster und Ausstattungen bis hin zu einzelnen bevorzugten Kombinationen einiger weniger Merkmale reichen können. Diese Listen werden entweder entsprechend *Stufe 1* und *2* in *Schritt 1* aus der Erfahrung von Experten zentral erfasst und manuell zusammengestellt oder gemäß *Stufe 3* über datenverarbeitende Werkzeuge ausgewertet und ausgegeben. Der Disponent erhält in periodischen Abständen diese Informationen, die er dann zur Unterstützung seiner üblichen Arbeit verwendet. Der Abgleich mit der für ihn relevanten Bestandssituation erfolgt manuell, so dass marketing- und ergebnisorientierte Intentionen freien Eingang über die Arbeit des Disponenten finden.

4.3.1.3.2 Stufe 2 – Bereitstellung von Vorschlagslisten für Konfigurationen

Ähnlich *Stufe 1* werden hier ebenfalls Listen zur Unterstützung angeboten, die allerdings bereits Rangfolgen von definierten typischen Fahrzeugkonfigurationen enthalten. Dies erleichtert die Arbeit der Disponenten weiter und macht sie, abhängig von der Qualität der Vorarbeit, flächendeckend prozesssicherer. Der Abgleich mit der Bestandssituation ist nun eindeutiger nachzuvollziehen, da die Vorschläge nicht mehr aus einzelnen Ausstattungsmerkmalen interpretiert werden müssen.

4.3.1.3.3 Stufe 3 – Integration der Vorschläge in das Auftragseingangsystem

Ein entscheidender Sprung wird vollzogen, wenn die entsprechend der gewählten Verfahrensweise gestalteten Vorschläge in das Auftragseingangsystem integriert werden. Dann ist es dem Anwender möglich, bequem online Änderungen vorzunehmen, die technische Baubarkeit zu prüfen und die Einplanung in das Vertriebs- und Produktionssystem zu veranlassen. Preisinformationen über das Resultat der vorgeschlagenen und eventuell modifizierten Konfigurationen sind sofort ersichtlich. Der Lagerabgleich ist nach bestimmten Kriterien gesteuert nun ebenfalls komfortabel in der IV-Applikation durchführbar. Außerdem sind jetzt auch Möglichkeiten gegeben, die später vorgestellten Controllingmethoden für die Anwendung zur Vorschlagserstellung zur Konfiguration von „nicht kundenbelegten" Aufträgen einzuführen.

4.3.1.3.4 Stufe 4 – Implementierung statistisch belegter Vorschlagsmodifizierung im Auftragseingangsystem

Es ist zu erwarten, dass der Anwender bestimmte Wünsche zur Modifizierung der vorgeschlagenen Konfigurationen haben wird. Dies kann zum einen aus Gründen der Preisvorstellungen getrieben sein, zum anderen aus den bereits erwähnten marketing- und ergebnisorientierten Absichten. Da die statistisch erstellten Vorschläge relativ sensibel gegenüber bestimmten Änderungen hinsichtlich ihres Realitätsbezugs sind, sollte auch hier weitere Unterstützung erfolgen. Ein Fahrzeugvorschlag, der mit einer entscheidenden Änderung, z. B. Ausschluss der Klimaanlage, modifiziert wird, ist relativ wertlos und hätte nicht erstellt werden müssen, wenn er dann diese Änderung erfährt. Deshalb ist denkbar, im Hintergrund die Informationen zur statistischen Relevanz der vorgeschlagenen und der weiter möglichen Ausstattungsmerkmale vorzuhalten. Wenn der Anwender dann wünscht, eine bestimmte Ausstattung zu entfernen, um den Preis zu schmälern, so kann ihm das Merkmal gezeigt werden, das aus statistischen Gründen im aktuellen Vorschlag am ehesten vernachlässigbar ist. Umgekehrt wird auf Erweiterungswünsche mit der am besten zum aktuellen Vorschlag passenden Ausstattung reagiert. In Kapitel 5 werden Beispiele für Eingabemasken für den Anwender gezeigt.

Diese Möglichkeiten zur Unterstützung des *Konfigurationsprozesses* im Rahmen der Optimierung des Auftragseingangs für „nicht kundenbelegte" Aufträge sind aus den drei Schritten heraus beliebig kombinierbar. Die Anpassung erfolgt hinsichtlich der entwickelten Kriterien und Definitionen des jeweils identifizierten Kunde-Markt-Hersteller-Systems. Im Folgenden werden Vorschläge dargestellt, welche Kombinationen für die drei typischen Kunde-Markt-Hersteller-Systeme besonders geeignet erscheinen.

4.3.2 Prozess- und Systemgestaltung des Auftragseingangs „nicht kundenbelegter" Aufträge in Abhängigkeit verschiedener Kunde-Markt-Hersteller-Systeme

Welche der vorgeschlagenen Bausteine (Stufen) in welcher Kombination angewendet werden, liegt im Ermessensspielraum des jeweiligen Herstellers. Die Kunde-Markt-Hersteller-Klassifizierungen sowie die Ausgestaltung der drei Schritte mit den jeweiligen Stufen sind generisch nicht bis ins letzte Detail vorab beschreibbar. Die Analyse, in welchem *Kunde-Markt-Hersteller-System* man sich gerade befindet, wird aber anhand der vorgeschlagenen Kriterien praxisgerecht durchführbar. Ebenso bieten die drei Schritte mit ihren jeweils 4 Stufen ausreichende Anhaltspunkte, wie die Gestaltung der Konfigurationsunterstützung vor sich gehen kann. Im Folgenden werden deshalb anhand der typischen Ausprägungen von *Kunde-Markt-Hersteller-Systemen* die in Frage kommende Bandbreite für Bausteine und deren Kombinationen aufgezeigt. Dazu wird für die jeweilige Kunde-Markt-Hersteller-Klasse aufgezeigt, welche Kriterien in welcher Ausprägung zu erwarten sind und wie darauf reagiert werden kann.

4.3.2.1 Kunde-Markt-Hersteller-Klasse IA1

4.3.2.1.1 Beschreibung der zu erwartenden relevanten Gegebenheiten

Zusammengefasst sind folgende Gegebenheiten zu erwarten: Es herrschen Kunden des *Typs I* und *II* vor, der Anspruch an individuelle Fahrzeuge ist denkbar hoch, entsprechend ist ein hoher Produktvariantenreichtum zu erwarten. Die Distributionszeiten liegen im niedrigen Bereich, die Änderungsflexibilität kann also ausgeschöpft werden. In diesen Systemen ist es üblich, dass die letzte Vertriebsstufe, heute also zum größten Teil die Handelsorganisation, die Verantwortung für Spezifikation und Eigentum der „nicht kundenbelegten" Aufträge besitzt. Lager sind sowohl zentralisiert als auch im Handel selbst zu erwarten. Die Fragestellung nach der Unterstützung der Konfiguration von „nicht kundenbelegten" Aufträgen ist in diesen *Kunde-Markt-Hersteller-Systemen* kritisch zu bewerten. Denn der Produktvariantenreichtum und die Distributions-Struktur mit den unterschiedlichen Lagern sowie die potenziellen Anwender in Vertriebsgesellschaft und Handelsorganisation erfordern die Verwendung der aufwendigeren und komplexeren Stufen in den einzelnen Schritten. In *Schritt 1* ist ein sehr komplexes Produktspektrum auf die individuellen Wünsche der Kunden anzunähern. In *Schritt 2* sind vor allem im Abgleich mit den Lagern in Vertriebsgesellschaft und Handel sowie der unterschiedlichen Zwecke für Lagerfahrzeuge höchste Anforderungen enthalten. *Schritt 3* verlangt für die zahlreichen Anwender eine komfortable Benutzerführung im weiten Feld der möglichen „nicht kundenbelegten" Aufträge. Diesen hohen Anforderungen steht die relativ geringe Zahl von zu konfigurierenden „nicht kundenbelegten" Aufträgen gegenüber, die die Wirtschaftlichkeit der Entwicklung und Implementierung der aufwendigen Bausteine in Frage stellt. Die Tatsache, dass der Handel bald nach Produktion des „nicht kundenbelegten" Auftrags in Verantwortung für Eigentum steht, macht die Vorgabe von Vorschlägen seitens des Herstellers besonders sensibel.

4.3.2.1.2 Empfohlene Kombinationen von Bausteinen zur Optimierung der Auftragsabwicklung „nicht kundenbelegter" Aufträge für IA1

Deshalb sind hier zwei extreme Strategien vorzuschlagen wobei die Wahl von der Investitionsbereitschaft des Herstellers abhängt. Ist sie hoch, so sollte in *Schritt 1* versucht werden, zu typischen Fahrzeugen im Sinne kompletter Konfigurationsvorschläge zu gelangen. Dies beinhaltet innerhalb der erwähnten Verfahren zum Data Mining zur „Wissensentdeckung in Datenbanken" (WED) ebenso die Anwendung der *Stufen 1* bis *3*, wie im empirischen Teil der Arbeit noch gezeigt werden wird.

Die Prognosenerstellung selbst, in *Schritt 2* enthalten, ist auf alle Lager anzuwenden, also hauptsächlich auf die eigenen bei den nationalen Vertriebsgesellschaften sowie die des Handels. Dabei wird unterschieden, ob es sich um Lagerfahrzeuge für Präsentationszwecke oder zur Ergänzung des Vertriebssystems handelt. Im zweiten Fall kommen wahrscheinlich auch zentralisierte Lager des Handels hinzu.

Idealerweise werden auch die Daten aus den Kundenanfragen im Internet und am Point of Sale herangezogen. Die Anwendungsapplikationen sehen vor, dass der Disponent, gemäß der *Stufen 3* und *4* in seinen gewohnten Auftragseingabemasken, Vorschläge für komplette Fahrzeugkonfigurationen erhält, die er benutzergeführt – mit statistischen Auswertungen hinterlegt – nach Bedarf modifizieren kann.

Dies ist sowohl für Anwender der nationalen Vertriebsgesellschaften als auch für den Handel vorzusehen. Während die nationalen Vertriebsgesellschaften Fahrzeuge in hoher Zahl gleichzeitig zu konfigurieren haben werden, sind die Anwendungen für den Handel auf Einzelspezifikationen auszulegen. Zusammenfassend lässt sich also sagen, dass dies die denkbar aufwendigste und komplexeste Form der Gestaltung der Unterstützung des Auftragseingangs für „nicht kundenbelegte" Aufträge ist.

Sollte sich der Hersteller gegen diese konsequent durchgeführte Investition entscheiden, so sind im anderen Extrem die einfachen Stufen vorzuschlagen. Für *Schritt 1* sind von Experten dazu zentral Fahrzeugmerkmale zu definieren, die auf jeden Fall oder auf keinen Fall in den „nicht kundenbelegten" Aufträgen vorkommen sollten. Diese sind mittels einfacher Häufigkeitsanalysen auf Basis von Kundendaten zu prognostizieren. Ein automatisierter Lagerabgleich findet nicht statt. An den Anwender gelangen die Ergebnisse in Form von Listen, die unabhängig von den Auftragseingangssystemen zur Verfügung gestellt werden.

4.3.2.2 Kunde-Markt-Hersteller-Klasse IIB2

4.3.2.2.1 Beschreibung der zu erwartenden relevanten Gegebenheiten

Die Kunden dieses Systems sind durch das Vertriebsverhalten der Hersteller zu mehr Toleranz bezüglich der Ausstattung ihrer gewünschten Fahrzeuge erzogen worden. Dies wurde unter anderem auch durch eine Einschränkung des Produktangebots bewirkt. Die Marktentfernungen sind im mittleren Bereich anzusiedeln, so dass die Änderungsflexibilität vor Auslieferung frühzeitiger eingeschränkt ist. Dies alles führt zu Herstellerreaktionen, die in Richtung Build to Stock tendieren. Damit verbunden sind häufig zentralisierte Lagerkonzepte, die aber bezüglich Konfigurationsverantwortung und Eigentum weniger dem Handel zuzuordnen sind, als es beim *Typ IA1* der Fall ist. Dies erleichtert die Erstellung zentraler Vorschläge für „nicht kundenbelegte" Aufträge. Der Anteil an Fahrzeugen, die aus dem Lager verkauft werden, ist relativ hoch, so dass eine gelungene Unterstützung des Auftragseingangs für „nicht kundenbelegte" Aufträge zu signifikanten Kosteneinsparungen führen kann, wie sie in Abschnitt 3.1.3.3 aufgezeigt wurden.

4.3.2.2.2 Empfohlene Kombinationen von Bausteinen zur Optimierung der Auftragsabwicklung „nicht kundenbelegter" Aufträge für IIB2

Daher ist es angezeigt, das ohnehin reduzierte Produktspektrum mittels einfacher Definitionen im Rahmen der *Stufen 1* und *2* von *Schritt 1* auf eine überschaubare Liste von kompletten Fahrzeugvorschlägen hinzuführen. Diese kann mehrere tausend Positionen beinhalten, die aber im Vergleich zu den nahezu unbeschränkten Möglichkeiten bei *System IA1* beherrschbar ist. Wenn dieser *Schritt 1* gelungen ist, ist die Ausführung von *Schritt 2* relativ einfach. Auf Basis einer solchen Liste sind Prognosen aus der Verkaufshistorie für die gefundenen Fahrzeugtypen leicht zu erstellen. Ebenso gut darstellbar sind die Abgleiche mit den Lagern, die vor allem in zentralisierten Konzepten vorherrschen. Ob die Vorschläge in der Anwendung auch dem Handel zur Verfügung gestellt werden, hängt von der Gestaltung des Distributionsprozesses des Herstellers ab, der mal mehr, mal weniger Verantwortung für Konfiguration und Eigentum der „nicht kundenbelegten" Aufträge vorsieht.

Auch *Schritt 3* hängt von der erfolgreichen Umsetzung von *Schritt 1* in der beschriebenen Weise ab. Eine Liste von mehreren tausend Positionen kann einfach in die Anwendungsapplikationen eingearbeitet werden und der Lagerabgleich ist ebenfalls im System durchführbar. Die Einbeziehung von Anfragen aus dem Internet und am Point of Sale gewinnt mit abnehmendem *Kundenbelegungsgrad*, wie er in Vergleich mit dem *System IA1* vorliegt, an Bedeutung. Die schrumpfende Datenbasis der Kundenaufträge kann mit solchen Auswertungen zusätzlich aufgewertet werden.

4.3.2.3 Kunde-Markt-Hersteller-Klasse IIIC3

4.3.2.3.1 Beschreibung der zu erwartenden relevanten Gegebenheiten

Das *System IIIC3* ist fast ausschließlich von der Build-to-Stock-Philosophie geprägt. Spezielle Kundenaufträge sind eher die Ausnahme und die Distributionsstrukturen zielen auf eine Transportoptimierung ab, bei der die Verantwortung für Spezifikation und Eigentum zu einem hohen Anteil beim Hersteller liegen. Das Produktspektrum ist im Vergleich zu den anderen *Kunde-Markt-*

Hersteller-Systemen am geringsten gefasst; die Entfernungen zum Markt tragen zu Lieferzeitbereichen von Monaten bei.

4.3.2.3.2 Empfohlene Kombinationen von Bausteinen zur Optimierung der Auftragsabwicklung „nicht kundenbelegter" Aufträge für IIIC3

Dies führt zu relativ einfachen Anforderungen in *Schritt 1*, da das Produktspektrum – auch was Kombinationen innerhalb eines Fahrzeugs betrifft – bereits beherrschbar ist. Ergebnis ist eine Liste kompletter Fahrzeugspezifikationen, wie sie für *System IIB2* vorgeschlagen wurde. Die Herausforderung liegt hier in der Bereitstellung geeigneter Datenmengen zur Erstellung der Prognosen. Echte Kundenbestellungen scheiden fast aus, was diese Datenbasis zur Erhebung signifikanter Informationen ungeeignet erscheinen lässt. Eine alternative Möglichkeit ist die Untersuchung des Lagerumschlags auf besonders gefragte Typen. Dabei bildet man die Kundenwünsche aber nur unzureichend ab, denn die Konfigurationen stammen ja aus dem Vertrieb, so dass man lediglich die besten Kompromisse findet. Deshalb ist es wünschenswert, den Anfragen aus dem Internet und am Point of Sale hohe Bedeutung zu geben. Die Ausgestaltung von *Schritt 3* ist in den Systemen der nationalen Vertriebsgesellschaften bis auf *Stufe 3* vorstellbar. Ob der Handel Unterstützung erfahren soll, ist vor allem von der Reife der Anbindung systemtechnischer Art abhängig. Damit verbunden ist auch die Fähigkeit des Handels zu solchen Geschäftsprozessen, die in solchen Systemen nicht als gegeben vorauszusetzen ist. Diese Entscheidungen sind also weniger auf Basis technischer Machbarkeit, sondern im Rahmen der Strategien zur Befähigung der Vertriebsorganisation für die Disposition von „nicht kundenbelegten" Aufträgen bis in die letzte Stufe zu treffen.

4.3.3 Controlling der eingeführten Prozesse und Systeme im Auftragseingang „nicht kundenbelegter" Aufträge zum Nachweis der Potenziale

Controlling ist als Regelungs- und Steuerungssystem zu verstehen, das sich aus den Funktionen Planung, Kontrolle, Information und Koordination entwickelt hat und die Qualifikation aufweist, die Schnittstellen zwischen diesen

Funktionen auszufüllen.[197] Die Anforderung für das Controlling im *Fahrzeug-prozess* besteht demnach darin, die richtige Auswahl aus der Vielzahl von Informationen zu erhalten und zu koordinieren, um sie, nach erfolgter Kontrolle auf Zielvorstellungen, in weitere, verbesserte Planungs- und Koordinationsaktivitäten umzusetzen Gerade wegen der komplexen Zusammenhänge im *Fahrzeugprozess* ist dies eine große Herausforderung. Wie in den allgemeinen Ausführungen zum Supply Chain Management für Herstellung und Vertrieb von Automobilen beschrieben (vgl. Kapitel 3), sind die Erfolge von Maßnahmen, die sich bspw. auf das Ziel *Bestandsoptimierung* positiv auswirken sollen, das Produkt verschiedenster zahlreicher Auswirkungen, deren Zusammenwirken nicht eindeutig auf die einzelnen Ursachen zurückgeführt werden kann. Die Effekte der beschriebenen spezifischen Maßnahmen für die Auftragsabwicklung „nicht kundenbelegter" Aufträge werden in diese Wirkzusammenhänge ebenso hinein vermischt. Trotzdem sollte angestrebt werden, die entsprechenden Kennzahlen der mit Hilfe der entwickelten Unterstützung betroffenen Aufträge einzeln und gesamt auszuwerten. Dabei sollte die Historie des einzelnen Auftrags differenziert darstellbar sein.

Zu unterscheiden ist,

- ob und wie ein Auftrag über die Unterstützung des Konfigurationsprozesses vorgeschlagen gefertigt wurde, und, wenn ja,

- ob nach Vorschlagsunterbreitung Modifizierungen getätigt wurden. Diese wären zu unterscheiden nach

  - dem Zeitpunkt,

  - dem Urheber und

  - der Art der Modifizierung.

Jene Betrachtung ermöglicht eine Bewertung der Erfolge des Systems und der Modifizierungstätigkeiten der einzelnen Disponenten.

Es wird auf Basis der einzelnen betroffenen Aufträge gemessen. Aggregationen sind dann auch auf die gesamte betroffene Auftragsmenge möglich. Folgende Kennzahlen fließen in die Betrachtung ein:

---

[197] Vgl. Bloech, J.; Götze, U.; Sierke, B. R. A.: (Vom Entscheidungsorientierten Rechnungswesen zum Managementorientierten Rechnungswesen), S. 15

- der *Kundenbelegungsgrad* zum Zeitpunkt des „Specification Freeze" und im Auftragsbestand bei nationaler Vertriebsgesellschaft und beim Handel;
- die Lagerkenngrößen der nationalen Vertriebsgesellschaft, wie z. B. Umschlagshäufigkeit, Altersstruktur und Bestandshöhe;
- die gleichen Lagerkenngrößen des zentralisierten Lagers des Handels, soweit vorhanden, sowie die Anzahl der Swaps (Fahrzeugtausche) von Lagerfahrzeugen unter Händlern innerhalb des zentralisierten Lagers und zwischen den Lagern der Händler;
- der Deckungsbeitrag der einzelnen Fahrzeuge;
- die Erhöhung der Kundenzufriedenheit hinsichtlich Lieferfähigkeit.

Wirtschaftliche Untersuchungen lassen sich mit einer Kostenbewertung eingesparter Standtage im Lager annähern (siehe dazu Abschnitt 5.3) und eine Änderung der Deckungsbeiträge fließt ebenso in monetäre Betrachtungen mit ein. Alle weiteren Ableitungen innerhalb der quantifizierten Nutzenbetrachtung wie z. B. die Auswirkungen einer erhöhten Kundenzufriedenheit, die Vermeidung von Lost Sales, die Verringerung von Fixkosten im Lagerbetrieb etc. würden zu weit führen, sind aber als qualitative Leistungsoptimierung mit aufzuführen. Die dargestellten Kennzahlen aus den entsprechenden Datenbasen sind in das gesamte Controllingsystem für den *Fahrzeugprozess* zu integrieren.

Zusammenfassung

Das Ergebnis dieses Kapitels stellt eine praxisnahe, bedarfsgerechte Anleitung zur Prozess- und Systemgestaltung für die Auftragsabwicklung „nicht kundenbelegter" Aufträge dar. Diese ist gültig für international agierende Automobilkonzerne mit verschiedenen Marken, unter Berücksichtigung ihrer verschiedenen Kunden und Märkte. Hinsichtlich der durch zahlreiche Fusionen und Übernahmen wachsenden Konzentration verschiedener Marken und Märkte in einzelnen Konzernen ist dies eine Anforderung von wachsender Bedeutung. Deren aktuell umgesetzte Vertriebs- und Produktionsstrategie wird in das Konzept von SCM für Herstellung und Vertrieb von Automobilen eingeordnet, bewertet und für die Gestaltung der Auftragsabwicklung „nicht kundenbelegter" Aufträge berücksichtigt.

5 Anwendung vorgeschlagener Prozess- und System-bausteine in einem ausgesuchten Kunde-Markt-Hersteller-System

Ein Automobilkonzern, der die Potenziale in der Auftragsabwicklung „nicht kundenbelegter" Aufträge nutzen will, sollte zur effizienten Erzielung der gewünschten Effekte vorab einen geeigneten Markt einer seiner Marken für die ersten Pilotanwendungen identifizieren. Die Durchführung der Befragung der einzelnen Marken und Märkte, wie sie in Abschnitt 4.2.4 vorgestellt wurde, ist ein Instrument dafür. Neben den dort erhobenen Daten (wie z. B. Absatzvolumen, Kundenbelegungsgrad, Produktvariantenvielfalt etc.) spielen weitere Kriterien, wie die aktuellen Vertriebs- und IT-Strategien des Herstellers in seinen Märkten eine Rolle.

Entscheidend für den Einsatz in einem unternehmerischen Umfeld bleibt die Wirtschaftlichkeit, d.h. der Nutzen im Verhältnis zu den notwendigen Investitionen und laufenden Kosten. Typischerweise ist diese in den Märkten gegeben, die, verglichen mit den anderen, ein hohes Absatzvolumen und einen hohen Lagerfahrzeuganteil aus „nicht kundenbelegten" Aufträgen haben und gleichzeitig einen hohen Variantenreichtum im Produktspektrum aufweisen. Dabei ist nicht nur die aktuelle Situation des Marktes zu betrachten, sondern auch der Entwicklungstrend der genannten Kriterien.

Im vorliegenden Fall eines deutschen Automobilherstellers zeigt sich der Markt in USA unter diesen Gesichtspunkten als sehr lohnend für einen Einsatz der aufgezeigten Strategien für „nicht kundenbelegte" Aufträge. Vor nicht allzu langer Zeit, wäre dieser Markt als typischer Vertreter der *Klasse IIIC3* eingestuft worden, mit wenig variantenreichem Produktspektrum, Übersee-Schiffstransporten und Kunden, die es gewohnt sind, fertige Fahrzeuge aus dem Schauraum zu kaufen. Dieser Markt entwickelt sich aber immer mehr zu einem Markt, der mit Build-to-Order-Strategien bedient werden sollte; die kundenindividuellen Wünsche steigen, die Anwendung der in Kapitel 3 vorgestellten Strategien fördert schon heute das Ideal einer reinen Kundenauftragsfertigung. Es bleibt trotzdem ein ausreichend hoher Anteil an Lagerfahrzeugen aus

„nicht kundenbelegten" Aufträgen, der Potenziale in der Auftragsabwicklung beinhaltet;[198] zudem ist die aufgrund der Kundenwünsche steigende Produktvielfalt eine wachsende Anforderung für die Disponenten in Vertriebsgesellschaft und Handel. Mit Blick in die Zukunft ist für die Kunden-Markt-Hersteller-Klasse „Herstellerwerke produzieren in Deutschland für den Markt USA" eine Mischform aus den Extremen *IIIC3* und *IA1* zu erwarten. Unter diesem Aspekt ist zu prüfen, wieweit in *Schritt 1,* der Konzentration des Produktspektrums, Gruppen hinreichend ähnlicher Fahrzeuge identifiziert werden können. Dies soll aufgrund des zu erwartenden wachsenden Produktspektrums im Sinne von *Stufe 4,* der anwendungsgestützten Berechnung von Konfigurationen für Lagerfahrzeuge, mittels statistischer Methoden geschehen, die im aktuellen Sprachgebrauch dem Data Mining zur WED zugeordnet werden (vgl. dazu den Exkurs in Abschnitt 4.3.1.1.4).

Schritt 2, die Prognosenerstellung inklusive eines Lagerabgleichs, wird nicht simuliert, da diese Methoden bereits heute in verschiedenen anderen Anwendungen operativ sind und auf Basis einer erfolgreichen Konzentration des Produktspektrums keine neuen Erkenntnisse bringen.[199] Ein Lagerabgleich ist bereits heute zum Zweck der Suche nach geeigneten Kundenfahrzeugen im Bestand verwirklicht. Diese Anwendung kann übertragen werden und ist nicht weiter zu prüfen.

Schritt 3, die Implementierung der Prognosen in den *Konfigurationsprozess* des Auftragseingangs, ist abzubilden und auf seine Integrationsfähigkeit in die Geschäftsprozesse eines Disponenten zu begutachten. Dazu werden zur Veranschaulichung Masken einer möglichen Applikation erstellt, wie sie in den gebräuchlichen Systemen vorkommen und in die Auftragseingabe führen könnten. Darin sollen die Funktionen der Prüfung des Bedarfs zu konfigurie-

---

[198] Vgl. dazu die Ausführungen zu den hohen Lagerkosten für Neufahrzeuge in Abschnitt 3.1.3.3 und 4.1

[199] Vgl. Friedrich, L.: (Analyse und Prognose von Kundenauftragsdaten), S. 1 ff.: wo die Methoden für Prognosen auf Grundlage der exponentiellen Glättung, des Holt-Winter-Verfahrens, des Verfahrens von Box-Jenkins sowie Regressionsanalytische Untersuchungen aufgezeigt sind.

render „nicht kundenbelegter" Aufträge, die Vorschlagserstellung und die be-
nutzergeführte, statistisch gestützte Modifizierung dargestellt werden.

Die Durchführung der drei Schritte am Marktbeispiel USA ist eine konkrete Ak-
tivität des betrachteten Automobilherstellers im Rahmen dort stattfindender
Optimierungs- und Reengineringsmaßnahmen für den Fahrzeugprozess. Ziel
ist es, prototypisch ein künftig produktives System aufzubauen, das im Betrieb
für die Anwender in der Zentrale des Markts und die Händler des Markts die
umfassend beschriebene, gewünschte Unterstützung für den Konfigurationsprozess für „nicht kundenbelegte" Aufträge bietet.

Alle Ergebnisse und Simulationen im untersuchten Beispiel werden Experten
zur Begutachtung auf Sinnhaltigkeit und Praxisnähe vorgelegt. Erst der Beleg
der Durchführbarkeit und eine positive Beurteilung der Experten erlauben Nutzenpotenziale abzuschätzen, die anschließende Wirtschaftlichkeitsrechnung
bildet die Entscheidungsgrundlage für den Einsatz der gezeigten Prozesse
und Systeme.

5.1 Anwendung von Data-Mining-Prozessen zur Konzentration des Produktspektrums

Der vorgestellten Systematik entsprechend, wird zuerst *Schritt 1, Konzentration des Produktspektrums,* auf Höhe von *Stufe 4,* der *anwendungsgestützten
Berechnung von Konfigurationen für Lagerfahrzeuge",* beschrieben.

Ziel dieses Schrittes ist die Identifizierung von Fahrzeugen mit allen für einen
Auftrag nötigen Merkmalen, die als repräsentativ zur Befriedigung häufig auf-
tretender Kundenwünsche gelten. Wegen der bereits erwähnten, unvorstellbar
hohen Anzahl von Möglichkeiten, Fahrzeuge zu konfigurieren, stellt dies eine
hohe Herausforderung dar. Die zugrundegelegten, nach Auswertbarkeit abge-
grenzten Datenbasen von bis zu mehreren zehntausend Fahrzeugen repräsentieren, trotz dieser großen Menge, lediglich einen verschwindend kleinen
Bruchteil der theoretisch möglichen Palette. Manche Expertenmeinungen gehen sogar soweit, dass sie die Vorhersage eines Kundenwunsches im Premium-Segment in Frage stellen. Dies ist nachzuvollziehen, wenn die Aufgabenstellung so formuliert wird, dass ein Fahrzeug bis ins letzte Detail der Vorstellung eines Kunden entsprechen soll. Realistischer hingegen ist die Vorgabe,
Fahrzeuge antizipativ so zu konfigurieren, dass sie den Wünschen so nah wie

möglich kommen. Es entstehen Konfigurationen, die sich im Bereich von gängigen Merkmalen bewegen. Dies passt auch in die Philosophie eines Build-to-Order-orientierten Herstellers im Premium-Segment. Kunden des *Typs III*, die auch bei ihm vorkommen, können „von der Stange" kaufen, ausgefallenere Wünsche sollten nach wie vor durch Kundenanfertigungen erfüllt werden.

Ziel des Schrittes zur Ermittlung von Repräsentanten für ähnliche, häufig gewünschte Fahrzeugkonfigurationen ist also nicht die Generierung perfekt passender Kundenspezifikationen, sondern die Annäherung durch Grundtypen, die als Basis für die Auftragserstellung des Disponenten am besten dienlich sind. Dazu werden Methoden aus der WED verwendet. *Nakhaeizadeh* hat den WED-Prozess in neun Phasen gegliedert,[200] die dieser empirischen Studie zugrundegelegt wurden:

- Phase 1: Anforderungs- und Machbarkeitsanalyse
- Phase 2: Analyse des Anwendungsgebietes
- Phase 3: Datenzugriff
- Phase 4: Datenvorbereitung
- Phase 5: Exploration
- Phase 6: Anwendung von Modellierungs- und Entdeckungstechniken
- Phase 7: Interpretation und Bewertung
- Phase 8: Umsetzung
- Phase 9: Dokumentation der Erfahrungen

Im Gegensatz zu den der Arbeit zugrundegelegten „drei Schritten" mit den jeweiligen vier Komplexitätsstufen, handelt es sich bei den 9 Phasen um die Abfolge eines Data-Mining-Prozesses, wie er z. B. für Schritt 1, Level 4 durchgeführt werden könnte.

Im Folgenden wird die Intention jeder der 9 Phasen eines WED-Prozesses einzeln vorgestellt. Darauf folgt die Ausgestaltung der jeweiligen Phase für den in der vorliegenden Arbeit zu konzipierenden WED- Prozess für den Markt USA.

---

[200] Vgl. Nakhaeizadeh, G.; Reinartz, T.; Wirth, R.: (Wissensentdeckung in Datenbanken und Data Mining), S. 4

5.1.1 Phase 1: Anforderungs- und Machbarkeitsanalyse

In dieser Phase werden unter anderem die Voraussetzungen und Ziele des WED-Prozesses definiert sowie die dafür notwendigen Ressourcen bestimmt und eingeplant. Die Machbarkeit des Vorhabens wird bewertet und wesentliche Einflussfaktoren werden identifiziert. Ergebnis ist dann ein grober Ablaufplan und eine Studie möglicher Alternativen der Ziele des Data-Mining-Prozesses.

Grob beschrieben ist das Ziel dieser Datenuntersuchung die Ermittlung signifikant häufig vorkommender Kombinationen der Merkmale Farbe, Polster und Sonderausstattungen innerhalb der betrachteten Modelle oder Modellgruppen. Diese Anforderung ist im Rahmen der Ziele im Data Mining zu betrachten, die *Nakhaeizadeh* anführt:[201]

- Segmentierung,
- Klassifikation,
- Konzeptbeschreibung,
- Prognose,
- Datenbeschreibung und -zusammenfassung,
- Erkennung von Abweichungen und
- Abhängigkeitsanalyse.

Die *Segmentierung* führt in der vorliegenden Fragestellung zu Segmenten repräsentativer, häufig vorkommender Typen innerhalb der von Kunden generierten Auftragsdaten.

Eine *Klassifikation* – z. B. im Sinne der Bildung von Kundengruppen, wie Familien, Geschäftsleuten, Frauen, Singles, Rentner etc.[202] – wird zunächst als nicht sinnvoll erachtet. Solche Klassifikationen liefern in der Optimierung der Auftragsabwicklung im Automobilvertrieb keinen entscheidenden Mehrwert. Sie stellen vielmehr eine weitere, subjektiv beeinflusste Zwischenstufe in der Auswertung statistischer Ergebnisse dar, die zum einen das Risiko einer Un-

---

[201] Ebenda, S. 7-10
[202] Vgl. dazu auch Hayler, C.: (Generierung von Orders für Lagerfahrzeuge), S. 88 und 140

schärfe in der Zukunftsprognose erhöhen würde. Zum anderen setzt diese Art der *Klassifikation* voraus, entsprechende demoskopische Daten und Käuferverhalten gegenzuhalten, um die gewonnenen Erkenntnisse umzusetzen. Derartige Datenmuster sind nicht in statistisch signifikanter Qualität verfügbar. Der Einsatz einer solchen *Klassifikation* bietet sich eher im Bereich Marketing und Produktentwicklung an.

Die *Konzeptbeschreibung* beschränkt sich demnach lediglich auf die Beschreibung der gefundenen Repräsentanten für eine Gruppe von Kundenwünschen zur Vorlage an die Experten. Interpretationen aus den gefundenen Segmenten, die über die Unterscheidung nach geringer bis hoher Ausstattung hinaus gehen, sind zunächst nicht vorgesehen.

Die *Prognose* ist im betrachteten Beispiel im Sinne der Vorhersage des Auftretens bestimmter Kundenwünsche in der Zukunft zu interpretieren. Sie basiert auf den in *Schritt 1* gefundenen repräsentativen Fahrzeugkonfigurationen und fällt nach der dieser Arbeit zugrundeliegenden Einteilung in den *Schritt 2.* dieser wird in der vorliegenden empirischen Studie, wie obenstehend begründet, nicht tiefergehend vorgestellt.

Die *Datenbeschreibung und Zusammenfassung* erfolgt nach ersten explorativen Phasen vor allem hinsichtlich der Besonderheiten von Auftragsdaten im Automobilvertrieb. Dazu gehören z. B. die Kennzeichnung der Kundenbelegung, die Unterscheidung von einzeln gewünschten Sonderausstattungen gegenüber Paketbildungen, die Identifikation technischer Auftragsdaten zur logistischen Steuerung, die Beschreibung der Merkmale bezüglich Auftragsdatum, Bestimmungsort, Zweck der Lagerfunktion etc.

Die *Erkennung von Abweichungen* ist abhängig von der statistischen Relevanz der identifizierten Repräsentanten für eine Gruppe von Kundenwünschen. Diese müssen im operativen Betrieb periodisch neu bestimmt werden und unterliegen auch Einflüssen wie Modellwechseln, neuen Ausstattungsvarianten oder der Umwandlung von Sonder- in Serienausstattungen. Abweichungen von erwarteten Werten, wie z. B. Erfahrungswerten eines Disponenten, sind schwer festzustellen, da die erwähnte hohe Komplexität der Konfigurationsmöglichkeiten keine ausreichend eindeutigen Fahrzeugkonfigurationen erwarten lässt. Lediglich die Erwartung über das Vorkommen oder Nichtvorkommen einzelner Merkmale (Farbe, Polster, Sonderausstattung) in bestimmten Modellen, in Zusammenhang mit bestimmten einzelnen anderen Sonderausstattungen, kann annähernd geprüft werden.

Die *Abhängigkeitsanalyse* spielt eine große Rolle in der beschriebenen Aufgabenstellung, denn Erkenntnisse über Kombinationen der Merkmale innerhalb der einzelnen Modelle erheben diese Art statistischer Untersuchungen im Rahmen von Data Mining über die allgemein üblichen explorativen Methoden, die heute schon verwendet werden. Dazu gehört die Erstellung von Rangfolgelisten über einzelne Merkmale (Farbe, Polster, Sonderausstattung) oder Merkmalsgruppen.

Entscheidung für den WED-Prozess für den Markt USA
Zur Selektion repräsentativer Fahrzeuge, die eine möglichst breite Palette zukünftiger Kundenwünsche abdecken, wird aus genannten Gründen zunächst eine *Segmentierung* der Daten gewählt. Des weiteren sollen *Abhängigkeitsanalysen* Auskunft darüber geben, welche signifikanten Zusammenhänge zwischen einzelnen Ausstattungsmerkmalen existieren, um diese Informationen ebenfalls zur Unterstützung des *Konfigurationsprozesses* zu verwerten. Eine *Datenbeschreibung und Zusammenfassung* ist für die Interpretation der Ergebnisse und die Weitergabe von Erfahrungen an Folgeprojekte unerlässlich. Die Verfolgung der gewählten Ziele in der beschriebenen Weise führt zu einem ersten Ablaufplan für das WED-Vorhaben, der nach Identifikation der benötigten Datenquellen und Systeme die Einsätze der beteiligten Personen und Anwendungsapplikationen festlegt. In diesem Plan ist als nächster Schritt die Analyse des Anwendungsgebiets vorgesehen.

5.1.2 Phase 2: Analyse des Anwendungsgebietes

Neben organisatorischen Klärungen zur weiteren Durchführung des in *Phase 1* nun grob beschriebenen WED-Vorhabens werden erste inhaltliche Überlegungen zum Themengebiet angestellt. Dies führt u. a. zu der Erkenntnis, dass die Untersuchungen nicht auf Basis der gesamt verfügbaren Datenmenge durchgeführt werden, sondern höchstens innerhalb von Gruppierungen ähnlicher Modelle.[203] Ideal wäre es, die Analysen innerhalb von Datensätzen einzelner Modelle durchzuführen, doch ist dies statistisch gesehen nur dann sinnvoll, wenn dort eine ausreichend hohe Anzahl von Fahrzeugkonfigurationen vorliegt.

In der Praxis ist es deshalb ein gangbarer Weg, nur Modelle mit ausreichenden Datenmengen einzeln auszuwerten. Modelle, über die zuwenig Informationen vorliegen, werden dann konventionell, also nach Expertise des Disponenten, mit Blick auf verwandte, systemseitig ausgewertete Modelle konfiguriert. Zu diesem Schluss kommt man nach Betrachtung der Modelle, die selbst innerhalb einer Karosserievariante höchst unterschiedliche Charaktere aufweisen können. Die Sonderausstattung „Ledersitze" hat in einem teureren, stark motorisierten Modell eine völlig andere Bedeutung als in einem vergleichsweise billigeren, schwach motorisierten. Deshalb wäre es nicht richtig, diese beiden Modelle gemeinsam zu untersuchen, da die Ergebnisse nachher wieder für beide Modelle einzeln interpretiert werden müssen.

Dies erfordert nämlich der nachfolgende *Konfigurationsprozess*, der in der Regel auf Modellbasis startet (vgl. Abschnitt 3.2.3). Außerdem umgeht man mit dieser Vorgehensweise die Problematik unterschiedlicher Serienausstattungsumfänge zwischen verschiedenen Modellen, die sogar bei gleicher Karosserievariantenzugehörigkeit auftreten kann. Sie führt zu Fehlinterpretationen, wenn zwei Modelle gemeinsam betrachtet werden, eine bestimmte Ausstattung bei einem Modell aber als Serienausstattung gilt. Die Wichtigkeit dieser Ausstattung wäre für das andere Modell höher bewertet, als es aufgrund der Kundenwünsche der Fall ist.

Ebenso wichtig ist die Festlegung des Status eines Auftrags, zu dem der Datenabzug erfolgen soll. Das bedeutet, eine Stelle im Durchlauf des *Fahrzeugprozesses* zu bestimmen, an der der Auftrag einen Status erreicht hat, der inhaltlich ausreichende Informationen liefert und trotzdem so aktuell wie möglich ist. Dies ist zum Zeitpunkt des „Specification Freeze" der Fall, wenn ein Auftrag vor der Produktion steht und nicht mehr geändert werden kann.

Potenzielle Mängel in der Datenqualität müssen identifiziert werden, wie z. B. die nicht verlässliche Kennzeichnung eines Auftrags als originären Kunden-

---

[203] Entsprechend der Definition für ein Fahrzeugmodell, dargestellt in Abb. 3-3: Mögliche Produktstruktur eines Automobilherstellers

wunsch. Bestimmte Auftragsgruppen werden von vorneherein als nicht relevant definiert; dazu gehören z. B. Individualanfertigungen, die außerhalb der üblichen Angebotspalette liegen. Ebenso sind Nischenmodelle mit niedrigen Verkaufszahlen nicht Gegenstand der Betrachtung. Sonderausstattungen technischer Art, die zur logistischen Steuerung dienen und nicht aus dem Auftrag des Kunden stammen, sind ebenso herauszufiltern wie redundante Informationen, die für andere Zwecke in den Rohdaten vorkommen.[204] Obige Beispiele zeigen die Notwendigkeit auf, die Daten nach Abzug aufzubereiten und zu bereinigen, um eine geeignete Basis für die beschriebene Fragestellung zu erhalten.

Entscheidung für den WED-Prozess für den Markt USA
Um die beschriebene Problematik der unterschiedlichen Wertigkeit von Sonderausstattungen bzgl. verschiedener Modelle zu umgehen, werden die Datenmengen ausschließlich innerhalb eines Modells untersucht. Damit entfällt auch die Betrachtung von Nischenmodellen, die zu wenig Datensätze bilden. Daten der Fahrzeuge werden im Status des „Specification Freeze" betrachtet. Es sollen möglichst auf Kundenwunsch basierende Daten betrachtet werden, weshalb parallel eine Untersuchung über Anfragen aus dem Internet angestoßen wird, die in dieser Arbeit aber nicht vorgestellt wird.

5.1.3 Phase 3: Datenzugriff

Die Erkenntnisse aus den Phasen 1 und 2 führen zum Datenzugriff von:

* aus Kundenwünschen spezifizierte Auftragsdaten
* der letzten 12 Monate (zur Abbildung der saisonalen Schwankungen),
* abgezogen im Status des „Specification Freeze" inklusive der Information zum Zeitpunkt des Statusdurchlaufs,
* die Modellbezeichnung inklusive Motorisierung und Getriebeart, Farbe, Polster, Sonderausstattungen und Pakete enthalten,

---

[204] In der Modellbezeichnung sind in der Regel die Informationen für Motorisierung und Schaltgetriebe enthalten. Hubraumdaten sowie Leistungskennzahlen sind dann für diesen Fall redundant.

• sowie die Orte der Auftragsabgabe und der Lieferbestimmung (zur Abbildung geographischer Unterschiede).

Da die Daten typischerweise nicht in einem System verfügbar sind, ist eine Konsolidierung aus verschiedenen Systemen erforderlich. Diese erfolgt über einen Schlüssel, geeignet ist meist die Auftragsnummer.

Neben der Aufbereitung der Auftragsdaten erfasst die Phase des Datenzugriffs die Erhebung von Expertenmeinungen, die unter anderem Erfahrungen über Merkmale einbringen, die in bestimmten Modellen auf jeden Fall enthalten sein müssen oder auf keinen Fall enthalten sein dürfen. Dabei sollten Experten von der Frage ausgehen, wie stark die Akzeptanz eines Lagerfahrzeugs beim Kunden beeinflusst wird, wenn ein bestimmtes Merkmal vorhanden oder nicht vorhanden ist. Hier spielen Erfahrungen aus den Kundenwünschen bezüglich Preissensibilität und Merkmalspräferenzen eine Rolle. Ein Navigationssystem beispielsweise gilt als relativ teuer und kann den Kunden deshalb vom Kauf abhalten, wenn er es nicht unbedingt wünscht. Zu Ausstattungen, die bei vielen Kunden als Basis für die Kaufentscheidung mitherangezogen werden, zählen Klimaanlage und Schiebedach. Als weniger kritisch für die Akzeptanz eines Lagerfahrzeugs werden z. B. Sonnenschutzverglasungen oder zusätzliche Armauflagen im Fahrzeuginnenraum eingeschätzt.

Entscheidung für den WED-Prozess für den Markt USA
Die Extraktion der Daten erfolgt nach Serien (vgl. Abb. 3-3), gefolgt von einer Filterung nach Modellen. Die Daten werden aus den letzten zwölf Monaten im Status des „Specification Freeze" abgezogen. Da der Fokus dieser Analyse zunächst mehr auf der Anwendbarkeit von Methoden als auf der Produktion von Ergebnissen liegt, wird zunächst hingenommen, dass in den Fahrzeugkonfigurationen auch solche enthalten sind, die nicht vom Kunden originär spezifiziert wurden. Informationen für die Abbildung geographischer Unterschiede, die für den Markt USA zu erwarten sind, werden für eine Auswertung in einer späteren Phase mit extrahiert. Experten aus dem Markt sind in das WED-Vorhaben integriert, um den WED-Prozess mitzugestalten; beispielsweise werden die Informationen zur Gewichtung nach Kundenwunschrelevanz erhoben und diskutiert, sowie eine mögliche Integration in die Daten in der Phase der Datenvorbereitung entschieden.

5.1.4 Phase 4: Datenvorbereitung

Die in *Phase 2* als notwendig erkannten Eliminationen und Filterungen sind in dieser Phase umzusetzen. Ferner sind die Daten auf Modellwechsel innerhalb des betrachteten Zeitraums zu untersuchen, wie auch auf Änderungen von Merkmalsattributen (neue Sonderausstattung, Sonderausstattung wird zur Serienausstattung). Die dabei generierten Nachfolgemodelle oder -merkmale sind bei Eignung wie die Vorgänger einzuordnen, im Zweifelsfalle zu vernachlässigen oder getrennt zu untersuchen. Diese Entscheidung ist von Experten zu treffen, die bspw. beurteilen, ob eine neue Lackfarbe (z. B. atlantikblau), die eine andere Farbe (z. B. pazifikblau) im Programm ablöst, vom Kunden ähnlich empfunden werden wird.

Sollten Pakete und die darin enthaltenen Ausstattungen einzeln aufgeführt sein, so sind die einzeln aufgeführten, in den Paketen enthaltenen Sonderausstattungen zu vernachlässigen. Man geht davon aus, dass der Kunde das Paket als Ganzes gewählt hat. Serienausstattungen sind, sofern sie in den Auftragsdaten aus Gründen der logistischen Steuerung vorkommen, zu eliminieren,[205] da sie Bestandteil der Modellwahl sind.

Bei den Ausstattungsmerkmalen eines Fahrzeugs wird zwischen

- binär codierten Variablen (Fahrzeug hat eine bestimmte Sonderausstattung wie z. B. Nebelscheinwerfer: nein oder ja, also 0 oder 1) und
- kategorialen Variablen (Fahrzeug kann eine von mehreren Arten eines obligatorischen Ausstattungsmerkmals (z. B. Lackfarbe) oder eines optionalen (z. B. Radio oder Felgen) haben.

unterschieden.

Die Softwareprodukte der Anbieter aus dem Data-Mining-Sektor benötigen zwei grundsätzliche Formen des Dateninputs.

Die Clusteranalyse erfordert zur Distanzmessung zwischen Datenobjekten normierte Formen der Datenobjekteigenschaften. Das bedeutet, dass auch die kategorialen Variablen in binär codierter Form vorliegen müssen. Dazu empfiehlt es sich, die Daten in einer speziellen Tabelle zusammenzuführen (siehe

---

[205] Entfällt, wenn innerhalb der Datensätze eines einzelnen Modells untersucht wird.

Abb. 5-1). Diese beinhaltet alle Auftragsnummern, als Schlüsselidentifikation der einzelnen Fahrzeuge in Zeilen aufgeführt, sowie alle zugehörigen Merkmale in Spalten. Dabei dienen die Überschriften der Spalten zur Beschreibung der Merkmale, die Inhalte der Felder kennzeichnen dann das Vorhandensein eines Merkmals mit 0 oder 1. Kategoriale Variablen werden in der Anzahl ihrer Ausprägung als einzelne Spalten dargestellt. Gibt es beispielsweise drei verschiedene Lackfarben blau, rot und grün führt dies zu drei Spalten in der Tabelle für die Kategorie Lackfarbe. Ein blaues Fahrzeug hat in der Spalte „blau" die 1, in den Spalten rot und grün die 0.

Auftragsnummer — Sonderausstattungen

ORDERN TYP	LACK	POLSTER	SA0200	SA0201	SA0202	SA0203	SA0204	SA0205	SA0206	SA0207	SA0208	SA0209	SA0210	SA0211	SA0212	SA0213	SA0214
5952688 DR71	LA0303	PO F6AT	0	0	0	0	0	0	0	0	0	0	0	0	0	0	0
5952371 DL91	LA0303	PO F4AT	0	0	0	0	0	0	0	0	0	0	0	0	0	0	0
5948722 DP71	LA0430	PO F4AT	0	0	0	0	0	0	0	0	0	0	0	0	0	0	0
5953002 DM71	LA0303	PO F6TT	0	0	0	0	0	0	0	0	0	0	0	0	0	0	0
5953004 DM71	LA0354	PO F4AT	0	0	0	0	0	0	0	0	0	0	0	0	0	0	0
5952578 DN21	LA0372	PO N6SN	0	0	1	0	0	0	0	0	0	0	1	0	0	0	0
5950235 DP81	LA0430	PO F4TT	0	0	1	0	0	0	0	0	0	0	1	0	0	0	0
5952837 DP91	LA0303	PO F4AT	0	0	0	0	0	0	0	0	0	0	0	0	0	0	0
5951883 DT51	LA0354	PO N6SW	0	0	0	0	0	0	0	0	0	0	1	0	0	0	0
5952082 DL91	LA0354	PO N6TT	0	0	0	0	0	0	0	0	0	0	0	0	0	0	0
5952083 DT31	LA0354	PO F4TT	0	0	0	0	0	0	0	0	0	0	0	0	0	0	0
5931970 DL91	LA0303	PO G3AT	0	0	0	0	0	0	0	0	0	0	0	0	0	0	0
5951643 DL71	LA0303	PO U7GN	0	0	0	0	0	0	0	0	0	0	0	0	0	0	0
5951645 DL91	LA0303	PO F4AT	0	0	1	0	0	0	0	0	0	0	0	0	0	0	0
5952452 DP81	LA0303	PO N6SN	0	0	1	0	0	0	0	0	0	0	0	0	0	0	0
5952301 DL91	LA0354	PO F4AT	0	0	0	0	0	0	0	0	0	0	0	0	0	0	0
5952157 DM71	LA0303	PO F4AT	0	0	0	0	0	0	0	0	0	0	0	0	0	0	0
5952017 DL91	LA0334	PO F6AT	0	0	0	0	0	0	0	0	0	0	0	0	0	0	0
5952504 DL81	LA0430	PO N6SN	0	0	1	0	0	0	0	0	0	0	1	0	0	0	0
5951915 DL81	LA0334	PO F4AT	0	0	0	0	0	0	0	0	0	0	0	0	0	0	0
5951792 DT61	LA0668	PO O7LG	0	0	1	0	0	0	0	0	0	0	1	0	0	0	0
5950217 DL81	LA0334	PO F4AT	0	0	1	0	0	0	0	0	0	0	0	0	0	0	0
5951870 DL01	LA0354	PO G3AT	0	0	1	0	0	0	0	0	0	0	0	0	0	0	0
5951352 DP81	LA0354	PO N6TT	0	0	1	0	0	0	0	0	0	0	1	0	0	0	0
5952925 DS31	LA0354	PO F4AT	0	0	0	0	0	0	0	0	0	0	1	0	0	0	0
5951832 DL01	LA0354	PO F4BR	0	0	1	0	0	0	0	0	0	0	0	0	0	0	0
5951364 DL91	LA0303	PO F6AT	0	0	0	0	0	0	0	0	0	0	0	0	0	0	0
5951366 DP81	LA0354	PO N6SW	0	0	1	0	0	0	0	0	0	0	1	0	0	0	0
5952474 DL81	LA0263	PO F4TT	0	0	1	0	0	0	0	0	0	0	1	0	0	0	0
5952475 DL81	LA0303	PO N6SW	0	0	1	0	0	0	0	0	0	0	0	0	0	0	0
5952478 DL71	LA0339	PO N6SW	0	0	0	0	0	0	0	0	0	0	1	0	0	0	0
5952479 DL81	LA0354	PO F4AT	0	0	1	0	0	0	0	0	0	0	0	0	0	0	0
5952695 DL01	LA0354	PO F4AT	0	0	1	0	0	0	0	0	0	0	0	0	0	0	0
5952697 DL81	LA0364	PO N6TT	0	0	1	0	0	0	0	0	0	0	0	0	0	0	0
5951355 DM71	LA0354	PO F4TT	0	0	0	0	0	0	0	0	0	0	0	0	0	0	0
5952557 DL71	LA0397	PO N6TT	0	0	0	0	0	0	0	0	0	0	0	0	0	0	0
5952146 DL71	LA0372	PO F4AT	0	0	0	0	0	0	0	0	0	0	0	0	0	0	0
5952147 DL91	LA0430	PO F4AT	0	0	0	0	0	0	0	0	0	0	0	0	0	0	0
9696702 DP71	LA0354	PO N6SW	0	0	0	0	0	0	0	0	0	0	0	0	0	0	0

Abb. 5-1: Beispiel einer Tabelle für die Clusteranalyse (Lack, Polster noch uncodiert)

Die zweite Form des benötigten Dateninputs für marktübliche Data Mining Tools wird vornehmlich für die später beschriebenen Abhängigkeitsanalysen benötigt. Hier stehen in einer Tabelle die Auftragsnummer eines Fahrzeugs in Zeilen, in einer einzigen Spalte daneben jeweils ein Ausstattungsmerkmal. Die Auftragsnummer wiederholt sich also in den Zeilen so oft, wie Ausstattungsmerkmale in einer Fahrzeugkonfiguration vorhanden sind.

Fahrzeugkonfiguration 1

5950366	DL91
5950366	LA0339
5950366	PO F4AT
5950366	S A 0249
5950366	S A 0339
5950366	S A 0423
5950366	S A 0428
5950366	S A 0430
5950366	S A 0431
5950366	S A 0464
5950366	S A 0481
5950366	S A 0520
5950366	S A 0534
5950366	S A 0548
5950366	S A 0650
5950366	S A 0661
5950366	S A 0704
5950366	S A 0801
5950366	S A 0851
5950366	S A 0863
5950366	S A 0879

Fahrzeugkonfiguration 2

5951287	DTS1
5951287	LA0303
5951287	PO F4AT
5951287	S A 0169
5951287	S A 0249
5951287	S A 0266
5951287	S A 0320
5951287	S A 0423
5951287	S A 0428
5951287	S A 0430
5951287	S A 0431
5951287	S A 0464
5951287	S A 0500
5951287	S A 0508
5951287	S A 0520
5951287	S A 0522
5951287	S A 0534
5951287	S A 0548
5951287	S A 0555
5951287	S A 0650
5951287	S A 0661
5951287	S A 0704
5951287	S A 0801
5951287	S A 0851
5951287	S A 0863
5951287	S A 0879
5951287	S A 0915
5951287	S A 0970

Fahrzeugkonfiguration 3

5948722	DP71	Modell / Lack / Polster
5948722	LA0430	
5948722	PO F4AT	
5948722	S A 0216	
5948722	S A 0249	
5948722	S A 0266	
5948722	S A 0339	
5948722	S A 0386	
5948722	S A 0423	
5948722	S A 0428	
5948722	S A 0430	
5948722	S A 0431	
5948722	S A 0438	
5948722	S A 0459	
5948722	S A 0464	
5948722	S A 0473	
5948722	S A 0481	
5948722	S A 0500	Sonderausstattungen
5948722	S A 0508	
5948722	S A 0520	
5948722	S A 0522	
5948722	S A 0534	
5948722	S A 0548	
5948722	S A 0555	
5948722	S A 0650	
5948722	S A 0661	
5948722	S A 0801	
5948722	S A 0851	
5948722	S A 0863	
5948722	S A 0879	
5948722	S A 0915	
5948722	S A 0970	

Abb. 5-2: *Beispiel einer Tabelle für die Abhängigkeitsanalyse*

Die in *Phase 3* als obligatorisch identifizierten Merkmale sind nun als solche zu kennzeichnen, ebenso die, die auf keinen Fall in „nicht kundenbelegten" Aufträgen vorkommen sollten. Die im selben Zusammenhang erhobene Gewichtung ist ebenfalls in die Dateninformationen mit einzubringen. Dies kann durch eine Einstufung aller vorkommenden Merkmale in z. B. drei diskrete Werte erfolgen. Beispielsweise wären Fußmatten in besonderer Stoffausführung der ersten, wenig relevanten Klasse zuzuordnen, elektrische Fensterheber im Fond der zweiten Klasse; ein Schiebedach kann für die Wahl des Kunden bereits ein Kriterium zur Ablehnung darstellen, wenn es nicht vorhanden ist, und fiele damit in die Klasse drei. Selbstverständlich können solche Einschätzungen nur subjektiver Natur sein und Gegenstand teilweise kontroverser Diskussionen, doch zeigt sich, dass sich auch bei unabhängiger Befragung mehrerer Experten ein relativ einheitliches Bild abzeichnet, das die Einführung dieser Klassifizierungen als Mehrwert erscheinen lässt.

Entscheidung für den WED-Prozess für den Markt USA
Zur Verfolgung der Ziele Segmentierung und Abhängigkeitsanalyse werden jeweils die entsprechenden Tabellen generiert, wie obenstehend beispielhaft

dargestellt wurde. Aufgrund der Entscheidung, die Daten innerhalb einzelner Modelle zu untersuchen, ist es sehr übersichtlich zu beurteilen, ob ein Modell in den letzten zwölf Monaten durch ein anderes ersetzt wurde oder von Änderungen bezüglich Ausstattungsumfängen betroffen war. Daten, die nur als Information mitgeführt werden, aber nicht in statistische Berechnungen mit eingehen sollen, können innerhalb der Anwendung ausgeschlossen werden, ohne verloren zu gehen. Die Integration der Gewichtung wird in eine spätere Phase verschoben, um Einflüsse subjektiv gewählter Parametersetzungen zunächst herauszuhalten. Die Diskussion, welche Ausstattungsmerkmale für die Konfiguration „nicht kundenbelegter" Aufträge obligatorisch sein sollen, wird mit den ersten Analysen unter Einbeziehung der Experten des Marktes angestoßen.

5.1.5 Phase 5: Exploration

Die Explorationsphase dient zur Gewinnung weiterer Erkenntnisse über Art und Inhalt der untersuchten Daten. Diese Erkenntnisse können in iterativem Wechselspiel wieder in die *Phasen 2* bis *4* einfließen. Einfache Rangfolgeuntersuchungen bezüglich Farben, Polster und Sonderausstattungen (Pakete) für einzelne Modelle geben Aufschluss über die Akzeptanz der Vielfalt der angebotenen Palette und die Wichtigkeit mancher Sonderausstattungen. Diese Erkenntnisse beeinflussen z. B. die Aufgabe der Gewichtung, wie sie in *Phase 3* beschrieben wurde. Einige wichtige Ergebnisse solcher Explorationsphasen sollen erwähnt werden.

Erkenntnis

Es gibt signifikante Unterschiede in der Präferenz einzelner Sonderausstattungen zwischen Regionen, ja sogar zwischen städtischen und ländlichen Kundenkreisen. Dies sei am Beispiel einer Auswertung in einer anderen Untersuchung im deutschen Markt anhand eines Modells dargestellt.

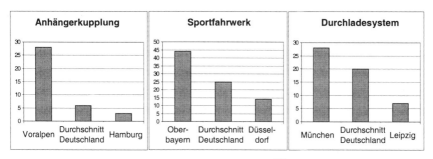

Abb. 5-3: *Regionale Verteilung von Sonderausstattungen[206]*

Konsequenz

Die geographische Kennzeichnung sollte in die Auswertung mit einfließen, solange nach dieser Vorsegmentierung jeweils genug Daten übrigbleiben, die die statistische Aussagefähigkeit sichern.

Erkenntnis

Die Anzahl der ausgewählten Varianten nimmt mit dem Wert des Fahrzeugs zu, d.h. je teurer ein Modell im Basispreis ist, desto mehr Sonderausstattungen ist der Kunde bereit zu erwerben. Zudem ist die Verteilung der Werte der vom Kunden erworbenen Sonderausstattungskombinationen breiter gestreut als bei Modellen mit niedrigerem Grundpreis. Auch dazu als Beispiel eine grafische Darstellung aus einer anderen Untersuchung:

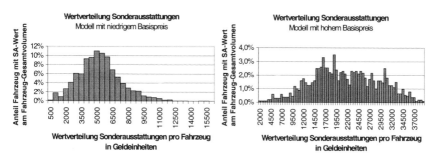

Abb. 5-4: *Unterschiedliche Streuung von Sonderausstattungsanteilen bei unterschiedlichen Fahrzeugwerten[207]*

---

[206] Vgl. Hayler, C.: (Generierung von Orders für Lagerfahrzeuge), S. 65

Konsequenz

Teure, hochindividuelle Modelle sollten nicht primär in die Erstellung „nicht kundenbelegter" Aufträge integriert werden. Bei diesen ist davon auszugehen, dass der Kunde bereit ist, ein solches Built to Order zu erwerben.

Erkenntnis

Mit ca. 10 von mehreren hundert möglichen Kombinationen von Außenfarbe und Polster werden bereits über 66 % des erfassten Auftragsdatenvolumens abgedeckt.[208]

Konsequenz

Es ist zu überlegen, ob nur ein Bruchteil der möglichen Farb-Polster-Kombinationen Eingang in die Bildung von Repräsentanten für Kundenwünsche finden soll. Dagegen abzuwägen ist die Anforderung nach ausreichender Darstellung der möglichen Sortimentsbreite im Lager.

Erkenntnis

In über tausend untersuchten Datensätzen eines Modells gibt es nur zwei Fahrzeuge, die identisch sind; diese Fahrzeuge weisen Minimalausstattung auf.[209]

Konsequenz

Dies belegt die Hypothese der nahezu unmöglichen Antizipation eines originären Kundenwunsches und führt zur Beschränkung in der Suche nach Grundtypen mit einfachen obligatorischen und auszuschließenden Merkmalen für ein Modell.

Diese ausgewählten Beispiele zeigen, dass in der Explorationsphase mittels einfacher Untersuchungen in Verbindung mit fachlichem Know-how bereits wichtige Weichenstellungen für die eigentlichen gewählten Anwendungen im

---

[207] Ebenda S. 39 und 41
[208] Untersuchungsergebnisse aus interner Quelle der BMW Group
[209] Ebenda

WED-Prozess erfolgen können. Dies beginnt bei der Auswahl der Methoden und beeinflusst ebenso die Gestaltung der Umsetzung.

Entscheidung für den WED-Prozess für den Markt USA

Die Interpretation muss getrennt nach noch zu bestimmenden geographischen Regionen erfolgen. Der Auswahl von Farbe und Polster kommt eine besondere Bedeutung zu, da sich nach ersten Untersuchungen eindeutige Korrelationen zwischen diesen beiden Kriterien zeigen.[210] Deshalb scheint es empfehlenswert, ein Kriterium „Farb-Polsterkombination" zu bilden. Außerdem sollen die Auswertungen einmal mit Einbeziehung der Farb-Polster-Kombinationen und einmal ohne erfolgen. Zusätzlich muss der mit den erzielten Ergebnissen zu unterstützende *Konfigurationsprozess* im Auge behalten werden. Die Explorationsphasen zeigen zwar, dass es durchaus Zusammenhänge zwischen Farben, Polstern und bestimmten Ausstattungen gibt,[211] im Hinblick auf den zu unterstützenden *Konfigurationsprozess* kann eine Trennung aber durchaus sinnvoll sein, nicht zuletzt um die Darstellung der Sortimentsbreite zu fördern. Der Anwender erhält zunächst einen Vorschlag über empfohlene Ausstattungsumfänge eines Modells und anschließend zur Auswahl Informationen über bevorzugte Farb-Polster-Kombinationen, die statistischen Bezug zu Modell und Ausstattung haben.

5.1.6 Phase 6: Anwendung von Modellierungs- und Entdeckungstechniken

Angelehnt an die dargestellten Ziele des Data Mining sind bei *Nakhaeizadeh* einige der wichtigsten Methoden zur WED aufgeführt. Diese sind unter folgenden Überschriften zusammengefasst:[212]

---

[210] Dieser Effekt wird wohl auch durch die herstellerüblichen Empfehlungen für Farb-Polster-Kombinationen bspw. in den Prospekten gefördert

[211] Untersuchungsergebnisse aus interner Quelle der BMW Group zeigen, dass sportlich ausgestatte Fahrzeuge beispielsweise auffallend oft schwarz, anthrazitfarben oder blau sind

[212] Vgl. Nakhaeizadeh, G.; Reinartz, T.; Wirth, R.: (Wissensentdeckung in Datenbanken und Data Mining), S. 11-19

- Klassifikationsmethoden
- Methoden der Abhängigkeitsanalyse
- Clusteranalyse
- Prognoseverfahren
- Verfahren zur Konzeptbeschreibung
- Verfahren zur Erkennung von Abweichungen

Betrachtet man diese Methodengruppen in Zusammenhang mit den beschriebenen *Schritten 1, 2* und *3* zur Unterstützung der Auftragsabwicklung für „nicht
kundenbelegte" Aufträge, dann sind die Methoden zur Klassifikation, Abhängigkeitsanalyse als Unterstützung für *Schritt 1: „Konzentration des Produktspektrums"* zu betrachten und die Prognoseverfahren in *Schritt 2: „Erstellung
von Prognosen über Kundenwünsche"* zu sehen. Ergebnisse von Konzeptbe-
schreibungen und Abweichungsanalysen gingen in *Schritt 3: „Implementierung
der Prognosen in den Konfigurationsprozess des Auftragseingangs"* mit ein,
werden aber – wie bereits erwähnt – im Rahmen dieser Arbeit nicht explizit
durchgeführt.

Die in Abschnitt 5.1.1 beschriebene Anforderungs- und Machbarkeitsanalyse
definierte grob die Ziele des WED-Prozesses. Dort ist begründet, warum die
methodisch unterstützte Verfolgung der Ziele

- Klassifikation,
- Konzeptbeschreibung,
- Prognose und
- Erkennung von Abweichungen

in dieser Studie zunächst zurückgestellt wird.
Deshalb werden vornehmlich die Ziele zur

- Segmentierung und
- Abhängigkeitsanalyse

verfolgt, deren Ergebnisse, verbunden mit denen der Explorationsphase, zu
einer

- Datenbeschreibung- und Zusammenfassung,

führen.

Im Folgenden werden deshalb kurz Methoden zur *Segmentierung* (Beispiel Clusteranalyse) und *Abhängigkeitsanalyse* (Beispiel Assoziationsanalyse) aufgezeigt und auf die Entscheidung über ihre Verwendung hingeführt. Wie bereits hingewiesen, handelt es sich bei Data Mining in der WED um einen Prozess, der iterativ optimiert und aus einer immens großen Vielzahl verschiedenster Verfahren und Algorithmen gestaltet wird. Dies kann in dieser Arbeit nicht detailliert dargestellt werden. Ausgangspunkt sind deshalb Selektionen für eine Gestaltung des Data-Mining-Prozesses, die im Vorfeld von Experten aus dem Bereich der WED getroffen wurden und auch mit Blick auf die Potenziale vorliegender Werkzeuge ausgerichtet sind. Dieser pragmatische Ansatz ist ein erster Schritt, um in diesem neuen Feld erste Ankerpunkte zu setzen. Wenn nun im Folgenden bestimmte Methoden aufgeführt sind, so ist festzustellen, dass es sich um Beschreibungen handelt, die nicht als wissenschaftliche Ausführungen im Bereich der Statistik gelten können, sondern das Verständnis für Auswahl und Durchführung der durchgeführten Methoden fördern sollen.

Methoden der Abhängigkeitsanalyse: Assoziationsregeln

Abhängigkeitsanalysen werden durchgeführt, um signifikante Abhängigkeiten zwischen Merkmalen innerhalb einer Datenmenge zu erkennen. Davon erhofft man Aussagen wie: „wenn Merkmal X vorkommt, sind mit einer bestimmten Wahrscheinlichkeit das Merkmal Y oder die Merkmale Y, Z etc. zu erwarten". Für die vorliegende Fragestellung könnten Methoden aus den *Abhängigkeitsanalysen* geeignet sein, die sogenannte Assoziationsregeln produzieren. Solche Methoden sind hauptsächlich durch die Anwendung im Konsumgüterbereich als Warenkorbanalysen in Supermärkten bekannt geworden. Ein Beispiel ist die Untersuchung des möglichen Zusammenhangs, dass Kunden, sobald sie Chips und Bier kaufen, meist auch Salzstangen kaufen;[213] die Regel wird dann symbolisiert als:

{Chips, Bier} => {Salzstangen}

---

[213] Vgl. Breitner, C.A.; Lockemann, P.C.; Schlösser, J.A.: (Informationsverwaltung im KDD-Prozeß), S. 46-47

Die Wahrscheinlichkeit, mit der diese Aussage zutrifft, wird als „Konfidenz" bezeichnet; sie sollte signifikant sein, damit diese Regel Gültigkeit besitzt, also
einen möglichst hohen Wert besitzen, der die Erwartung übersteigt, die sich
aus der absoluten Häufigkeit der Ergebnisse ergeben würde. Außerdem soll
dieses Ereignis ausreichend oft vorgekommen sein, denn wenn diese Kombination einmal gekauft worden wäre, läge die Konfidenz zwar bei 100 %, die
Regel wäre aber, basierend auf dem einmaligen Kauf, wertlos. Deshalb wird
der Anteil der Einkäufe an der gesamten untersuchten Datenmenge, der diese
Kombination Chips, Bier, Salzstangen enthält, ebenfalls berechnet und man
bezeichnet ihn als „Support" für diese Regel. Übertragen auf die vorliegende
Fragestellung ist zu untersuchen, welche Sonderausstattungen innerhalb eines Modells oder einer Modellgruppe signifikant voneinander abhängen. In
folgendem Bild ist die Beziehung von Konfidenz zu Support innerhalb der untersuchten Datenmenge für zwei mögliche Sonderausstattungen beispielhaft
dargestellt.

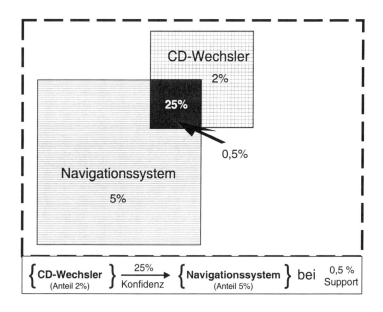

Abb. 5-5: *Darstellung von Support und Konfidenz in der Abhängigkeitsanalyse*

Interessant sind also Regeln, die von Experten bestimmte Werte für Konfidenz
und Support mindestens erreichen und Aussagen liefern, wie z. B.

- wenn ein Kunde SA 001 wählt, dann wählt er mit x % Wahrscheinlichkeit auch SA 005: {SA 001} => {SA 005} oder
- wenn ein Kunde SA 001 und SA 009 und die Farbe 003 wählt, dann wählt er mit x % Wahrscheinlichkeit auch SA 021: {SA 001, SA 009, Farbe 003} => {SA 021}

Über die in Werkzeugen zur Assoziationsanalyse meist vorgegebenen Algorithmen wird ausgehend von einer vorgegebenen Kombination an Attributen das nächste wahrscheinlichste Merkmal berechnet. Man kann also, entsprechend der Vorgaben für Konfidenz und Support und des Informationsgehalts der Daten Ketten mit vielen Attributen erhalten.

Solche Kombinationen könnten dann, im Sinne einer Empfehlung für weitere Ausstattungsmerkmale bei einer begonnenen Konfiguration in die Konfigurationsunterstützung einfließen.

Die Anwendung der Warenkorbanalyse auf Fahrzeugkonfigurationen birgt eine Besonderheit. Anders als ein Warenkorb, der eine unbestimmte Anzahl von Produkten enthalten kann, gibt es für Fahrzeuge obligatorische Merkmale, die immer enthalten sind, wie z. B. Farbe, Polster, Felgen etc. Auch sehr lange Assoziationsketten liefern meistens keine komplette Fahrzeugkonfiguration. Dies ist im Hinblick auf die Unterstützung des *Konfigurationsprozesses* zu beachten, der immer zu vollständig konfigurierten Fahrzeugen führen muss.

Entscheidung für den WED-Prozess für den Markt USA

Im Rahmen der iterativen Findung geeigneter Entdeckungstechniken und für einen weiteren Beitrag zur Explorationsphase wird eine Abhängigkeitsanalyse mittels der Bildung von Assoziationsregeln und -ketten durchgeführt. Dazu wird das Standard-Werkzeug eines Anbieters verwendet.[214] Es setzt auf die beschriebenen erstellten Tabellen auf und produziert nach Einstellung der Parameter (vornehmlich Konfidenz und Support) Regeln mit Längen von bis zu zehn Merkmalen. Die Parametereinstellungen werden für den Versuch, iterativ

---

[214] Der Prozess zur Auswahl eines geeigneten Data-Mining-Tool-Anbieters erfolgte u.a. mit Hinblick auf die Kriterien: fachliche/technische Eignung, Wirtschaftlichkeit und Serviceverfügbarkeit. Vgl. dazu auch Krahl, D.; Zick, F.; Windheuser, U.: (Data Mining), S. 115-117

zu optimieren, mehrmals geändert. In folgendem Bild ist beispielhaft dargestellt, wie solche Ergebnisse aussehen können.

Support (%)   **Konfidenz (%)**   **Regeln**

Relations	Lift	Support(%)	Confidence(%)	Transaction Count	Rule
74	3	1.03	48.61	56.03	1259.0	SA_0521 & SA_0388 ==> SA_0522
75	3	1.03	48.61	89.23	1259.0	SA_0522 ==> SA_0488 & SA_0388
76	3	1.03	48.61	56.03	1259.0	SA_0388 ==> SA_0522 & SA_0488
77	3	1.03	48.61	89.23	1259.0	SA_0522 & SA_0488 ==> SA_0388
78	3	1.03	48.61	56.03	1259.0	SA_0488 & SA_0388 ==> SA_0522
79	3	1.03	48.61	89.23	1259.0	SA_0522 ==> SA_0481 & SA_0388
80	3	1.03	48.61	56.03	1259.0	SA_0388 ==> SA_0522 & SA_0481
81	3	1.03	48.61	89.23	1259.0	SA_0522 & SA_0481 ==> SA_0388
82	3	1.03	48.61	56.03	1259.0	SA_0481 & SA_0388 ==> SA_0522
83	3	1.03	48.61	89.23	1259.0	SA_0522 ==> SA_0438 & SA_0388
84	3	1.03	48.61	56.03	1259.0	SA_0388 ==> SA_0522 & SA_0438
85	3	1.03	48.61	89.23	1259.0	SA_0522 & SA_0438 ==> SA_0388
86	3	1.03	48.61	56.03	1259.0	SA_0438 & SA_0388 ==> SA_0522
87	3	1.03	48.61	89.23	1259.0	SA_0522 ==> SA_0431 & SA_0388
88	3	1.03	48.61	56.03	1259.0	SA_0388 ==> SA_0522 & SA_0431
89	3	1.03	48.61	89.23	1259.0	SA_0522 & SA_0431 ==> SA_0388
90	3	1.03	48.61	56.03	1259.0	SA_0431 & SA_0388 ==> SA_0522
91	3	1.03	48.61	89.23	1259.0	SA_0522 ==> SA_0388 & SA_0226
92	3	1.03	48.61	56.03	1259.0	SA_0388 ==> SA_0522 & SA_0226
93	3	1.03	48.61	89.23	1259.0	SA_0522 & SA_0226 ==> SA_0388
94	3	1.03	48.61	56.03	1259.0	SA_0388 & SA_0226 ==> SA_0522
95	3	1.04	48.07	90.15	1245.0	SA_0674 ==> SA_0788 & SA_0388
96	3	1.04	48.07	55.41	1245.0	SA_0388 ==> SA_0788 & SA_0674
97	3	1.04	48.07	90.15	1245.0	SA_0788 & SA_0674 ==> SA_0388
98	3	1.04	48.07	55.41	1245.0	SA_0788 & SA_0388 ==> SA_0674
99	3	1.04	48.07	90.15	1245.0	SA_0674 ==> SA_0521 & SA_0388
100	3	1.04	48.07	55.41	1245.0	SA_0388 ==> SA_0674 & SA_0521

Abb. 5-6: *Beispiel für Assoziationsketten als Ergebnisse der Abhängigkeitsanalyse*

Interpretation und Bewertung werden im nächsten Abschnitt beschrieben.

Methoden der Segmentierung – K-Means-Clusteranalyse

Grimmer und *Mucha* beschreiben die Clusteranalyse als Zusammenfassung
von Verfahren, „die auf objektivem und automatisierten Wege eine i. Allg. un-
geordnete und umfangreiche Objektmenge in kleinere, homogene Teilmengen
einteilen."[215] Vergleicht man die Fragestellung zur Konzentration des Produktspektrums mit den weiteren Beschreibungen zur Clusteranalyse,[216] erscheint

---

[215] Grimmer, U.; Mucha, H.-J.: (Datensegmentierung mittels Clusteranalyse), S. 109
[216] Ebenda, S. 110

diese Methodensammlung als besonders geeignet. Sie kann nämlich überall dort eingesetzt werden, wo es um die Erkennung von meist komplexen Strukturen (Gruppen, Klassen, Hierarchien von Clustern, hier Käufertypen) in hochdimensionalen Räumen (gegeben durch die zahlreichen, möglichen Ausstattungsmerkmale eines Fahrzeugs) geht. Die Cluster können mit einem Distanzmaß versehen werden (die dafür nötige Normierung der Datenfeldinhalte zur Attributsbeschreibung wurde in *Phase 4: Datenvorbereitung* beschrieben). Wesentliches Ziel ist es, eine potenziell vorhandene Struktur von Klassen anhand der vorliegenden Daten weitgehend automatisch zu erkennen und widerzuspiegeln. Die Objekte (hier die Fahrzeugkonfigurationen) der obenstehend erwähnten homogenen Teilmengen sollen

- innerhalb einer Klasse einander möglichst ähnlich sein (Homogenität) und
- möglichst unähnlich zueinander sein, wenn sie unterschiedlichen Klassen angehören (Heterogenität).

Symbolisiert man die n-dimensionalen möglichen Ausprägungen der Objekte mit Bildern von Objektgruppen unterschiedlicher Zusammenstellung und Anordnung, erhält man ein geeignetes Instrument zur Kommunikation für alle Beteiligten im WED-Prozess. Die Punkte stellen Fahrzeugkonfigurationen dar, die entsprechend ihrer Ausstattungsmerkmale in der Darstellung unterschiedlich platziert werden. Wenn es eine entsprechende Klassenstruktur in den Dateninhalten gibt, drücken sich diese in Anhäufungen von Objekten aus, die sich um einen Repräsentanten gruppieren. Jene Objekte gelten dem Repräsentanten gegenüber bzgl. ihrer Ausstattungsmerkmale als relativ ähnlich. Je näher sie am Repräsentanten liegen, desto höher ist die Ähnlichkeit. Der Repräsentant kann ein in den Daten enthaltenes Objekt sein oder ein nicht existierendes, berechnetes Objekt, das die Klasse optimal repräsentiert. In der Praxis wird der Einfachheit halber ein existierendes Objekt, also ein in den Daten beschriebenes, produziertes Fahrzeug verwendet; Sensitivitätsstudien ergaben allerdings, dass theoretisch optimale, berechnete Repräsentanten keinen bedeutenden Unterschied in den Ergebnissen ausmachen.

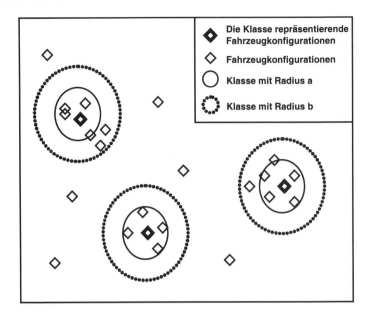

Abb. 5-7: *Symbolische Darstellung n-dimensionaler Cluster*

Nahe beieinander liegende Objekte sind ähnlich, die Distanz wird aus der Anzahl der Unterschiede ihrer binär codierten Ausstattungsmerkmale als quad-
rierter euklidischer Abstand berechnet. Das bedeutet, dass zunächst jeweils
die Differenz der Werte 0 und 1 in den sich entsprechenden Datenfeldern gebildet wird. Die Differenzen werden einzeln quadriert und diese Quadrate auf-
summiert.

Dazu ein Beispiel:

Fahrzeug A hat eine Klimaanlage, Fahrzeug B nicht; B hat aber eine Alarmanlage, die wiederum bei Fahrzeug A nicht vorhanden ist. In diesem Fall unterscheiden sich diese zwei Fahrzeuge in zwei Sonderausstattungen. Zieht man
im speziellen Fall die in *Phase 2: Datenvorbereitung* auf 0 und 1 normierten
Merkmalsattribute heran, so findet man in den Spalten für Klimaanlage bei A
eine 1, bei B eine 0 und für die Alarmanlage verhält es sich umgekehrt. Bildet
man ausgehend von A die Differenz für diese Datenfelder, so erhält man einmal 1 und einmal -1 (da sich die Fahrzeuge sonst gleichen, ergibt sich für die

restlichen Datenfelder als Differenz jeweils 0). Die Summe der Quadrate von 1 und -1 ergibt 2, den quadrierten euklidischen Abstand.

An diesem Beispiel wird auch die Bedeutung einer möglichen Gewichtung deutlich. Wenn es als besonders bemerkenswert eingestuft wird, ob ein Fahrzeug eine Klimaanlage hat, könnte man dieses Merkmal mit einem Faktor versehen (z. B. 2), der dann Fahrzeuge, die sich in diesem Merkmal unterscheiden, als weniger ähnlich ausweist. Angewandt auf das vorhergehende Beispiel ergäbe sich als Differenz aus dem Unterschied „Fahrzeug A hat Klimaanlage, Fahrzeug B nicht" der Wert 2, für den Unterschied „Fahrzeug B hat Alarmanlage, Fahrzeug A nicht" bleibt der Wert -1; der quadrierte euklidische Abstand ergibt sich somit als $2^2 + (-1)^2 = 5$, ein größerer Wert als es ohne Gewichtung der Fall gewesen wäre (dort ergab sich 2, s.o.). Bildlich kann man sich in einer Clusterwolke im mehrdimensionalen Raum Fahrzeug B nun in größerem Abstand zu A vorstellen, es ist jetzt aufgrund der Gewichtung des Merkmals Klimaanlage als um den Faktor 5:2 „unähnlicher" anzusehen.

Es gibt einige wichtige Fragestellungen für das Clusterverfahren; im Folgenden werden die drei kurz erörtert, die für das vorliegende Anwendungsbeispiel besonders relevant sind: [217]

Frage 1: Welches Clusteranalyseverfahren kann eingesetzt werden?
Zur Erörterung dieser Frage dienen folgende Kriterien für die Einteilung verschiedener Clusterverfahren:

Kriterium 1: Die Gruppierungsform: hierarchisch versus partitionierend
Die Ausführung beginnt beim partitionierenden Verfahren von einer vorgegebenen Gruppierung auf eine bestimmte Anzahl von Klassen aus; Objekte werden über die Optimierung einer Zielfunktion zwischen den Klassen iterativ ausgetauscht und die Klassenbildung auf diese Weise gestaltet.
Beim hierarchischen Verfahren hingegen wird entweder von der gesamten Datenmenge als Gruppe ausgegangen, die dann in Klassen unterteilt wird, oder jedes Objekt bildet zunächst eine Klasse und die Objekte werden dann iterativ gruppiert, d.h. die Anzahl der Klassen ist nach jedem Schritt variabel.

---

[217] Vgl. Grimmer, U.; Mucha, H.-J.: (Datensegmentierung mittels Clusteranalyse), S. 110-111

Für die Praxis wird ein partitionierendes Verfahren angewendet, da die Anwendung hierarchischer Verfahren derzeit auf wenige tausend Datensätze beschränkt ist.[218]

Kriterium 2 a: Das Zuordnungsprinzip: disjunkt versus nicht disjunkt
Bei einer disjunkten Einteilung ist ein Objekt nur einer Klasse zugeordnet, im
nicht disjunktem Fall kann ein Objekt mehreren Klassen angehören. Ziel im
später zu unterstützenden *Konfigurationsprozess* sind Ergebnisse, die eindeutig einen bestimmten Konfigurationstyp beschreiben. Deshalb ist eine disjunkte
Form im Clusterverfahren zu wählen.

Kriterium 2 b: Das Zuordnungsprinzip: exhaustiv versus nicht exhaustiv
In der exhaustiven Zuordnung von Objekten zu einer Klasse werden alle Objekte erfasst und zugeordnet. Bei nicht exhaustiven Zuordnungen werden
manche Objekte ignoriert, sinnvollerweise sogenannte Ausreißer, die die Ergebnisse verzerren können. Die nicht exhaustive Form wäre die wünschens-
werte und wurde in Vorstudien untersucht. Im Anwendungsbeispiel wird sie
aber für die vorgegebene Zielrichtung als zu weitführend – da mit den vorliegenden Werkzeugen nicht ohne weiteres durchführbar – angesehen und in
eine spätere Phase verschoben.

Die obenstehende Bewertung der Kriterien führt zur Verwendung des in der
vorliegenden Software-Applikation enthaltenen Clusterverfahrens mit Namen
K-Means-Verfahren. Es ist partitionierend und liefert disjunkte Klassen in exhaustiver Form. Im K-Means-Verfahren wird ausgehend von einer Anfangspartition nach einem bestimmten Algorithmus[219] die Zugehörigkeit jedes einzelnen
Objektes der zugewiesenen Klassen geprüft und durch Tausch der Klassen-
zugehörigkeit die gesamte Klassenstruktur optimiert. Es stellt sich die Frage,
wie die Anfangspartition zu bestimmen ist. Dazu können vorhergehende Methoden zur Klassifikation beitragen, beispielsweise die Einteilung bestimmter

---

[218] Ebenda, S. 128
[219] Hier wird der Klassifikations-Likelihood-Ansatz verwendet, der die Zuordnung der Objekte
    zu Klassen über die maximal erreichbare Dichte der Klasse optimiert, d.h. die Homogeni-
    tät bei vorgegebener Anzahl von Klassen, die den partitionierenden Verfahren zueigen
    ist. Vgl. Grimmer, U.; Mucha, H.-J.: (Datensegmentierung mittels Clusteranalyse), S. 135

Variablen in Intervalle,[220] die dann die erste Zugehörigkeit zu Klassen bilden, oder auch ein willkürliches Setzen einzelner Objekte als erste Klassenrepräsentanten. Die verwendete Anwendung benötigt nicht unbedingt Vorgaben, sondern berechnet eine optimale Anzahl von Klassen, was zunächst als ausreichend akzeptiert werden kann. Später können explizit definierte Vorstufen zur Vorgabe von Klassen für partitionierende Verfahren eingeführt werden.

Frage 2: Wenn es eine Klassenstruktur gibt, wie sieht sie aus und wie viele Klassen sind es?

Einiges dazu wurde bereits in der Fragestellung zur Verwendung eines geeigneten Clusterverfahrens erörtert; aus fachlicher Sicht wird zur Frage nach Aussehen und Anzahl der Klassen für die Kommunikation im Anwendungsbeispiel die Darstellung eines Dreiecks benutzt. Eine Ecke stellt die Anzahl der Klassen dar, eine andere Ecke die erreichte Anzahl der Fahrzeuge, die mit diesen Klassen erfasst werden (im Falle exhaustiver Verfahren wären dies 100%), und die dritte Ecke repräsentiert den Detaillierungsgrad der Beschreibung einer solchen Klasse.

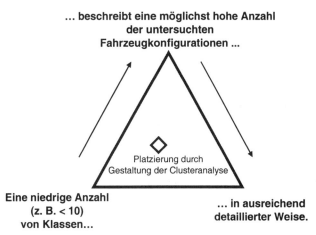

Abb. 5-8: *Die Gestaltung der Clusteranalyse zur optimalen Ausgewogenheit der drei Hauptziele*

---

[220] Dies ist in den vorliegenden Untersuchungen aufgrund der beschriebenen Betrachtung der Ausstattungsmerkmale in binär codierter Form nicht vorgesehen

Die Optimierung läuft dieser Darstellung folgend auf eine bestmögliche Platzierung in diesem Dreieck hinaus. Zum einen soll die Beschreibung einer Klasse möglichst detailliert sein, d.h. eine Einordnung z. B. nur nach Farben wäre nicht aussagekräftig. Dem entgegen steht aber die Anzahl der Klassen, die überschaubar sein soll, was im Hinblick auf die Verwendung in der Praxis etwa im einstelligen Bereich gegeben wäre. Die beiden Zielrichtungen konkurrieren, denn je detaillierter Klassen beschrieben werden, desto schwieriger wird es homogene Gruppen zu bilden, da die Fahrzeugkonfigurationen im Detail betrachtet, wie erwähnt, nahezu unendlich verschieden sein können. Sollte man ein nicht exhaustives Verfahren gewählt haben, so wäre noch die in der oberen Spitze des Dreiecks platzierte Zielrichtung zu berücksichtigen. Diese fordert, einen ausreichend hohen Anteil der untersuchten Objekte mit der Klassenbildung zu erfassen.

Frage 3: Wie kann die Güte der Ergebnisse bewertet werden?

Eine Möglichkeit ist die Überprüfung der Ergebnisse aus Datensätzen verschiedener Zeiträume. Dafür werden Daten eines vergangenen Zeitraums ausgewertet und die Ergebnisse mit denen eines darauffolgenden verglichen. Dies entspräche allerdings nur bedingt einer Validierung der Prognosequalität, da mögliche Einflüsse, die auf den nachfolgenden Zeitraum wirkten weitgehend vernachlässigt werden. Dazu sind bspw. Änderungen des Marktes allgemein, saisonale Trends und Marketingaktionen zu nennen.[221] Diese Vorgehensweise ist deshalb nur als erste Überprüfung der Methodik anhand prototypischer Auswertungen sinnvoll, für den späteren Betrieb sollte auf die in Abschnitt 4.3.3 vorgestellte Controllingsystematik zurückgegriffen werden. Ein weiterer Weg zur Bewertung der Resultate, der ebenfalls in dieser Studie gegangen wird, ist die Einbeziehung der Expertise erfahrener Disponenten. Ihnen werden bestimmte Grundtypen mit den folgenden Fragen vorgelegt:

---

[221] Vgl. Rojek, D.: (Treffsichere Prognosen – Logistikpotentiale ausschöpfen), S. 192-195

- Entsprechen diese Konfigurationen realen Kundenwünschen?
- Sehen sie Merkmale, die unbedingt hinzugenommen werden sollten?
- Sehen sie Merkmale, die unbedingt ausgeschlossen werden sollten?

Um Einschätzungen über die Interpretationsmöglichkeiten der absoluten Werte der errechneten Distanzen zu erhalten, werden den Experten mehrere Objekte einer Klasse gezeigt, die unterschiedliche Distanzwerte aufweisen. Dabei werden folgende Fragen gestellt:

- Ein Kunde stellt sich als Wunschfahrzeug Fahrzeug A (den Repräsentanten einer Klasse) vor. Angenommen, er sieht Fahrzeug B (oder C, D etc. es werden Beispiele für Fahrzeuge mit verschiedenen Distanzen zum Repräsentanten vorgelegt) auf dem Lager stehen. Wie groß wäre seine Bereitschaft, dieses Fahrzeug anstelle des ursprünglich gewünschten zu nehmen?
- Sie sind der Meinung, der Kunde würde dieses Fahrzeug nicht als Alternative zu seiner Wunschvorstellung akzeptieren. Woran wäre dies hauptsächlich gescheitert?

Die Bewertung der Experten dient zum einen der Ergebnisbeurteilung der Clusteranalyse und zum anderen als weiterer Input für den iterativen Prozess in der WED.

In der Beispielstudie wird anhand des vorliegenden Werkzeugs eine K-Means-Clusteranalyse in der oben beschriebenen Weise durchgeführt. Dabei wird versucht, Parameter wie die Vorgabe der Anzahl von Klassen, eine Mindestgröße einer Klasse und weitere empirisch iterativ zu optimieren. Im Folgenden sind mögliche Ergebnisse beispielhaft dargestellt. Das Diagramm zeigt die sechs innerhalb der untersuchten Datenmenge gefunden Cluster.

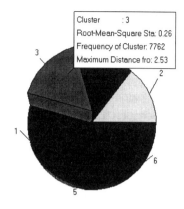

	4	Non	Int	Int	Int
11		LABEL	number	support	cl_id
■	1	SA_0279:0	7762	1.0000	3
■	2	SA_0403:0	7762	1.0000	3
■	3	SA_0431:0	7762	1.0000	3
■	4	SA_0438:0	7762	1.0000	3
■	5	SA_0459:0	7762	1.0000	3
■	6	SA_0473:0	7762	1.0000	3
■	7	SA_0550:0	7762	1.0000	3
■	8	SA_0676:0	7762	0.9500	3
■	9	SA_0205:0	7762	0.8801	3
■	10	SA_0662:0	7762	0.8116	3
■	11	SA_0540:0	7762	0.5354	3

Cluster : 3
Root-Mean-Square Sta: 0.26
Frequency of Cluster: 7762
Maximum Distance fro: 2.53

Abb. 5-9: *Beispiele für Klassen von Fahrzeugkonfigurationen als Ergebnisse der Clusteranalyse[222]*

Wie zu sehen ist, lassen sich pro Cluster Angaben wie bspw. zur Clustergröße (Frequency of Cluster) und -dichte (Größe in Verbindung mit „Maximum Distance", also anhand des größten Abstands eines Fahrzeugs des Clusters zum Repräsentanten) abrufen. In der nebenstehenden Tabelle sind beispielhaft für Cluster „3" die Sonderausstattungen aufgeführt, die im Repräsentanten enthalten sind. Zu jeder Sonderausstattung ist der Support mit aufgeführt, also der Anteil der Fahrzeuge im Cluster, die diese Sonderausstattung aufweisen. Dass die ersten Sonderausstattungen zu 100 % im Cluster vorkommen, weist eher auf die Festlegung des Herstellers oder des Marktes als Serienausstattung hin, als auf ein statistisch relevantes Ergebnis. Hier ist die Qualität des Datenabzugs und der Datenvorbereitung nachzuprüfen.

5.1.7 Phase 7: Interpretation und Bewertung

Interpretation und Bewertung der durchgeführten Methode zur Abhängigkeitsanalyse im Hinblick auf den WED-Prozess für den Markt USA:

Die Ergebnisse führen zur Erkenntnis, dass zur Erstellung eines Vorschlags einer für die Konfiguration benötigten kompletten Fahrzeugbeschreibung wei-

---

[222] Kopie der Bildschirmdarstellung einer grafischen Benutzeroberfläche der verwendeten Data-Mining-Anwendung „Enterprise Miner" der Firma SAS

tere Analysen notwendig sind. Die über die Assoziationsregeln gelieferten Merkmalsketten haben Längen von zwei bis zu ca. zehn Ausstattungsmerkmalen, die obligatorische Merkmale wie Farbe oder Polster enthalten können, aber nicht müssen. Eine Konfigurationsunterstützung wäre also lediglich in einer stückweisen Informationslieferung über zu einer gewählten Ausstattung zusätzlich empfohlene weitere Ausstattungen darstellbar. Ob die zusätzlichen gewählten Farben und Polster sowie weitere Ausstattungen statistisch sinnvoll sind, bliebe dann der Expertise des Disponenten und dem Zufall überlassen. Assoziationsregeln sind also höchstens als ergänzende Information zu bereits gewählten Grundmerkmalen sinnvoll einsetzbar. Dazu ist der Aufwand zur Identifizierung der geeigneten Regeln aus mehreren zehntausend Merkmalsketten im Moment zu groß. Allein innerhalb eines Modells wurden bei einer Analyse beispielsweise über 20.000 Regeln mit vier oder fünf Merkmalen gefunden.[223] Darin enthalten sind aus der Stückliste der Produktentwicklung vorgegebene Regeln, die herauszufiltern aufgrund der hohen Komplexität ein sehr aufwendiges Unterfangen wäre. Beschränkungen der Mengen durch Setzen von Werten für die statistische Signifikanz, z. B. über die Bestimmung von Obergrenzen für den Support und die Konfidenz, führen aufgrund der Verteilung schnell zu wenigen, trivialen Ergebnissen i.S.v. einfachen bedingten Abhängigkeiten bspw. zwischen Lackfarbe und Polster. Die Aussagekraft und der Neuwert an Information einiger Regeln ist unbestritten, aber die Filterung und Verwendung zeigte sich aus den Ergebnissen der Machbarkeitsstudien heraus als zunächst nicht empfehlenswert.

Interpretation und Bewertung der durchgeführten Methode zur Segmentierung im Hinblick auf den WED-Prozess für den Markt USA:
Anders als die Ergebnisse der Abhängigkeitsanalyse liefert die Clusteranalyse Vorgaben, die für den *Konfigurationsprozess* geeignet sind. Innerhalb der Daten eines Modells erhält man einige Klassen, die durch jeweils eine Konfiguration repräsentiert werden, die alle obligatorischen Merkmale enthält, sowie einige wenige Sonderausstattungen. Die Eignung für den *Konfigurationsprozess* darf aber nicht als Gütemaß für die statistische Relevanz der Informationen

---

verwendet werden. Die beschriebene Bewertung der Güte der Ergebnisse anhand von simulierten Prognosen auf echte, vorhandene Daten und die Expertenbewertungen sind durchzuführen und kritisch zu betrachten. Tatsächlich zeigen die ersten Gutachten, dass die Ergebnisse zum einen Erfahrungen widerspiegeln (z. B. Korrelationen zwischen hochwertigen Lederpolstern und Autotelefon), zum anderen interessante Fragestellungen aufwerfen (besteht eine Beziehung zwischen Dachreling und Sitzheizung?). Dabei könnte es sich um bisher unbekannte Zusammenhänge handeln, was der Erwartungshaltung an die Ergebnisse eines idealen Data-Mining-Prozesses entspräche. Es zeigten sich während der Durchführung des Data-Mining-Prozesses aber auch immer wieder Hinweise auf eine unzureichende Qualität der Daten. Diese liegen teilweise in den Quellsystemen begründet (z. B. fehlende oder unlogische Daten), teilweise sind aber auch Optimierungen in den Phasen der Extraktion und der Datenaufbereitung nötig (z. B. Filterung der Serienausstattungen).

Zusammenfassend ist festzustellen, dass der iterativ in Wiederholungsschleifen zu optimierende Data-Mining-Prozess für die gegebene Fragestellung noch nicht abgeschlossen ist. Die vorliegenden Ergebnisse lassen aber erwarten, dass die getesteten Methoden und Instrumente auf einem der möglichen, sinnvollen Pfade liegen und zur Unterstützung des *Konfigurationsprozesses* Mehrwert liefern können. Dabei ist zu beachten, dass selbst eine Erzeugung ausschließlich bekannter Ergebnisse bereits Nutzen bringt, da eine systematisierte Abbildung von kombinatorischen Zusammenhängen innerhalb von Fahrzeugkonfigurationen im Automobilvertrieb bisher nicht zufriedenstellend bewältigt wurde.[224] Die systematisierte Erzeugung valider, bekannter Ergebnisse hat ihren Mehrwert in der Erhöhung der Informationsgehalts aus der Bündelung der Daten, der Objektivierung der Prognosen über unterschiedliche Anwender und der Reduzierung des Arbeitsaufwands für den Anwender selbst (vgl. Abschnitt 4.3.1). In der Umsetzung wird beschrieben, wie die geprüften Methoden in welcher Kombination zur Anwendung kommen könnten.

---

[224] Vgl. Ludwig, R.: (Clusteranalytische Untersuchungen im Automobilbau), Friedrich, L.: (Analyse und Prognose von Kundenauftragsdaten), Schütz, F.: (Strukturanalyse von Kundenauftragsdaten für PKW)

5.1.8 Phase 8: Umsetzung

Die Vorarbeiten der Phasen 1 bis 7 des WED-Prozesses werden nun in ein konkretes Umsetzungsbeispiel für den Markt USA überführt. In dieser Phase wird die Qualität der Ausrichtung der Zielvorgaben des WED-Prozesses zur Integration in die bestehende Prozesswelt der Auftragsabwicklung offengelegt. Die Zusammenführung der Erkenntnisse aus der Gestaltung der Prozesse und Systeme (vgl. Kapitel 4) und des bisher durchgeführten WED-Prozesses führt zu folgender Vorgehensweise.

Entscheidung für den WED-Prozess für den Markt USA
„Schritt 1: Konzentration des Produktspektrums" soll unter Einbeziehung neuer Methoden und Instrumente aus der WED in Form von

- *„Stufe 4 – anwendungsgestützte Berechnung von Konfigurationen für Lagerfahrzeuge"*

verwirklicht werden.

Für *„Schritt 2: Erstellung von Prognosen über Kundenwünsche"*, der in dieser Arbeit nicht weiter ausgeführt wird, ist geplant,

- *Stufe 1 – Prognosen auf Basis der Verkäufe,*
- *Stufe 2 – Einbeziehung der Bestandssituation* sowie
- *Stufe 3 – Einbeziehung von Anfragen aus dem Internet*

durchzuführen.

Die *„Implementierung der Ergebnisse der Prognosen in den Konfigurationsprozess des Auftragseingangs, Schritt 3"* soll mit

- *Stufe 3 – Integration der Vorschläge in das Auftragseingangssystem* und
- *Stufe 4 – Implementierung statistisch belegter Vorschlagsmodifizierung im Auftragseingangssystem*

realisiert werden.

Für die Umsetzung werden dieser Strategie entsprechend folgende Entscheidungen für die *Schritte 1* und *3* getroffen:

- Abhängigkeitsanalysen in Form der Bildung von Assoziationsregeln sind als ausschließliches Instrument im Hinblick auf die gewünschte spätere Anwendung im *Konfigurationsprozess* nicht geeignet

- Clusteranalysen scheinen geeignet und bilden den Kern der Untersuchungen

- Im Sinne der komplexen, für den Anwender komfortablen Ausprägung von *„Schritt 3: Implementierung der Ergebnisse der Prognosen in den Konfigurationsprozess des Auftragseingangs"* werden Assoziationsanalysen innerhalb der errechneten Klassen der Clusteranalyse angewandt. Sie liefern in der Anwendung dann Unterstützung, wenn ein Anwender den Konfigurationsvorschlag aus der Clusteranalyse erweitern oder reduzieren will. Siehe dazu folgende Maske aus der Anwendung zum Data Mining, die die Verknüpfung der Methoden Clusteranalyse und Assoziationsanalyse bildlich symbolisiert.

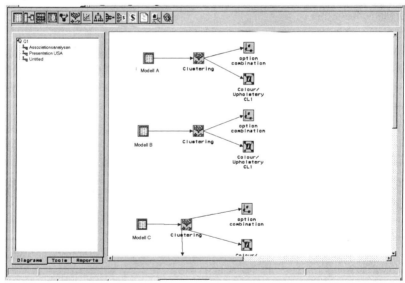

Abb. 5-10: *Beispiel für eine Maske der Anwendung zur Darstellung der angewendeten Methoden im Data-Mining-Prozess*[225]

---

[225] Kopie der Bildschirmdarstellung einer grafischen Benutzeroberfläche der verwendeten Data-Mining-Anwendung „Enterprise Miner" der Firma SAS

- Es werden nur Berechnungen über Modelle mit ausreichend vorhanden Datensätzen[226] durchgeführt. Andere Modelle sind vom Anwender in gewohnter Weise zu konfigurieren. Dabei kann er Informationen zu ähnlichen, berechneten Modellen heranziehen.

- Die Berechnungen aus dem Data-Mining-Prozess werden gebündelt in zentralen Datenbeständen durchgeführt, um anwenderübergreifende Erkenntnisse sicherzustellen; die Ergebnisse werden dezentral in den Auftragseingangssystemen der Anwender implementiert. Die Systemverantwortlichen in der Zentrale sind Spezialisten, die neben dem Know-how für den Data-Mining-Prozess auch fachliches Know-how vorweisen müssen, und in engem Kontakt zu den Marktverantwortlichen stehen.

- Die Auftragseingangssysteme sind so zu gestalten, dass der Anwender für ein bestimmtes Modell einen Konfigurationsvorschlag aus der Clusteranalyse erhält und diesen gestützt aus Assoziationsanalysen modifizieren kann. Das Ergebnis wird in die gewohnte Auftragseingangsmaske übertragen (ein Beispiel, wie solche Masken aussehen können folgt in Abschnitt 5.2). Die komplexen Vorgänge aus dem Data-Mining-Prozess sind aus den Benutzeroberflächen der Planungs- und Auftragssysteme herauszuhalten, die Schnittstelle besteht lediglich in der Übertragung der Ergebnisse, die auch manuell erfolgen kann.

- Im Sinne der Gewährleistung der Sortimentsbreite werden die kategorialen Variablen Farbe, Polster, Radio und Felgen in *Schritt 1* gesondert behandelt und in *Schritt 3* dem Anwender mit Informationen über ihre Häufigkeit zur Verfügung gestellt.[227] Sie werden deshalb nicht in die Berechnung der Klassen miteinbezogen, sondern nachträglich innerhalb der Klassen nach Häufigkeit ausgewertet (siehe dazu auch das Beispiel für mögliche Masken in der Anwendung im Auftragseingang im Anhang).

- Die Anwendungen sind sowohl für die Gruppe von Disponenten in der nationalen Vertriebsgesellschaft, als auch für Disponenten in Handelsbetrieben zu konfektionieren.

---

[226] Es werden mindestens 1000 Fahrzeugbeschreibungen als erforderlich festgelegt.
[227] Somit wird vermieden, dass innerhalb eines Markts Fahrzeuge gleichen äußeren Aussehens bestellt werden.

Die beschriebene Strategie mit ihren Konsequenzen in der Umsetzung bedeutet die Gestaltung einer Pilotapplikation, die die größtmögliche Komplexität in
der Anwendung der vorgeschlagenen Prozess- und Systembausteine nahezu
vollständig erreicht. Erwartet wird dementsprechend eine komfortable Bedienung mit optimierten Ergebnissen.

5.1.9 Phase 9: Dokumentation der Erfahrungen

Das Data Mining Tool bietet die Möglichkeit, bestimmte Berichte automatisch
zu erstellen. Diese dokumentieren die Anwendung der Methoden im Verlauf
des Data-Mining-Prozesses. Außerdem werden Protokolle und Prozessbeschreibungen erstellt, die den Vorgang dokumentieren und die Erfahrungen für
Folgeprojekte nutzbar machen.

Zusammenfassung zum Data-Mining-Prozess

In Abhandlungen zu vergleichbaren Aufgabenstellungen[228] wurde der Data-
Mining-Prozess weder in Hinblick auf die verschiedenen Anforderungen aus
den unterschiedlichen *Kunde-Markt-Hersteller-Systemen* noch in Hinblick auf
die Anwendbarkeit der Ergebnisse auf den zu unterstützenden Prozess (hier
Konfigurationsprozess) gestaltet oder bewertet. Der oben beschriebene Vorschlag für das ausgewählte *Kunde-Markt-Hersteller-System* ist demzufolge
eine Weiterentwicklung in diese Richtung. Deshalb liegt der Fokus weniger auf
einer optimalen statistischen Lösung, als vielmehr auf der periodischen Durchführbarkeit des Data-Mining-Prozesses in der Praxis und die Eignung der produzierten Ergebnisse für die Applikationen der Benutzergruppen. Trotz dieser
Schwerpunktsetzung müssen die Ergebnisse im Sinne der im Exkurs in Abschnitt 4.3.1.1.4 aufgeführten Beschreibungen von *Fayyad* valide, neuartig,
nutzbringend und verständlich sein.

---

[228] Vgl. Hayler, C.: (Generierung von Orders für Lagerfahrzeuge), Ludwig, R.: (Clusteranalytische Untersuchungen im Automobilbau), Friedrich, L.: (Analyse und Prognose von Kundenauftragsdaten), Schütz, F.: (Strukturanalyse von Kundenauftragsdaten für PKW)

5.2 Anwendung webbasierter Applikationen zur Implementierung der Ergebnisse der Prognosen in den Konfigurationsprozess des Auftragseingangs

Der vorgestellten Systematik entsprechend wird die im Folgenden beschriebene Umsetzung von *Schritt 3, Implementierung der Ergebnisse der Prognosen in den Konfigurationsprozess des Auftragseingangs* auf Höhe von *Stufe 3, Integration der Vorschläge in das Auftragseingangsystem* und *Stufe 4, Implementierung statistisch belegter Vorschlagsmodifizierung im Auftragseingangsystem* erfolgen.

Die *Schritte 1* und *2* wurden bereits beeinflusst von den gewünschten Anforderungen an *Schritt 3* gestaltet. Diese sehen die Möglichkeit vor, Vorschläge für komplette Fahrzeugkonfigurationen in den Auftragseingangssystemen des Anwenders erscheinen zu lassen (*Stufe 3*). Diese sollten vom Anwender benutzergeführt auf Basis statistischer Auswertungen im Ausstattungsumfang erweitert oder reduziert werden können (*Stufe 4*). Farben, Polster, Radio und Felgen sollten aus genannten Gründen gesondert zur Auswahl stehen. Entsprechend dieser Anforderungen an *Schritt 3* könnten Masken für einen Anwender in *Schritt 3* folgendermaßen aussehen.

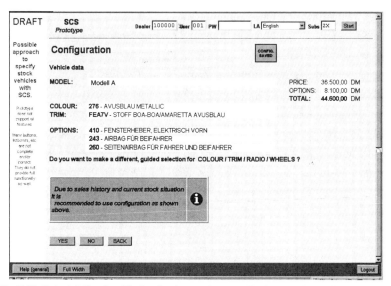

Abb. 5-11: *Beispiel für eine Maske der Anwendungsapplikation zur Darstellung der Ergebnisvorschläge an den Benutzer (weitere Beispiele im Anhang)*

Die Abbildung zeigt eine von mehreren Masken, die für den Benutzerdialog im Konfigurationsprozesses entwickelt wurden. Im Beispiel ist ein erster, system-generierter Konfigurationsvorschlag für das Modell A zu sehen; neben Farbe, Polster und Sonderausstattungen wird gleichzeitig der Preis für das dargestellte Fahrzeug angezeigt. Der Anwender wird nun aufgefordert, die Ausstattungsmerkmale, für die mehrere Wahlmöglichkeiten existieren (z. B. Farbe, Polster, Radio oder Felgen) zu ändern (YES), oder den aktuellen Vorschlag für diese Merkmale anzunehmen (NO).

5.3 Wirtschaftlichkeitsbetrachtung zur Umsetzung der vorgeschlagenen Prozess- und Systembausteine

Die Anwendung der vorgeschlagenen Prozess- und Systembausteine in einem realen Wirtschaftsumfeld macht nur dann Sinn, wenn den Investitionen und laufenden Kosten entsprechende Nutzenpotenziale gegenüberstehen.
Die Optimierung der Lagerfahrzeugspezifikation hat – den in Abschnitt 4.3.3 vorgeschlagenen Ansätzen zum Controlling folgend - eine direkte Auswirkung auf die nachstehenden Faktoren, auf deren Basis auch aufgezeigt wird, wie sich das Potenzial monetär bewerten lässt. Dazu zählen:

- die Optimierung von Lagerkenngrößen
  (vor allem die Reduktion von Standtagen eines einzelnen, „nicht kundenbe-legten" Fahrzeugs),
- die Erhöhung des *Kundenbelegungsgrads* vor *Produktion*,
- die Erhöhung der Deckungsbeiträge und
- die Erhöhung der Kundenzufriedenheit

Im Folgenden wird gezeigt, wie sich die Effekte aus der Bestandsreduktion ableiten und quantifizieren lassen. Die weiteren Messgrößen werden als Po-tenziale, die das Ergebnis weiter verbessern können, zunächst qualitativ mit-geführt.

5.3.1 Nutzenpotenziale der Bestandsreduktion von Neufahrzeugen aus „nicht kundenbelegten" Aufträgen

Wie in Abschnitt 3.1.3.3 dargestellt, verringern sich mit jedem eingesparten Standtag die

- Kapitalbindungskosten,
- Stellplatzkosten,
- Wartungskosten,
- Versicherungskosten und
- Kosten zur Behebung von Schäden.

Eine Untersuchung auf Basis dieser Kosten zeigt, dass mit zunehmendem Bestandsalter „nicht kundenbelegter" Fahrzeuge deren Kostenanteil an den Gesamtkosten der Bestandshaltung überproportional ansteigt.

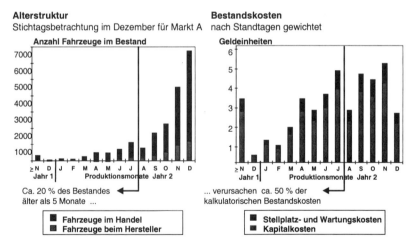

Abb. 5-12: *Verteilung der Bestandskosten über Fahrzeuge unterschiedlicher Standdauer*[229]

Die Diagramme zeigen, dass der Bestand an Fahrzeugen, die älter als 5 Monate sind, ca. 20 % des Gesamtbestands ausmacht; die Fahrzeuge dieses Bestands verursachen aber ca. 50 % der gesamten Bestandskosten. Dies ist

---

[229] Untersuchungsergebnisse aus interner Quelle der BMW Group

u.a. mit dem mit zunehmendem Alter wachsenden Risiko für Schäden, dem erhöhten Wartungsbedarf und der Verzinsung zu begründen. In der Berechnung für die obenstehende Abbildung sind die schwer zu erfassenden Kosten aus Abschnitt 4.1.2 noch nicht enthalten. Diese setzen sich aus

- Kosten für Lagerräumung (Rabatte auf das Alter der Fahrzeuge),
- Kosten für die Einschränkung der *Lieferfähigkeit* (Rabatte auf aus Kundensicht ungünstige Konfigurationen),
- Kosten für Swaps (Fahrzeugtausche zwischen Händlern) und
- entgangenem Umsatz

zusammen.

Auch die Höhe der Rabatte auf das Alter der Fahrzeuge steigt mit zunehmenden Alter des Fahrzeugs überproportional an. Ungünstige Konfigurationen tragen zu diesem Effekt mit bei, da die Fahrzeuge länger im Lager bleiben. In folgender Abbildung sind die Kosten aus Kapitalbindung und Lagerkosten (Stellplatz, Wartung, Versicherung, Schäden) sowie die Rabatte (Alter, ungünstige Konfiguration) qualitativ über die Zeit, kumuliert auf ein einzelnes Fahrzeug bezogen als Prinzipbild dargestellt.

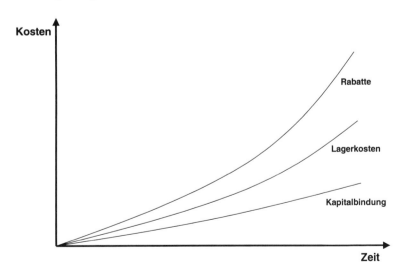

Abb. 5-13: *Qualitativer Verlauf von Bestandskosten eines einzelnen Fahrzeugs über die Zeit*

5.3.2 Bewertung der Wirtschaftlichkeit der angewendeten Prozess- und Systembausteine

Zur ersten Einschätzung der Wirtschaftlichkeit des oben dargestellten Anwendungsbeispiels wird eine Sensitivitätsanalyse aufgebaut, in der die Auswirkungen variabler Inputgrößen auf einen vorgegebenen Zielfunktionswert untersucht werden. Diese Form für ein Entscheidungsmodell für Investitionsobjekte ist bei *Götze* beschrieben und wird dort als „Form b" bezeichnet.[230] Als Inputgrößen werden gewählt

- Umsetzungskosten der angewendeten Prozess- und Systembausteine: (Summe von Einmalaufwand und Betriebskosten)
- Bestandshöhe: (Anzahl Fahrzeuge im Bestand, jährlicher Durchschnitt)
- Bestandsalter: (Standdauer der Fahrzeuge im Bestand, jährlicher Durchschnitt)
- Bestandskosten: (Bewertet werden Kosten aus Kapitalbindung, Lagerhaltung und Rabatte)

Die Inputgrößen werden später, teilweise innerhalb von Bandbreiten, aus Erfahrungswerten dimensioniert.

Als Rechenansatz bietet sich an, eine Sensitivitätsanalyse zu nutzen, in welcher die Reduktion von Standtagen errechnet wird, die notwendig ist um eine Zielrentabilität zu errechnen. Der Zielwert ist die

- Zielrendite: Prozentsatz, der bestimmt, um welchen Faktor die Einsparungen die Umsetzungskosten übertreffen sollen.

Dieser Ansatz ist deshalb besonders geeignet, da die Anzahl der notwendigen zu reduzierenden Standtage relativ leicht auf Plausibilität zu prüfen ist.

---

[230] Vgl. Götze, U.: (Sensitive Risikoanalyse zur Vorbereitung von Investitionsentscheidungen bei Unsicherheit), S. 204-205

Die Zielfunktion bestimmt sich also über die Berechnung der Bestandskosten über Bestandshöhe und –alter, die über die erforderliche Reduktion von Standtagen gegen die mit der Zielrendite gewichteten Umsetzungskosten gehalten werden.

$$ZR = \frac{\varnothing\,BH \bullet \varnothing\,BA \bullet K\_ST\_F \bullet \text{Reduktion ST}}{UK} - 1$$

mit:

ZR	=	Zielrendite [%] (Zielwert gewünschte Zielrendite, fix)
UK	=	Umsetzungskosten [€] (geschätzt aus Einmalaufwand und Betriebskosten, fix)
Ø BH	=	Bestandshöhe, jährlicher Durchschnitt [Fahrzeuge] (innerhalb gegebener Bandbreite gestuft variabel)
Ø BA	=	Bestandsalter, jährlicher Durchschnitt [Standtage] (innerhalb gegebener Bandbreite gestuft variabel)
K_ST_F	=	Kosten Standtag pro Fahrzeug [€/(Standtage*Fahrzeuge)] (aus Kapitalbindung, Lagerhaltung und Rabatten, fix)
Reduktion ST	=	Reduktion von Standtagen pro Fahrzeug [%] (notwendig zur Erreichung des Zielwerts)

Im Folgenden werden beispielhaft Werte für Zielwert und Inputgrößen dimensioniert. Der Zielwert Zielrendite (ZR) bestimmt sich aus einer beispielhaft gewünschten Rendite auf die Investition der geschätzten Umsetzungskosten (UK). Die Inputgrößen Kapitalbindung, Lagerkosten und Rabatte resultieren in der Variablen „Kosten Standtag pro Fahrzeug" (K_ST_F). Für diese wird zusammenfassend ebenfalls ein fixer Wert bestimmt, um die Beschreibung der Sensitivitätsanalyse überschaubar zu halten. Die Darstellung der Sensitivität erfolgt über die, innerhalb bestimmter Bandbreiten gestuften, variablen Inputgrößen durchschnittliche „Bestandshöhe" (BH) und „Bestandsalter" (BA) von Neufahrzeugen in einem Markt. Als Ergebnis ist die Sensitivität der notwendigen prozentualen Einsparung von Standtagen pro Fahrzeug zu sehen (Reduktion ST).

5.3.2.1 Zielrendite (ZR)

Je nach erwarteter Zielrendite soll der Betrag der Einsparungen an Kosten für Standtage pro Fahrzeug mehr als der der Umsetzungskosten betragen. Im Beispiel werden für eine einfache Veranschaulichung 10 % gewählt.

5.3.2.2 Umsetzungskosten der angewendeten Prozess- und Systembausteine (UK)

Für die gewählte, in dieser Arbeit beschriebene Vorgehensweise für die Umsetzung wird eine Aufwandsschätzung erstellt. Demnach wird im ersten Jahr ein Einmalaufwand an internem sowie extern beauftragten Personal, an Sachkosten (Reisekosten, Workshops, Büromaterial) etc. und Investitionen (Lizenzen) von ca. 400.000 € geschätzt; die laufenden jährlichen Betriebskosten für die implementierten Prozess- und Systembausteine (inklusive Lizenzen für Softwareprodukte) belaufen sich, in Folge dieser Schätzung, auf ca. 100.000 €. Darin nicht berücksichtigt sind Verteilungen der Fixkosten auf weitere, potenzielle Folgemärkte.

5.3.2.3 Bestandshöhe (BH)

Als Bandbreite für mögliche durchschnittliche Bestandshöhen von Fahrzeugen in einem Markt werden zwischen 2.500 und 30.000 Fahrzeuge gewählt. Die Obergrenze orientiert sich an größeren Märkten mit mehreren hunderttausend Einheiten Jahresvolumen und einem Lageranteil, der eher Kunde-Markt-Hersteller-Systemen des Typs IIIC3 zu eigen ist. In nachfrageschwachen Zeiten, sind auch größere Mengen denkbar.

5.3.2.4 Bestandsalter (BA)

Als Bandbreite für mögliche durchschnittliche Bestandsalter werden Zeiten zwischen 30 und 360 Tagen gewählt. Betrachtet man die Zielwerte für bestimmte Märkte für Bestandsreichweiten über alle Fahrzeuge, also inklusive der kundenbelegten,[231] so sind auch diese Werte nicht zu hoch gegriffen. Eine

---

[231] Vgl. dazu auch Williams, G.: (Progress Towards Customer Pull Distribution), S. 27-33. Aus dieser-Studie kann man als Ziel für Bestandsreichweiten, übertragen auf die Herstellertypen 1 und 2, Werte von ca. 30-40 Tagen entnehmen, die derzeitigen Ist-Werte liegen

komplette Darstellung aller möglichen Sensitivitäten wird einer Einschränkung auf bestimmte Kombinationen von Bestandshöhen und –dauern vorgezogen. Gleichwohl ist zu beachten, dass es zwar Neufahrzeuge im Bestand geben kann, die z. B. 360 Tage alt sind oder sogar älter, aber dann kaum in Bestandshöhen von z. B. 30.000 Fahrzeugen auftreten. Die Bewertung nach praxisnahen Gesichtspunkten erfolgt nach der Vorstellung der gesamten Analyse.

5.3.2.5 Kosten für Standtage (K_ST_F)

Zur Ermittlung der Kosten eines Standtags für ein Lagerfahrzeug wird eine grobe Überschlagsrechnung angestellt. Folgende Kosten fließen mit ein:

Kapitalbindungskosten

Fahrzeugwerte bewegen sich je nach Hersteller zwischen ca. 7.000 bis über 100.000 €.[232] Für das Beispiel wird ein Durchschnitt von 25.000 € angesetzt, was in etwa dem Wert eines Fahrzeugs aus dem Segment der Mittelklasse entspricht. Für den Zinssatz werden 6 % gewählt, entsprechend eines langfristigen Satzes zur Finanzierung von Beständen.

Auf ein Jahr gerechnet, ergeben sich damit Kosten in Höhe von ca. 4 € pro Fahrzeug und Tag (25.000 [€] * 0,06 / 365 [Tage im Jahr]).

Lagerkosten

Zur Berücksichtigung der Kosten für Stellplatz, Wartung, Versicherung und Schadensbehebung wird ein fixer Kostensatz von ca. 2,5 € pro Fahrzeug und Tag festgelegt. Dieser Wert ergibt sich der Konsolidierung von Schätzungen, die in Expertenbefragungen bei Herstellern und im Handel erhoben wurden. Die Steigerung dieser Kosten mit zunehmenden Alter bleibt zunächst unberücksichtigt.

---

demnach höher. Für Hersteller des Typs 3 liegen noch höhere Standzeiten sowohl im Ist als auch im Soll vor.

[232] Vgl. dazu eine der zahlreichen Übersichtpreislisten im Internet, für einen Preisvergleich innerhalb Europas beispielsweise http://europa.eu.int/comm/competition/car_sector/price _diffs/ eingesehen am 03.01.01, um 10.00 Uhr

Kosten aus Lagerräumung und Einschränkung der Lieferfähigkeit (Rabatte)

Als Durchschnitt werden, angelehnt an die Studie des ICDP (vgl. Fußnoten 167 und 168), sehr konservativ für Rabatte auf das Alter 1,75 % und auf eventuelle ungünstige Spezifikationen 0,5 % angesetzt. Daraus ergeben sich auf ein Jahr gerechnet weitere 1,5 € pro Fahrzeug und Standtag. (25.000 [€] * (0,0175+0,005) / 365 [Tage im Jahr]).

Auch hier bleibt die nichtlineare Zeitabhängigkeit dieser Kosten unberücksichtigt. In Summe resultieren demnach für ein einzelnes Fahrzeug ca. 8 € an Kosten für einen Standtag.

5.3.2.6 Ermittlung der Anzahl einzusparender Standtage (Reduktion ST)

Je nach erwarteter Zielrendite müssen die Einsparungen mehr als die Umsetzungskosten betragen. Im Beispiel werden 10 % gewählt.

Der Einfachheit halber wird der Einmalaufwand für die Umsetzung nicht auf mehrere Jahre abgeschrieben. Die Einsparungen müssten also 550.000 € betragen. Bei den festgesetzten Standkosten von 8 € pro Fahrzeug und Tag wäre rechnerisch dafür eine Reduktion von 68.750 Standtagen gesamt im Jahr nötig.

Die folgende Abbildung zeigt in Abhängigkeit der variablen Inputgrößen Bestandshöhe und -dauer die Sensitivitäten für die notwendigen prozentualen Einsparungen an Standtagen pro Fahrzeug an. Die Parameter für Umsetzungskosten und Zielrendite sowie der Kosten für Standtage eines Fahrzeugs sind wie obenstehend dargestellt gewählt.

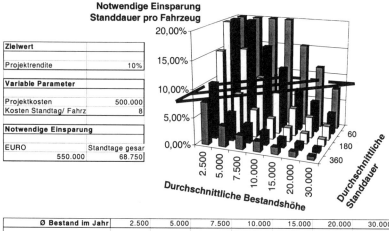

Zielwert	
Projektrendite	10%

Variable Parameter	
Projektkosten	500.000
Kosten Standtag/ Fahrz	8

Notwendige Einsparung	
EURO	Standtage gesar
550.000	68.750

Ø Bestand im Jahr	2.500	5.000	7.500	10.000	15.000	20.000	30.000

Ø Standdauer pro Fahrzeug	Notwendige Reduktion von Standtagen pro Fahrzeug in %						
360	7,64%	3,82%	2,55%	1,91%	1,27%	0,95%	0,64%
270	10,19%	5,09%	3,40%	2,55%	1,70%	1,27%	0,85%
180	15,28%	7,64%	5,09%	3,82%	2,55%	1,91%	1,27%
90	30,56%	15,28%	10,19%	7,64%	5,09%	3,82%	2,55%
60	45,83%	22,92%	15,28%	11,46%	7,64%	5,73%	3,82%
30	91,67%	45,83%	30,56%	22,92%	15,28%	11,46%	7,64%

Abb. 5-14: *Notwendige Reduktion der Standdauer pro Fahrzeug zur Erreichung der Zielrendite*

In den Tabellen neben dem Diagramm sind die oben beschriebenen Werte für Zielwert und die gesetzten Inputgrößen eingetragen. Die unter dem Diagramm stehende Tabelle zeigt die Sensitivitäten für die notwendigen Einsparungen an Standtagen pro Fahrzeug in Prozent. Im Diagramm selbst ist dies bildlich veranschaulicht. In beiden Darstellungen (Tabelle und Diagramm) wurde als Beispiel für eine mögliche Einsparungsleistung eine Grenze bei 10 % gezogen. So ist zu erkennen, dass die zur Erreichung der Zielrentabilität notwendigen Einsparungen bereits ab Bestandsgrößen von beispielsweise durchschnittlich 15.000 Fahrzeugen und Standdauern von durchschnittlich 60 Tagen[233] im Bereich von weniger als zehn Prozent Einsparungsleistung liegen.

Dabei ist zu bedenken, dass die Einsparungen nicht gleichmäßig verteilt sein werden, sondern vornehmlich den Bestand und die Kosten der Fahrzeuge reduzieren werden, die heute mehrere Monate stehen. Die Kosteneinsparungen

---

[233] Beide Werte sind in großen Märkten vieler Hersteller realistisch und können noch übertroffen werden, was eine positive Projektbeurteilung noch weiter fördert

werden also entsprechend der obenstehenden Ausführungen überproportional zu den eingesparten Standtagen sein; auch dieser Effekt ist in dieser Rechnung nicht berücksichtigt.

Die vorhergehenden Abschätzungen sind also insgesamt sehr konservativ getroffen, da lediglich der Effekt der Reduzierung von Standtagen in die Rechnung miteinbezogen wurde. Die Kosteneinsparungen für die Reduzierung von physischen Fahrzeugtauschen zwischen Händlern sind damit ebenfalls nicht enthalten. Eine physische Überführung eines Fahrzeugs von Händler A zu Händler B kann bspw. mit mindestens 100 € angesetzt werden.

Weiterhin sind Zusatzeffekte aus der möglichen Deckungsbeitragssteuerung über die Zusteuerung von Sonderausstattungen in die Vorschlagserstellung für den *Konfigurationsprozess* zu erwarten (siehe Abschnitt 4.3.1). Die Händler stehen nämlich vor dem Dilemma mit einer hochwertigen Ausstattung das Fahrzeug für manche Kunden eventuell attraktiver zu machen und damit auch mehr zu verdienen; für andere Kunden ist eine hochwertige Ausstattung aber zu teuer und der Händler hat in diesem Fall über längere Zeit eine höhere Kapitalbindung. Die Erfahrung zeigt, dass Händler in vielen Märkten Fahrzeuge aus „nicht kundenbelegten" Aufträgen tendenziell eher niedriger ausstatten; somit wäre eine Unterstützung im *Konfigurationsprozess*, die diesem Effekt entgegenwirkt weiter ergebnisfördernd.

Die errechneten Werte von notwendigen Einsparungen stellen aber auch unter diesen strengen Prämissen ein erreichbares Ziel dar und es ist zu vermuten, dass bereits weniger hohe Einsparungen an Standtagen die Umsetzung wirtschaftlich machen. Auf der E-Business Conference der Automotive News Group äußerte ein Experte des Automobilherstellers Volvo am 30.11.2000 die Aussage, dass ein Lagerfahrzeug im Vergleich zu einem auf Kundenauftrag gefertigten ca. 1000 US-$ Mehrkosten mit sich bringt.[234] Dies entspräche in der vorliegenden Abschätzung in etwa einer durchschnittlichen Standdauer von 2 Monaten; ein realistischer Wert, der als Beleg für die Einschätzung der Dimensionen in der Nutzenrechnung dienen kann.

---

[234] Entnommen aus dem Internetauftritt der Automotive News Group unter der Adresse http://www.autonewseurope.com/stories/ebizbuildtoorder1130.htm am 09.12.2000 um 20.40 Uhr

Die monetär nicht erfassbare, aber sehr wichtige erhoffte Steigerung der Kundenorientierung, trägt ebenfalls zur Empfehlung für die Umsetzung der vorgeschlagenen Prozess- und Systembausteine bei bei. Findet bspw. der Kunde ein Lagerfahrzeug vor, das eher seinen Vorstellungen entspricht, als es ohne die Unterstützung des *Konfigurationsprozesses* der Fall gewesen wäre, so trägt dies zur Vermeidung von entgangenem Umsatz bei, wenn der Kunde sonst nicht gekauft hätte; wäre es ohnehin zu einem Kaufabschluss gekommen, so ist dieser zumindest weniger kompromissbeladen als in früheren Zeiten; auch damit ist eine Erhöhung der Kundenzufriedenheit zu erwarten.

Zusammenfassung

Untersuchungen zu ähnlichen Themenstellungen beschränken sich meist auf die Durchführbarkeit statistischer Methoden, ohne einen zukünftigen Einsatz im Produktivbetrieb weiter zu prüfen. Dieser bringt, wie gezeigt wurde, etliche Detailfragen hinsichtlich Besonderheiten im Automobilvertrieb, den dazugehörigen Geschäftsprozessen in Planung und Auftragsabwicklung sowie der Komplexität in der Datenhaltung mit sich. In diesem Kapitel wurde die Anwendbarkeit konsequent vom Konzept bis zur Umsetzung pilothaft geprüft; das Ergebnis erscheint positiv bezüglich der Verwendbarkeit der bisher entwickelten Prozess- und Systembausteine. Kritische Punkte konnten identifiziert werden und scheinen derart beschaffen, dass sie in weiteren Stufen einer Klärung zugeführt werden können.

Gleichzeitig wurde ein Ansatz aufgezeigt, wie die Wirtschaftlichkeitsbetrachtung für die Umsetzung aufgebaut werden kann.

Die erwarteten quantitativen Effekte wie z. B. Standtagereduktionen und qualitativen Effekte wie z. B. die Erhöhung der Kundenzufriedenheit führen zu einer positiven Beurteilung der für ein *Kunde-Markt-Hersteller-System* spezifischen Anwendung der vorgestellten Prozess- und Systembausteine.

6 Zusammenfassung und Ausblick

Ein Ziel dieser Arbeit ist es, die heute erkennbaren Anstrengungen der Automobilhersteller, den Auftragsabwicklungsprozess zu optimieren und neu zu gestalten, umfassend und strukturiert darzustellen. Dazu wurden diese Aktivitäten mit allgemeinen, theoretischen Untersuchungen zum Supply Chain Management (SCM) in Zusammenhang gebracht und daraus begründet. Die Betrachtung des Verständnisses von SCM zeigt, dass in diesem Konzept viele bereits unter anderen Namen bekannte Logistikkonzepte gesehen werden, allerdings werden die unternehmens- und logistikübergreifenden Aspekte in Verbindung mit der Steuerung aus Kundenbedarfen besonders betont. Die Einordnung in das Konzept SCM erfolgte also weniger, um diese Lehre als neu und allein erfolgsversprechend zu erklären, sondern vielmehr, weil sie für das Thema Auftragsabwicklung (*Fahrzeugprozess*) derzeit als das geeignetste Mittel scheint, die Erkenntnisse aus zahlreichen Überlegungen im Bereich Logistik einzubringen. Auf diese Weise gelingt es, einen idealen *Fahrzeugprozess* darzustellen, der anhand eines selbst entwickelten Zielsystems mit der derzeit vorgefundenen Situation verglichen werden kann.

Dabei zeigt sich, dass die Bestrebungen für Herstellung und Vertrieb von Neufahrzeugen auf die Verwirklichung einer Kundenauftragsfertigung hinauslaufen. Strategien, die Lagerfertigung vorsehen, sind lediglich als Kompromiss hinsichtlich des Dilemmas zu sehen, kundenorientiert unter Auslastung der Kapazitäten für hohe Stückzahlen zu fertigen und dabei akzeptable Lieferzeiten zu verwirklichen. Der Anteil an „nicht kundenbelegten" Aufträgen wird deshalb als Messgröße des Erfolgs auf dem Weg zur Build-to-Order-Fertigung erhoben. Diese Migration ist selbst für die in dieser Disziplin führenden Hersteller noch nicht abgeschlossen, sondern wird noch weiter andauern.

Das zweite Ziel dieser Arbeit ist es deshalb, sich dieser Situation zu stellen und weitere Optimierungsansätze speziell für jene „nicht kundenbelegten" Aufträge zu entwickeln, solange es diese als Folge von Unzulänglichkeiten in Vertrieb und Produktion gibt. Daraus entsteht der Gedanke der Einordnung von Maßnahmen zur Gestaltung von Prozessen und Systemen als antizipative Kundenbelegungsgraderhöhung zur qualitativen Bestandsoptimierung in die

gesamten Reengineering- und Optimierungsaktivitäten des SCM. Diese sind
abhängig von den Gegebenheiten durch verschiedene Kunden, Märkte und
Herstellertypen.

Deshalb wurde eine Systematik entwickelt, anhand der unterschiedliche Kunden, Märkte und Herstellerverhalten bezogen auf eine Marke analysiert und
als Kunde-Markt-Hersteller-Systeme beschrieben werden können. Damit wird
die Möglichkeit geschaffen, angepasst auf verschiedene Marken, Kunden,
Märkte und Herstellerverhalten die geeigneten Prozesse und Systeme auszu-
wählen und diese abgestimmt auf die Fortschritte in der Optimierung des gesamten *Fahrzeugprozesses* einzusetzen. So sind die entwickelten Prozess-
und Systembausteine zur Verbesserung der Leistung in der Auftragsabwicklung „nicht kundenbelegter" Aufträge auch für verschiedene Hersteller individuell und weltweit einsetzbar. Global agierende Konzerne haben sich den Anforderungen der unterschiedlichen Kunde-Markt-Hersteller-Systeme schon innerhalb ihres Unternehmens zu stellen, zumal sie meist mehr als eine Marke
vertreiben.

Moderne statistische Anwendungen aus dem Umfeld der heute verwendeten
Begriffe Wissensentdeckung in Datenbanken (WED) und Data Mining (DM)
spielen eine Rolle im gesamten vorgeschlagenen Maßnahmenpaket, kommen
aber nur im geeigneten Fall und nach Prüfung der Umsetzungstauglichkeit zur
Anwendung. Bisherige Untersuchungen zu diesem Thema beschränken sich
lediglich auf die statistischen Aspekte, ohne die Verbindung zur Auftragsabwicklung und ihren Anforderungen aus unterschiedlichen Märkten, deren Kunden und den Strategien eines Herstellers herzustellen. Aufgrund dieser feh-
lenden Vorarbeiten wurde der Einsatz von Data-Mining-Prozessen zur WED
im Zusammenhang mit dieser Fragestellung bisher noch bei keinem der Hersteller zur Prozessreife gebracht. Die Ergebnisse dieser Arbeit zeigen einen
gangbaren Weg auf, der derzeit in der Praxis umgesetzt wird. Im letzten Kapitel werden als Beleg die ersten Pilotanwendungen vorgestellt und bewertet.

Die Entscheidung, diese Methoden und Instrumente bei Bedarf zu integrieren,
hat auch strategischen Charakter. Heute sind vor allem Unternehmen aus den
Branchen Banken, Versicherung, Handel und Kommunikation die Vorreiter in
der Anwendung von Data-Mining-Prozessen. Es ist zu erwarten, dass auch
Unternehmen aus dem Bereich der industriellen Fertigung – wie die Automobilbranche – immer mehr diesem Trend folgen werden, da auch sie mit immer

weiter wachsenden Informations- und Datenmengen umzugehen haben. Die Verwendung in der behandelten Fragestellung hat deshalb für den Automobilsektor Pilotcharakter und soll den Weg für zahlreiche weitere denkbare Einsätze ebnen.

Der empfohlene Einsatz von Internet-Technologie an den Schnittstellen zu den zukünftigen Anwendern der vorgeschlagenen Prozesse und Systemapplikationen ist geradezu Pflicht und setzt als Teil von Electronic Commerce auf die neuesten Umsetzungen zur Anbindung des Handels und der Endkunden an die Systeme der Unternehmen auf.

Die Erfolge[235] der Investitionen in Einmalaufwand und Betrieb zur Umsetzung der vorgeschlagenen Prozess- und Systembausteine sind schwierig nachzuweisen, da in der Migration zu SCM ähnliche Wirkungen verfolgt werden, weshalb die Zuordnung nicht immer eindeutig sein kann. Trotzdem ist ein Weg aufgezeigt, speziell die für die Optimierung der Auftragsabwicklung „nicht kundenbelegter" Aufträge entwickelte Systematik im Controlling zu verfolgen. Die Potenziale sind immens, da selbst wenige qualitativ bestandsoptimierte Aufträge große monetäre Wirkungen erwarten lassen.

In Zukunft ist es auch denkbar, weitere Felder zur kundenorientierten Auftragsabwicklung zu bearbeiten. In der Produktentwicklung könnten Voraussetzungen geschaffen werden, die eine Kundenauftragsfertigung im Sinne einer „Delayed Product Differentiation" (vgl. Abschnitt 2.3) besser erlauben. Heute sind – nicht zuletzt wegen des hohen Qualitätsanspruchs im Automobilbau – nicht viele Elemente denkbar, die beispielsweise auf einem Lagerumschlagsplatz getauscht werden können, um einen Kundenwunsch zu erfüllen. Felgen sind ein einfaches Beispiel, wogegen die Fahrzeuge der Marke SMART des Herstellers MCC Smart GmbH bereits austauschbare Karosserieteile haben, die die Außenfarbe variabel machen. Man könnte noch weiter gehen und die Strategie verfolgen, bestimmte Sonderausstattungen physisch bereitzustellen und bei Bedarf über das Bordnetz zuzuschalten. Dabei könnte es sich vornehmlich um ausgewählte Funktionen, beispielsweise des Navigationssystems, handeln, aber auch um die Aktivierung von beweglichen Teilen.

---

[235] Z. B. Verbesserung von Lagerkenngrößen „nicht kundenbelegter" Aufträge

In der Produktionsstrategie ist bereits heute zu erkennen, dass die Hersteller ihre Werke weltweit platzieren und zu immer mehr verschiedenen Produkten befähigen. Die Problematik langer Überseetransporte kann gemindert werden, wenn das Werk auf dem jeweiligen Kontinent alle nachgefragten Modelle selbst herstellen kann. Mit der damit erreichten Reduzierung von Lieferzeiten, mindert sich gleichzeitig der Bedarf auf Lager zu produzieren, um den Vorlauf der langen Transporte zu berücksichtigen.

Abschließend ist festzustellen, dass die Hersteller auf dem Weg zur idealen Kundenauftragsfertigung noch nicht am Ziel angekommen sind; sie sind aber – verglichen mit den letzten Jahrzehnten – in die Richtung der bisher verfolgten und der in dieser Arbeit vorgeschlagenen Strategien unterwegs, wenn auch auf unterschiedlichem Niveau. Deshalb ist diese Thematik in ihrer Aktualität den Konzepten und Neuerungen der neunziger Jahre zuzuschreiben; die vorliegende Arbeit stellt ein Resümee mit zusätzlichen Optimierungsansätzen dar.

Für die nächsten Jahre ist eine weiter rasant ansteigende Nutzung der Internet-Technologien in allen Prozessen des Automobilvertriebs (Kunden-, Marketing- und Auftragsabwicklungsprozess) zu erwarten. Was in dieser Arbeit an den entsprechenden Schnittstellen nur angerissen wurde (Online-Anbindung der Handelsbetriebe, Kundenanfragen aus dem Internet etc.) wird die Entwicklung des Automobilvertriebs immer stärker prägen und beherrschen.

Es ist unbestritten, dass Prozessoptimierungen ohne Einsatz moderner Internet-Technologie im Electronic Commerce ebenso wenig Erfolg haben werden, wie eine reine Einführung neuer Anwendungen der Internet-Technologie ohne entsprechend geeignete Prozessoptimierungen. So sind die vorgestellten Optimierungsansätze im SCM für Herstellung und Vertrieb von Automobilen als unverzichtbare Voraussetzung dafür zu sehen, dass sich ein Hersteller erfolgreich auf eine durchgängige elektronische Abwicklung seiner Geschäftprozesse umstellen kann. Dies gilt in einer ersten Stufe im Bereich B2B, also Business to Business, im Sinne der Geschäftsbeziehungen der Hersteller zu Händlern, Lieferanten und anderen Geschäftspartnern. Die Online-Anbindung der Handelsbetriebe mit den Prozessverbesserungen wie z. B. der sofortigen Auskunftsfähigkeit zu Baubarkeit und Lieferterminen ist ein Teil davon. In der nächsten Stufe sind aber auch Geschäftsprozesse anzudenken, die in den Bereich B2C hineinreichen, also Business to Customer, im Sinne der Beziehungen zwischen dem Hersteller und seinen Endkunden. Über das Internet werden heute bereits beispielsweise Accessoires vertrieben oder Informationen zum Neuwagenkauf bereitgestellt, wie z. B. Händleradressen und die erwähnten Internet-Konfiguratoren zur Produktinformation. Selbst wenn die Entscheidung Fahrzeuge direkt über das Internet zu vertreiben aus strategischen Gründen nicht fallen sollte, so zeigt sich hier die immer weiter fortschreitende Integration der Informationsgrundlagen von Hersteller, Händler und Endkunde. Der Handel hat, nach erfolgter Online-Anbindung weit mehr Möglichkeiten, sich aus Dateninhalten der Produktivsysteme des Herstellers in Vertrieb und Produktion zu bedienen und gegebenenfalls an den Endkunden weiter zu geben. Dieser erscheint, nach erfolgter Informationssammlung im Internet, weitaus aufgeklärter beim Händler und erwartet dort eine mindestens gleichwertige Informationsqualität in Inhalt und Darstellungstechnik. So werden mit den schrittweise umgesetzten Einführungen der neuen Geschäftsprozesse im SCM der Automobilbranche, verbunden mit dem Einsatz neuer Medien die Handelsbetriebe auch trainiert, diese Medien zu nutzen. Für manchen Verkäufer auch heute keine Selbstverständlichkeit, so lange er seine Kompetenzen eher in der Überzeugungskraft gegenüber dem Kunden als in der Nutzung von PCs sieht. Es lassen sich zahlreiche weitere Beispiele finden, die die Integration von Prozessen und Systemen sowie der beteiligten Partner im Vertrieb im Rahmen des Electronic Commerce weiter notwendig machen. Die vorgestellten Optimierungsansätze für Herstellung und Vertrieb von Automobilen sind Bestandteil der Vorstufen dazu.

Mit Spannung ist außerdem zu erwarten, welche neuen Bedürfnisse von Kunden entstehen und gefördert werden, die bislang nicht berücksichtigt, vielleicht sogar noch nicht einmal erahnt werden. Eine neue Analyse von Märkten, Kundenverhalten und Herstellerreaktionen wird sicher neue Inspirationen für die Kundenauftragsfertigung bringen.

Anhang

A

Fragebogen für verschiedene Marken in verschiedenen Märkten zur Erhebung der Bedingungen für die Prozess- und Systemgestaltung der Auftragsabwicklung „nicht kundenbelegter" Aufträge

B

Beispiel-Masken aus einem Vorschlag für eine Web-Applikation zur Unterstützung des *Konfigurationsprozesses*

A Fragebogen für verschiedene Marken in verschiedenen Märkten zur Erhebung der Bedingungen für die Prozess- und Systemgestaltung der Auftragsabwicklung „nicht kundenbelegter" Aufträge

---

Brief Interview - Specification of Stock Orders
General

Market: _____

Brand: _____

Please, only name one brand per (copied) form, except all following questions are applicable to more brands.

Differentiation of Orders at the time of Specification Freeze:

Please add value for percentage, if this differentiation is applicable and used in your market within the brand

___ %   Dealer's Stock   preferred Stock ___ %
                                 unpreferred Stock ___ %
___ %   NSC's Stock   Demo./Showroom ___ %

___ %   Centralized Dealer Stock
        (unpreferred Stock)

___ %   Customer Orders
        (specified by customer)

Σ __100__ % $\widehat{=}$ _____ Units Order Volume per Year

Brief Interview - Specification of Stock Orders
Ordering

Ordering process:
Please fill in where applicable

	Responsible for specifying:	Owner of physical stock:	Location of physical stock:
Dealer's Stock			
NSC's Stock			
Centralized Dealer Stock			

Brief Interview - Specification of Stock Orders
Product

How many different model codes do you sell per body type?
(Please name body type and number of models, for example "Series A, Body Type a: 5 models")

How many features per Series do you offer in your market?
Please give a rough estimation for:

Colors
Interiors
Options

	Series A	Series B	Series C	Series D	Series E	Series F	Series G
Colors							
Interiors							
Options							

On which product structure level the dealer gets input from the NSC in order to fill his open quotas?

O   Body Type

O   Model Code

O   other _____

Brief Interview - Specification of Stock Orders
Ordering

Ordering Process of Stock vehicles:

Please describe in a few words your specification for stock orders, considering the following:

- How,
- by whom,
- when are
- which vehicles ordered for
- which stock and
- where they go to.

Do you have already a stock configuration support?
If yes, how does it work?

If you specify any orders for stock,
where does your information come from? (e.g. statistics, "feeling", other)

_____

_____

_____

_____

_____

_____

_____

_____

_____

Brief Interview - Specification of Stock Orders
Need of support for Stock Orders Configuration Process

Support function for the Ordering Process of Stock vehicles:

Do you think it would be useful to have any support functions like rules, systems, or applications to support this process?

Do you think this would be useful for

O NSC
O Dealer
O both of them?

What would you like such a support function to do?

_____

_____

_____

_____

Please feel free, to give your suggestions and wishes for such a support function.

_____

_____

_____

_____

B Beispiel-Masken aus einem Vorschlag für eine Web-Applikation zur Unterstützung des Konfigurationsprozesses

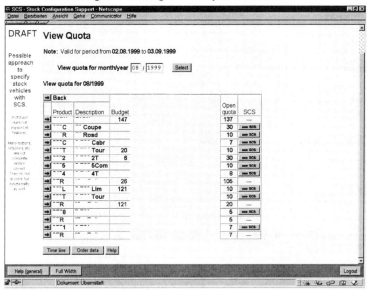

Anzeige von Anzahl und Art der zu konfigurierenden Aufträge

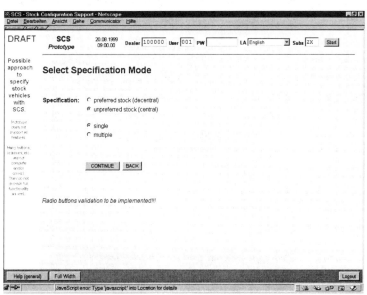

Auswahl der Lagerart und der Einzel- oder Mehrfachspezifikation

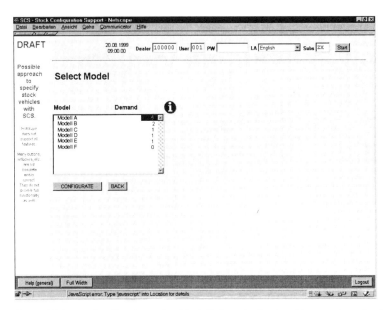

Auswahl des zu konfigurierenden Modells innerhalb einer Karosserievariante

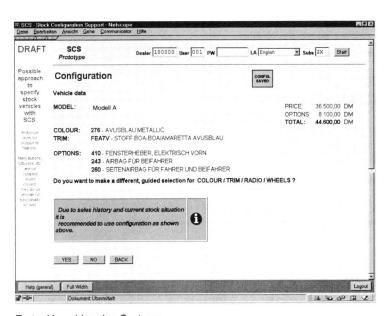

Erster Vorschlag des Systems

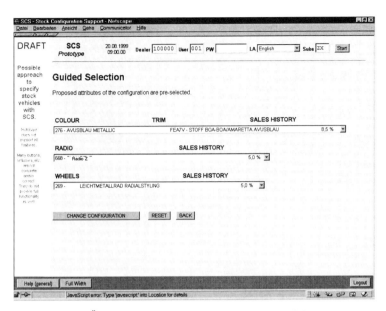

Möglichkeit der Änderung von Farbe, Polster, Radio und Felgen
(kategoriale Variablen)

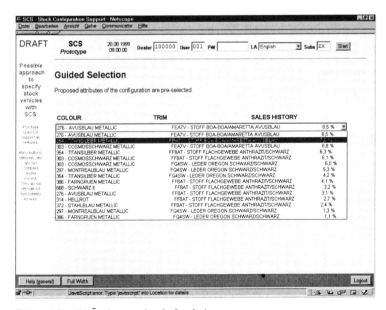

Beispiel für die Änderung der Außenfarbe

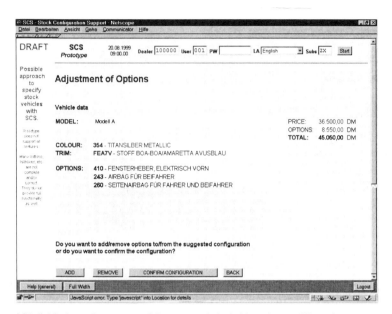

Möglichkeit zur benutzergeführten, statistisch hinterlegten Hinzu-/
Hinausnahme von Sonderausstattungen

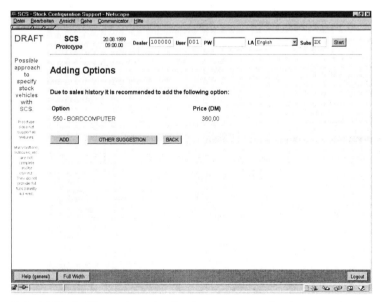

Beispiel für die Hinzunahme der Sonderausstattung „Bordcomputer"

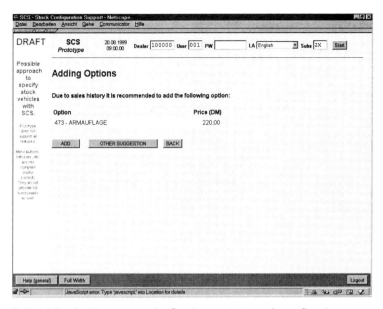

Beispiel für die Hinzunahme der Sonderausstattung „Armauflage"

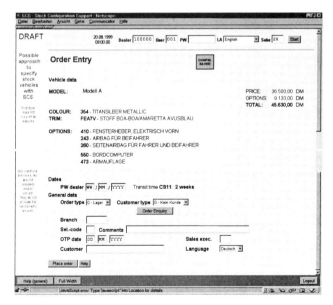

Möglichkeit, den modifizierten Konfigurationsvorschlag in das Auftragssystem zu übersenden

Literaturverzeichnis

Arntzen, B. C.; Brown, G. G.; Harrison, T. P.; Trafton, L. L.: (Global Supply Chain Management) at Digital Equipment Corporation, in: Interfaces, 25. Jg. 1995, Heft 1, S. 69-93

Bauer, F.: (Prozessorientierte Wirtschaftlichkeitsbetrachtung) von CA-Technologien, Frankfurt/Main 1995

Bauer, M.: (Supply Chain Management bei der Robert Bosch GmbH), in: Walther, J.; Bund, M., (Hrsg.): Supply Chain Management – Neue Instrumente zur kundenorientierten Gestaltung integrierter Lieferketten, Frankfurt/Main 2001, S. 178-195

Baumgarten, H.: (Prozesskettenmanagement) in der Logistik, in: Weber, J.; Baumgarten, H., (Hrsg.): Handbuch Logistik, Stuttgart 1999, S. 226-238

Baumgarten, H.; Wiegand, A.: (Prozeßkettenmanagement), in: Bloech, J.; Ihde, G. B., (Hrsg.): Vahlens Großes Logistik Lexikon, München 1997, S. 853-857

Becker, C.: Klicken, kaufen, abfahren. Automobilvertrieb: (Online-Anbieter) und Handelsketten rollen den Markt vom Händler bis zur Werkstatt auf, in: VDI-Nachrichten, Nr. 5, 30.01.1998, S. 1

Becker, J.: Beschaffungscontrolling – (Supply Chain Management), in: Controller Magazin, 22. Jg. 1997, Heft 6, S. 414-420.

Bloech, J.: (Berichte in der strategischen Planung), in: Bloech, J.; Götze, U.; Huch, B.; Lücke, W.; Rudolph, F., (Hrsg.): Strategische Planung. Instrumente, Vorgehensweisen und Informationssysteme, Heidelberg 1994, S. 193-208

Bloech, J.; Bogaschewsky, R.; Götze, U.; Roland, F.: (Einführung in die Produktion), 3., durchgesehene Auflage, Heidelberg 1998

Bloech, J..: (Konzernlogistik und internationale Logistik), in: Bloech, J.; Bogaschewsky, R.; Frank, W., (Hrsg.): Konzernlogistik und Rationalisierungsgemeinschaften mit Lieferanten, Stuttgart 1994, S. 1-22

Bloech, J.; Götze, U.; Sierke, B. R. A.: (Vom Entscheidungsorientierten Rechnungswesen zum Managementorientierten Rechnungswesen), in: Bloech, J.; Götze, U.; Sierke, B. R. A., (Hrsg.): Managementorientiertes Rechnungswesen, Wiesbaden 1993, S. 1-20

Bloech, J.; Ihde, G. B.: (Betriebliche Distributionsplanung), in: Neumann, v., J.; Morgenstern, O., (Hrsg.): Spieltheorie und wirtschaftliches Verhalten, 3., unveränderte Auflage, Würzburg 1973, S. 1-149

Breitner, C.A.; Lockemann, P.C.; Schlösser, J.A.: Die Rolle der (Informationsverwaltung im KDD-Prozeß), in: Nakhaeizadeh, G., (Hrsg.): Data Mining. Theoretische Aspekte und Anwendungen, Heidelberg 1998, S.34-60

Brown, J.: The Economics of the (Car Distribution System), in: International Car Distribution Programme, (Hrsg.): Research Paper No. 1/96, Solihull 1996

Brown, J.: Rethinking (New Car Pricing) Policy, in: International Car Distribution Programme, (Hrsg.): Executive Briefing Paper, Solihull 1997

Büschemann, K.-H.; Thiede, M.: (Lieber zu Muttern als zum Zahnarzt), in: Süddeutsche Zeitung, Nr. 283, 07.12.1999, S. 26

Buscher, U.: ZP-Stichwort: Supply Chain Management, in: ZP, Zeitschrift für Planung, Band 10 1999, Heft 4, S. 449-456

Camm, J. D.; Chorman, T. E.; Dill, F. A.; Sweeney, D. J.; Wegryn, G. W.: Blending OR/MS, Judgement, and GIS: (Restructuring P&G's Supply Chain), in: Interfaces, 27. Jg. 1997, Heft 1, S. 128-142

Christopher, M.: (Logistics and Supply Chain Management). Strategies for Reducing Costs and Improving Service, Second Edition, Essex 1998

Creutzig, J.: (Die zukünftige Regelung des Automobilvertriebs in Europa), in: Meinig, W., (Hrsg.): Automobilwirtschaft: Marketing und Vertrieb. Europa – USA – Japan, Wiesbaden 1993, S. 43-73

Davenport, T.H.; Short, J.E.: (The New Industrial Engineering): Information Technology and Business Process Redesign, in: Sloan Management Review, 31. Jg. 1990, Heft 4, S. 11-27

Davis, T.: (Effective Supply Chain Management), in: Sloan Management Review, 34. Jg. 1993, Heft 4, S. 35-46

Delfmann, W.: Analyse und Gestaltung integrierter Logistiksysteme auf der Basis von (Prozessmodellierung und Simulation), in: Wildemann, H., (Hrsg.): Geschäftsprozeßorganisation, München 2000, S. 79-101

Dellaert, N.: (Production to Order). Models and Rules for Production Planning, Berlin, Heidelberg, New York 1989

Diez, W; Schwarz, M.: Passgenau produzieren. (Auslieferung: Kundengerechte Bereitstellung von Neuwagen ist nicht sichergestellt.), in: Autohaus, Nr. 1-2, 08.01.2001, S. 30-31

Diez, W.: (Prozeßoptimierung im Automobilvertrieb). Auf dem Weg zu einem integrierten Kunden- und Kostenmanagement, Wiesbaden 1999

Diez, W.: Was zählt. (Vertrieb: Wie hoch die Kosten der Automobilhersteller wirklich sind), hängt davon ab, was sie alles dazuzählen, in: Autohaus, Nr. 1-2, 08.01.2001, S. 28-29

Dudenhöffer, F.: (Umverteilung im Margentopf), in: Automobil-Produktion, 12. Jg. 1997, Heft 6, S. 54-55

Dudenhöffer, F.: Abschied vom Massenmarketing: (Systemmarken) und Beziehungen erobern Märkte, Düsseldorf, München1998

Fayyad, U.M.; Piatesky-Shapiro, G.; Smyth, P.; Uthurusamy, R.: (Advances in Knowledge Discovery and Data Mining), Menlo Park, CA 1996

Feierabend, R.: (Reengineering und Benchmarking der Produktionslogistik) durch interne Kunden-Lieferanten-Beziehungen, in: Wildemann, H., (Hrsg.): (Redesign und Reengineering in der Logistik), Tagungsbericht 1995, München 1995, S. 189-200

Friedrich, L.: (Analyse und Prognose von Kundenauftragsdaten), Forschungsbericht der TFH Berlin, Fachbereich 2 Mathematik/Physik, Berlin 1995

Fröhlich-Merz, G.: (Direkter Draht zwischen Autohaus und Fabrik), in: Krafthand, 73. Jg. 2000, Heft 12, S. 38-39

Gade, H.; Wegner, I.: (Prozesse, die nicht zur Wertschöpfung beitragen), verursachen oft die höchsten Kosten, in: Blick durch die Wirtschaft, Nr. 134, 16.07.1998, S. 4

Gaitanides, M.: (Prozeßorganisation). Entwicklung, Ansätze und Programme prozeßorganisierter Organisationsgestaltung, München 1983

Gemünden, H. G.: (Zielbildung), in: Corsten, H.; Reiß, M., (Hrsg.): Handbuch Unternehmensführung. Konzepte – Instrumente – Schnittstellen, Wiesbaden 1995, S. 251-266

Gierich, S.: (Autos Online), in: DM, Nr. 08, 19.07.2000, S. 130-131

Gneuss, M.: Autoindustrie kämpft (mit knappen Kapazitäten), in: Die Welt, Nr. 204, 02.09.1998, S. G9

Götze, U.; Rudolph, F.: (Instrumente der strategischen Planung), in: Bloech, J.; Götze, U.; Huch, B.; Lücke, W.; Rudolph, F.: Strategische Planung. Instrumente, Vorgehensweisen und Informationssysteme, Heidelberg 1994, S. 1-56

Götze, U.: (Sensitive Risikoanalyse zur Vorbereitung von Investitionsentscheidungen bei Unsicherheit), in: Bloech, J.; Götze, U.; Sierke, B. R. A., (Hrsg.): Managementorientiertes Rechnungswesen, Wiesbaden 1993, S. 201-227

Graf, H.: (Kundenindividuelle Beschaffung komplexer Automobilkomponenten). Mit gläserner Logistik schneller ans Auto, in: Handelsblatt, Nr. 201, 18.10.2000, S. 42

Grimmer, U.; Mucha, H.-J.: (Datensegmentierung mittels Clusteranalyse), in: Nakhaeizadeh, G., (Hrsg.): Data Mining. Theoretische Aspekte und Anwendungen, Heidelberg 1998, S. 109-141

Guß, H.; Walther, J.: (Supply Chain Management in Deutschland und der Schweiz) – Ergebnisse der Studie 2000, in: Walther, J.; Bund, M., (Hrsg.): Supply Chain Management – Neue Instrumente zur kundenorientierten Gestaltung integrierter Lieferketten, Frankfurt/Main 2001, S. 159-177

Hahn, D.: (Problemfelder des Supply Chain Management), in: Wildemann, H., (Hrsg.): Supply Chain Management, München 2000, S. 9-19

Hadamitzky, M. C.: (Restrukturierung, organisatorisches Lernen und Unternehmenserfolg), in: Wildemann, H., (Hrsg.): (Redesign und Reengineering in der Logistik), Tagungsbericht 1995, München 1995, S. 127-174

Hammer, M; Champy, J.: (Business Reengineering): Die Radikalkur für das Unternehmen, Frankfurt/Main, New York 1994

Hamprecht, M.: (Grundlagen eines betrieblichen Zeitmanagements), in: Götze, U.; Mikus, B.; Bloech, J., (Hrsg.): Management und Zeit, Heidelberg 2000, S. 57-72

Hamprecht, M.: (Grundlagen eines betrieblichen Zeitmanagements), in: Zeitschrift für Planung, Band 6 1995, Heft 2, S. 111-126

Harbour, M.; Brown, J.; Wade, P.: (Future Directions) for European Car Distribution: Evolution or Revolution?, in: International Car Distribution Programme, (Hrsg.): Research Paper No. 11/98, Solihull 1998

Hauschildt, J.: (Entscheidungsziele). Zielbildung in innovativen Entscheidungsprozessen: theoretische Ansätze und empirische Prüfung, Tübingen 1977

Hayes, K.; Warburton, M.: (Build-to-order could reinvent the auto industry), in: Goldman Sachs Global Equity Research, (Hrsg.): Studie vom 04.Juli 2000, London 2000

Hayler, C.: Ein regelbasiertes System zur (Generierung von Orders für Lagerfahrzeuge). Fallstudie bei einem deutschen Automobilhersteller, Berlin 2000

Heinzel, H.: Gestaltung integrierter Lieferketten auf Basis des (Supply Chain Operations Reference-Modell)s, in: Walther, J.; Bund, M., (Hrsg.): Supply Chain Management – Neue Instrumente zur kundenorientierten Gestaltung integrierter Lieferketten, Frankfurt/ Main 2001, S. 32-58

Herold, L.: (Prozeßkettenorientiertes Logistik-Controlling) vom „Kunden bis zum Kunden" am Beispiel der Automobilindustrie, in: Bogaschewsky, R.; Götze, U., (Hrsg.): Unternehmensplanung und Controlling, Festschrift zum 60. Geburtstag von Jürgen Bloech, Heidelberg 1998, S. 233-250

Hirsh, E.R.; Louis F.R.; Soliman, P.; Wheeler, S.B.: (Changing the Channels) in the Automotive Industry. The Future of Automotive Marketing and Distribution, in: Booz Allen & Hamilton, (Hrsg.): From Strategy & Business, Nr. 14, 1. Quartal 1999, Chicago 1999

Hoitsch, H.-J.: (Lagerfertigung), in: Bloech, J.; Ihde, G. B., (Hrsg.): Vahlens Großes Logistik Lexikon, München 1997, S. 481

Ihde, G. B.: (Logistikmanagement als Zeitcontrolling), in: Bogaschewsky, R.; Götze, U., (Hrsg.): Unternehmensplanung und Controlling, Festschrift zum 60. Geburtstag von Jürgen Bloech, Heidelberg 1998, S. 203-214

Ihde, G. B.: (Mikro- und Makrologistik), in: Weber, J.; Baumgarten, H., (Hrsg.): Handbuch Logistik, Stuttgart 1999, S. 115-128

Ihde, G. B.: (Supply Chain Management), in: Bloech, J.; Ihde, G. B., (Hrsg.): Vahlens Großes Logistik Lexikon, München 1997, S. 1046-1047

Karl, A.: Heute bestellt, (in zehn Tagen geliefert), in: Automobil Industrie, 45. Jg. 2000, Heft AI 7-8, S. 42-46

Karsten, H.; Bernhart, W.; Mitteldorf, M.: Industry Outlook Report: (New Paradigms for the Auto Industry Beyond 2000), in: Arthur D. Little, (Hrsg.): Prism, 2nd Quarter 1998, S. 63-79

Kieven, H.: Die (Vertriebsnetzentwicklung) im Automobilgeschäft aus der Sicht von Jaguar, in: Meinig, W., (Hrsg.): Automobilwirtschaft: Marketing und Vertrieb. Europa – USA – Japan, Wiesbaden 1993, S. 75-92

Kotzab, H.: (Zum Wesen von Supply Chain Management) vor dem Hintergrund der betriebswirtschaftlichen Logistikkonzeption – erweiterte Überlegungen, in: Wildemann, H., (Hrsg.): Supply Chain Management, München 2000, S. 21-47

Krahl, D.; Zick, F.; Windheuser, U.: (Data Mining). Einsatz in der Praxis, Bonn 1998

Kristlbauer, M.: (Warten aufs Auto) bis ins nächste Jahrtausend, in: Münchner Merkur, Nr. 218, 22.09.1998, S. 11

Lee, H. L.: (Effective Inventory and Service Management) through Product and Process Redesign, in: Operations Research, 44. Jg. 1996, Heft 1, S. 151-159

Lee, H. L.; Billington, C.: (Managing Supply Chain Inventory): Pitfalls and Opportunities, in: Sloan Management Review, 33. Jg. 1992, Heft 3, S. 65-73

Lee, H. L.; Billington, C.: Material Management in (Decentralized Supply Chains), in: Operations Research, 41. Jg. 1993, Heft 5, S. 835-847

Lee, H. L.; Billington, C.: The Evolution of (Supply-Chain-Management Models) and Practice at Hewlett-Packard, in: Interfaces, 25. Jg. 1995, Heft 5, S. 42-63

Lee, H. L.; Billington, C.; Carter, B.: Hewlett-Packard Gains Control of Inventory and Service through (Design for Localization), in: Interfaces, 23. Jg. 1993, Heft 4, S. 1-11

Lee, Hau L.; Padmanabhan V.; Seungjin Whang: (The Bullwhip Effect in Supply Chains), in: Sloan Management Review, 38. Jg. 1997, Heft 3, S. 93-102

Lee, H. L.; Tang, C. S.: Modelling the Costs and Benefits of (Delayed Product Differentiation), in: Management Science, 43. Jg. 1997, Heft 1, S. 40-53

Ludwig, R.: (Clusteranalytische Untersuchungen im Automobilbau), Diplomarbeit an der TFH Berlin, Fachbereich 2 Mathematik/Physik, Berlin 1995

Melfi, T.: (Der Kunde ist wenig): Neuwagenkauf – Ärger um Lieferfristen, in: Auto Motor Sport, Nr. 12, 03.06.1998, S. 16-21

Miedl, W.: (Mit B-to-B zum Traumauto), in: Computer Woche, 27. Jg. 2000, Heft 43, S. 90-92

Mikus, B.: Zum Verhältnis von (Management und Zeit) – Zeit im Management und Zeitmanagement, in: Götze, U.; Mikus, B.; Bloech, J., (Hrsg.): Management und Zeit, Heidelberg 2000, S. 3-27

Nakhaeizadeh, G.; Reinartz, T.; Wirth, R.: (Wissentdeckung in Datenbanken und Data Mining): Ein Überblick, in: Nakhaeizadeh, G., (Hrsg.): Data Mining. Theoretische Aspekte und Anwendungen, Heidelberg 1998, S. 1-33

Nordsieck, F.: Grundlagen der (Organisationslehre), Stuttgart 1934

O. V.: (GVO, quo vadis?), eine Sammlung aktueller Meldungen, Meinungen und Trends, in: Autohaus-Online, http://62.52.24.50/direktlinks/ marktdaten_gvo.html, eingesehen am 28.11.2000 um 16.00 Uhr

O. V.: Institut erwartet (Konzentrationsprozeß im Automobilhandel), in: Frankfurter Allgemeine Zeitung, Nr. 89, 16.04.96, S. 25

O. V.: Bis zu 8000 (Autohändlern droht das Aus), in: Blick Durch Die Wirtschaft, Nr. 183, 23.09.1997, S. 1

O. V.: (Die Liefertreue bei VW ist katastrophal), in: Süddeutsche Zeitung, Nr. 58, 11.03.1997, S. 25

O. V.: Ninety-one Years Later, (the Model ,T' Is Still a Model of Innovation), in: Web-Auftritt der Öffentlichkeitsarbeit der Ford Motor Company, History of Ford, The Company, http://www.media.ford.com/article_ display.cfm?article_id=3233, eingesehen am 29.11.2000 um 14.00 Uhr

O. V.: Ausgeliefert? (Das lange Warten aufs neue Auto): Damit soll es jetzt vorbei sein – sagen die Hersteller, in: Auto Bild, Nr. 7, 18.02.2000, S. 40-41

O. V.: Folgen für den Autohandel: "(Gruppenfreistellungsverordnung)" außer Kraft, in: Blick Durch Die Wirtschaft, Nr. 21, 30.01.1998, S. 1-2

O. V.: (Lean Distribution) in Europe, in: A.T. Kearney, (Hrsg.): Automotive Industry Forum, Issues of Interest to Participants in the Auto Industry, Nr. 1, 1998, S. 13-20

O. V.: (Lieferzeiten bremsen) das Kfz-Gewerbe, in: Süddeutsche Zeitung, Nr. 54, 06.03.1998, S.30

O. V.: Overview, in: (The Supply Chain Forum – Background), http://www. stanford.edu/group/scforum/Introduction/Background, eingesehen am 14.02.2001, 13:00 Uhr

O. V.: (Zeitwettbewerb in der Automobilindustrie). Der 2 Wochen Order-to-Delivery-Prozeß der Automobilhersteller als Herausforderung für die Zulieferindustrie, in: Ernst & Young, (Hrsg.): Zeitwettbewerb in der Automobilindustrie, Studie, München 1998

Ostle, D.: (BMW moves to slash delivery times), in: Automotive News Europe, Vol. 5, 19.07.2000, S. 8

Ostle, D.: Das neue Auto soll (zehn Tage nach der Bestellung beim Kunden) sein, in: Frankfurter Allgemeine Zeitung, Nr. 128, 03.06.2000, S. 62

Peiner, W.: Kostenvorteile in der Beschaffung realisieren: (Supply-Chain-Management), in: Blick Durch Die Wirtschaft, Nr. 54, 18.03.1998, S. 3

Pfohl, H.-C.: (Supply Chain Management: Konzept, Trends, Strategien), in: Pfohl, H.-C., (Hrsg.): Supply Chain Management: Logistik plus? Logistikkette, Marketingkette, Finanzkette, Berlin 2000, S. 1-42

Pirron, J.; Reisch, O.; Kulow, B.; Hezel, H.: (Werkzeuge der Zukunft), in: Logistik Heute, 20. Jg. 1998, Heft 11, S. 60-69

Power, J. D.: (The Revolution in Automotive Retailing): A Perspective of the New Millennia, Agoura Hills, CA 1996

Prockl, G.: (Enterprise Resource Planning und Supply Chain Management) – Gemeinsamkeiten, Unterschiede, Zusammenhänge, in: Walther, J.; Bund, M., (Hrsg.): Supply Chain Management – Neue Instrumente zur kundenorientierten Gestaltung integrierter Lieferketten, Frankfurt/Main 2001, S. 59-78

Rojek, D.: (Treffsichere Prognosen – Logistikpotentiale ausschöpfen) durch Bündelung der verfügbaren Informationen), in: Pfohl, H.-C., (Hrsg.): Supply Chain Management: Logistik plus? Logistikkette, Marketingkette, Finanzkette, Berlin 2000, S. 185-204

Rose, B.: (Die Prozessoffensive), in: Automobil Industrie, 45. Jg. 2000, Heft AI 7-8, S. 38-41

Rother, F. W.: Kaffee und Kuchen: (Unkonventionelle Vertriebsformen) sollen das Geschäft mit neuen und gebrauchten Fahrzeugen ankurbeln, in: Wirtschaftswoche Nr. 19, 01.05.1997, S. 68-69

Rother, F. W.: (Soll und Haben): Weltweite Überkapazitäten treiben die Auto-industrie in eine neue Krise. Zehntausende Arbeitsplätze sind bedroht, in: Wirtschaftswoche Nr. 26, 19.06.1997, S.50-57

Schneider, M.: (Methoden-Puzzle), in: Manager Magazin, 24. Jg. 1994, Heft 2, S. 120-127

Schütz, F.: (Strukturanalyse von Kundenauftragsdaten für PKW) der Mercedes Benz AG mittels faktoranalytischer Verfahren, Diplomarbeit an der TFH Berlin, Fachbereich 2 Mathematik/Physik, Berlin 1995

Stadtler, H.: (Supply Chain Management – An Overview), in: Stadtler, H.; Kilger, C., (Hrsg.): Supply Chain Management and Advanced Planning, Berlin, Heidelberg, New York 2000, S. 7-28

Stalk, G. Jr.; Hout, T. M.: (Zeitwettbewerb). Schnelligkeit entscheidet auf den Märkten der Zukunft. Frankfurt/Main 1990

Stalk, G. Jr.; Stephenson, S.; King, T.: (Searching for Fulfillment): Breakthroughs in Order-to-Delivery Processes in the Auto Industry, in: The Boston Consulting Group, (Hrsg.): Internal Innovation Series, Toronto, Atlanta 1996

Straube, F.: (Supply Chain Management): Logistik erzeugt Kundenorientierung, in: Logistik Heute, 18. Jg. 1996, Heft 9, S. 77-79

Thaler, K.: (Supply Chain Management). Prozessoptimierung in der logistischen Kette, 2., unveränderte Auflage, Köln 2000

The Global Supply Chain Forum, (Supply Chain Management), in Lambert, D; Stock, J.; Ellram, L., (Hrsg.): Fundamentals of Logistical Management, Burr Ridge, IL 1998, S. 504

Tongue, A.: The Impact of EMU on the Car Distribution Sector, in: International Car Distribution Programme, (Hrsg.): Research Paper No. 8/97 (issue no. 1), Solihull 1997

Tongue, A.; Brown, J.: Beyond The (Block Exemption): An Analysis of Vertical Restraints and Retail Competition in the European Car Industry, in: Internatio-

nal Car Distribution Programme, (Hrsg.): Research Report No. 4/98, Solihull
1998:

Vahrenkamp, R.: (Supply Chain Management), in: Weber, J.; Baumgarten, H.,
(Hrsg.): Handbuch Logistik, Stuttgart 1999, S. 308-321

Walther, J.: Konzeptionelle (Grundlagen des Supply Chain Managements), in:
Walther, J.; Bund, M., (Hrsg.): Supply Chain Management – Neue Instrumente
zur kundenorientierten Gestaltung integrierter Lieferketten, Frankfurt/Main
2001, S. 11-31

Werner, H.: (Supply Chain Management). Grundlagen, Strategien, Instrumente
und Controlling, Wiesbaden 2000

Wildemann, H.: (Auftragsabwicklungsprozeß) – Leitfaden für eine kundenorientierte Neuausrichtung und Kundenbindung, 4. Auflage, München 1998

Wildemann, H.: (Bestände) – Leitfaden zur Senkung und Optimierung des Um-
laufvermögens, 2. Auflage, München 1998

Wildemann, H.: (Das Just-In-Time-Konzept) – Produktion und Zulieferung auf
Abruf, 2., neubearbeitete Auflage, München 1990

Wildemann, H.: (Die lernende Organisation: Anforderungen und Perspektiven
für die Logistik), in: Wildemann, H., (Hrsg.): (Redesign und Reengineering in
der Logistik), Tagungsbericht 1995, München 1995, S. 13-28

Wildemann, H.: (Durchlaufzeiten-Controlling), in: Götze, U.; Mikus, B.; Bloech,
J., (Hrsg.): Management und Zeit, Heidelberg 2000, S. 397-420

Wildemann, H.: (Geschäftsprozeßreorganisation) in indirekten Bereichen, in:
Wildemann, H., (Hrsg.): Geschäftsprozeßorganisation, München 2000, S. 13-
41

Wildemann, H.: (Logistik Prozessmanagement), München 1997

Wildemann, H.: (Prozeß-Benchmarking) zur Erreichung von Quantensprüngen
in Geschäftsprozessen, 4. Auflage, München 1998

Wildemann, H.: (Qualitätssicherung logistischer Leistungen als Erfolgsfaktor), in: Wildemann, H., (Hrsg.): (Redesign und Reengineering in der Logistik), Tagungsbericht 1995, München 1995, S. 1-12

Wildemann, H.: (Von Just-in-Time zu Supply Chain Management), in: Wildemann, H., (Hrsg.): Supply Chain Management, München 2000, S. 49-85

Williams, G.: (Leaning the New Car Supply System: Volvo and Fiat), in: International Car Distribution Programme, (Hrsg.): Case Studies in the Changing Face of Car Distribution, Research Paper No. 9/98, Solihull 1998, S. 5-13

Williams, G.: (Progress Towards Customer Pull Distribution) 2000, in: International Car Distribution Programme, (Hrsg.): Research Paper No. 4/00, Solihull 2000

Williams, G.; Henderson, J.; Brown, J.: (European New Car Supply and Stocking Systems) 1997, in: International Car Distribution Programme, (Hrsg.): Research Paper No. 2/98, Solihull 1998

Wöhe, G.: Einführung in die (Allgemeine Betriebswirtschaftslehre), 17., überarbeitete und erweiterte Auflage, München 1990

Wolff, S.: (Zeitoptimierung) in logistischen Ketten, München 1995

Wolff, S.; Stautner, U.: Integration von Logistik und (Time Based Management) am Beispiel der deutschen Automobilindustrie, in: Weber, J.; Baumgarten, H., (Hrsg.): Handbuch Logistik, Stuttgart 1999, S. 945-956

Wolff, S.; Stautner, U.: (Internationales Logistik-Benchmarking), in: Hossner, R., (Hrsg.): Jahrbuch der Logistik 1998, Düsseldorf 1998, S. 30-33

Wolters, H.; Funk, J.: (Prozesse verbessern) und Optimierungspotentiale ausschöpfen, aber wie?, in: Arthur D. Little International (Hrsg.): Die Zukunft der Automobilindustrie, Wiesbaden 1999

Womack, J. P.; Jones, D. T.; Roos, D.: (Die zweite Revolution in der Autoindustrie): Konsequenzen aus der weltweiten Studie des Massachusetts Institute of Technology, 7. Auflage, Frankfurt/Main, New York 1992

Zäpfel, G.: (Auftragsgetriebene Produktion zur Bewältigung der Nachfrageun-gewißheit), in: Zeitschrift für Betriebswirtschaft, 66. Jg. 1996, Heft 7, S. 861-877

Zibell, R.M.: (Just-in-time) – Philosophie, Grundlagen, Wirtschaftlichkeit, München 1990

Zundel, P.: Management von (Produktionsnetzwerke)n, Wiesbaden 1999